D0497635

习近平谈治国理政

第三卷

习近平谈治国理政

第三卷

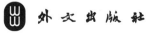外文出版社

出　版　说　明

　　中共十九大把习近平新时代中国特色社会主义思想确立为中国共产党必须长期坚持的指导思想并写入党章，十三届全国人大一次会议把这一重要思想载入宪法，实现了党和国家指导思想的与时俱进。习近平新时代中国特色社会主义思想是新时代中国共产党的思想旗帜，是国家政治生活和社会生活的根本指针，是当代中国马克思主义、21世纪马克思主义，为实现中华民族伟大复兴提供了行动指南，为推动构建人类命运共同体贡献了智慧方案。

　　中共十九大以来，以习近平同志为核心的中共中央，着眼中华民族伟大复兴的战略全局和世界百年未有之大变局，以习近平新时代中国特色社会主义思想为指导，不忘初心、牢记使命，统揽伟大斗争、伟大工程、伟大事业、伟大梦想，沉着应对国内外风险挑战明显增多的复杂局面，进一步深化改革开放，决胜全面建成小康社会，党和国家各项事业取得新的重大进展，中国为世界和平与发展作出新的重大贡献。

　　《习近平谈治国理政》第一卷、第二卷出版以来，在国内外产生了强烈反响。中共十九大以来，习近平在领导推进新时代治国理政的实践中，又发表一系列重要论述，提出许多具有原创性、时代性、指导性的重大思想观点，进一步丰富和发展了党的理论创新成果。为了推动广大干部群众学懂弄通做实习近平新时代中国特色社会主义思想，不断增强"四个意识"、坚定"四个自信"、做到"两个维护"，为了帮助国际社会更好了解这一重要思想的主要内容，增进对中国共产党为什么能、马克思主义为什么行、中国特色社会主义为什么好的认识和理解，中共中央宣传部（国务院新闻办公室）会同中共中央党史和文献研究院、中国外文出版发行事业局，编辑了《习近平谈治国理政》第三卷。

本书收入的是习近平在 2017 年 10 月 18 日至 2020 年 1 月 13 日期间的重要著作，共有报告、讲话、谈话、演讲、指示、批示、贺信等 92 篇。全书分为 19 个专题，每个专题内容按时间顺序编排。为了便于读者阅读，编辑时作了必要的注释，附在篇末。本书还收入习近平这段时间内的图片 41 幅。

本书编辑组
2020 年 4 月

目　录

六、推动全面深化改革实现新突破

七、形成全面开放新格局

八、增强忧患意识，防范化解风险挑战

九、推动经济高质量发展

十、积极发展社会主义民主政治

十一、铸就中华文化新辉煌

十二、提高保障和改善民生水平

十三、促进人与自然和谐共生

十四、把人民军队全面建成世界一流军队

十五、维护香港、澳门长期繁荣稳定，
推进祖国和平统一

十八、推动共建"一带一路"走深走实

十九、不忘初心、牢记使命，
　　　　把党的自我革命推向深入

决胜全面建成小康社会，夺取新时代中国特色社会主义伟大胜利[*]

（2017 年 10 月 18 日）

同志们：

现在，我代表第十八届中央委员会向大会作报告。

中国共产党第十九次全国代表大会，是在全面建成小康社会决胜阶段、中国特色社会主义进入新时代的关键时期召开的一次十分重要的大会。

大会的主题是：不忘初心，牢记使命，高举中国特色社会主义伟大旗帜，决胜全面建成小康社会，夺取新时代中国特色社会主义伟大胜利，为实现中华民族伟大复兴的中国梦不懈奋斗。

不忘初心，方得始终。中国共产党人的初心和使命，就是为中国人民谋幸福，为中华民族谋复兴。这个初心和使命是激励中国共产党人不断前进的根本动力。全党同志一定要永远与人民同呼吸、共命运、心连心，永远把人民对美好生

---

* 这是习近平在中国共产党第十九次全国代表大会上的报告。

1

活的向往作为奋斗目标，以永不懈怠的精神状态和一往无前的奋斗姿态，继续朝着实现中华民族伟大复兴的宏伟目标奋勇前进。

当前，国内外形势正在发生深刻复杂变化，我国发展仍处于重要战略机遇期，前景十分光明，挑战也十分严峻。全党同志一定要登高望远、居安思危，勇于变革、勇于创新，永不僵化、永不停滞，团结带领全国各族人民决胜全面建成小康社会，奋力夺取新时代中国特色社会主义伟大胜利。

一、过去五年的工作和历史性变革

十八大以来的五年，是党和国家发展进程中极不平凡的五年。面对世界经济复苏乏力、局部冲突和动荡频发、全球性问题加剧的外部环境，面对我国经济发展进入新常态等一系列深刻变化，我们坚持稳中求进工作总基调，迎难而上，开拓进取，取得了改革开放和社会主义现代化建设的历史性成就。

为贯彻十八大精神，党中央召开七次全会，分别就政府机构改革和职能转变、全面深化改革、全面推进依法治国、制定"十三五"规划、全面从严治党等重大问题作出决定和部署。五年来，我们统筹推进"五位一体"总体布局[1]、协调推进"四个全面"战略布局[2]，"十二五"规划胜利完成，"十三五"规划顺利实施，党和国家事业全面开创新局面。

经济建设取得重大成就。坚定不移贯彻新发展理念，坚决端正发展观念、转变发展方式，发展质量和效益不断提升。经济保持中高速增长，在世界主要国家中名列前茅，国内生产总值从五十四万亿元增长到八十万亿元，稳居世界第二，对世界经济增长贡献率超过百分之三十。供给侧结构性改革深入推进，经济结构不断优化，数字经济等新兴产业蓬勃发展，高铁、公路、桥梁、港口、机场等基础设施建设快速推进。农业现代化稳步推进，粮食生产能力达到一万二千亿斤。城镇化率年均提高一点二个百分点，八千多万农业转移人口成为城镇居民。区域发展协调性增强，"一带一路"建设、京津冀协同发展、长江经济带发展成效显著。创新驱动发展战略大力实施，创新型国家建设成果丰硕，天宫、蛟龙、天眼、悟空、墨子、大飞机等重大科技成果相继问世。南海岛礁建设积极推进。开放型经济新体制逐步健全，对外贸易、对外投资、外汇储备稳居世界前列。

全面深化改革取得重大突破。蹄疾步稳推进全面深化改革，坚决破除各方面体制机制弊端。改革全面发力、多点突破、纵深推进，着力增强改革系统性、整体性、协同性，压茬拓展改革广度和深度，推出一千五百多项改革举措，重要领域和关键环节改革取得突破性进展，主要领域改革主体框架基本确立。中国特色社会主义制度更加完善，国家治理体系和治理能力现代化水平明显提高，全社会发展活力和创新活力明显增强。

民主法治建设迈出重大步伐。积极发展社会主义民主政治，推进全面依法治国，党的领导、人民当家作主、依法治国有机统一的制度建设全面加强，党的领导体制机制不断完善，社会主义民主不断发展，党内民主更加广泛，社会主义协商民主全面展开，爱国统一战线巩固发展，民族宗教工作创新推进。科学立法、严格执法、公正司法、全民守法深入推进，法治国家、法治政府、法治社会建设相互促进，中国特色社会主义法治体系日益完善，全社会法治观念明显增强。国家监察体制改革试点取得实效，行政体制改革、司法体制改革、权力运行制约和监督体系建设有效实施。

　　思想文化建设取得重大进展。加强党对意识形态工作的领导，党的理论创新全面推进，马克思主义在意识形态领域的指导地位更加鲜明，中国特色社会主义和中国梦深入人心，社会主义核心价值观[3]和中华优秀传统文化广泛弘扬，群众性精神文明创建活动扎实开展。公共文化服务水平不断提高，文艺创作持续繁荣，文化事业和文化产业蓬勃发展，互联网建设管理运用不断完善，全民健身和竞技体育全面发展。主旋律更加响亮，正能量更加强劲，文化自信得到彰显，国家文化软实力和中华文化影响力大幅提升，全党全社会思想上的团结统一更加巩固。

　　人民生活不断改善。深入贯彻以人民为中心的发展思想，一大批惠民举措落地实施，人民获得感显著增强。脱贫攻坚战取得决定性进展，六千多万贫困人口稳定脱贫，贫困发生率从百分之十点二下降到百分之四以下。教育事业全面发展，中西部和农村教育明显加强。就业状况持续改善，城镇新增就业年均一千三百万人以上。城乡居民收入增速超过经济增速，中等收入群体持续扩大。覆盖城乡居民的社会保障体系基本建立，人民健康和医疗卫生水平大幅提高，保障性住房建设稳步推进。社会治理体系更加完善，社会大局保持稳定，国家安全全面加强。

生态文明建设成效显著。大力度推进生态文明建设，全党全国贯彻绿色发展理念的自觉性和主动性显著增强，忽视生态环境保护的状况明显改变。生态文明制度体系加快形成，主体功能区制度逐步健全，国家公园体制试点积极推进。全面节约资源有效推进，能源资源消耗强度大幅下降。重大生态保护和修复工程进展顺利，森林覆盖率持续提高。生态环境治理明显加强，环境状况得到改善。引导应对气候变化国际合作，成为全球生态文明建设的重要参与者、贡献者、引领者。

强军兴军开创新局面。着眼于实现中国梦强军梦，制定新形势下军事战略方针，全力推进国防和军队现代化。召开古田全军政治工作会议，恢复和发扬我党我军光荣传统和优良作风，人民军队政治生态得到有效治理。国防和军队改革取得历史性突破，形成军委管总、战区主战、军种主建新格局，人民军队组织架构和力量体系实现革命性重塑。加强练兵备战，有效遂行海上维权、反恐维稳、抢险救灾、国际维和、亚丁湾护航、人道主义救援等重大任务，武器装备加快发展，军事斗争准备取得重大进展。人民军队在中国特色强军之路上迈出坚定步伐。

港澳台工作取得新进展。全面准确贯彻"一国两制"方针，牢牢掌握宪法和基本法赋予的中央对香港、澳门全面管治权，深化内地和港澳地区交流合作，保持香港、澳门繁荣稳定。坚持一个中国原则和"九二共识"[4]，推动两岸关系和平发展，加强两岸经济文化交流合作，实现两岸领导人历史性会晤。妥善应对台湾局势变化，坚决反对和遏制"台独"分裂势力，有力维护台海和平稳定。

全方位外交布局深入展开。全面推进中国特色大国外交，形成全方位、多层次、立体化的外交布局，为我国发展营造了良好外部条件。实施共建"一带一路"倡议，发起创办亚洲基础设施投资银行，设立丝路基金，举办首届"一带一路"国际合作高峰论坛、亚太经合组织领导人非正式会议、二十国集团领导人杭州峰会、金砖国家领导人厦门会晤、亚信峰会。倡导构建人类命运共同体，促进全球治理体系变革。我国国际影响力、感召力、塑造力进一步提高，为世界和平与发展作出新的重大贡献。

全面从严治党成效卓著。全面加强党的领导和党的建设，坚决改变管党治党宽松软状况。推动全党尊崇党章，增强政治意识、大局意识、核心意识、看齐意识，坚决维护党中央权威和集中统一领导，严明党的政治纪律和政治规矩，层层落实管党治党政治责任。坚持照镜子、正衣冠、洗洗澡、治治病的要求，开展党的群众路线教育实践活动和"三严三实"[5]专题教育，推进"两学一做"[6]学习教育常态化制度化，全党理想信念更加坚定、党性更加坚强。贯彻新时期好干部标准，选人用人状况和风气明显好转。党的建设制度改革深入推进，党内法规制度体系不断完善。把纪律挺在前面，着力解决人民群众反映最强烈、对党的执政基础威胁最大的突出问题。出台中央八项规定[7]，严厉整治形式主义、官僚主义、享乐主义和奢靡之风，坚决反对特权。巡视利剑作用彰显，实现中央和省级党委巡视全覆盖。坚持反腐败无禁区、全覆盖、零容忍，坚定不移"打虎"、"拍蝇"、"猎狐"，不敢腐的目标初步实现，不能腐的笼子越扎越牢，不想腐的堤坝正在构筑，反腐败斗争压倒性态势已经形成并巩固发展。

五年来的成就是全方位的、开创性的，五年来的变革是深层次的、根本性的。五年来，我们党以巨大的政治勇气和强烈的责任担当，提出一系列新理念新思想新战略，出台一系列重大方针政策，推出一系列重大举措，推进一系列重大工作，解决了许多长期想解决而没有解决的难题，办成了许多过去想办而没有办成的大事，推动党和国家事业发生历史性变革。这些历史性变革，对党和国家事业发展具有重大而深远的影响。

五年来，我们勇于面对党面临的重大风险考验和党内存在的突出问题，以顽强意志品质正风肃纪、反腐惩恶，消除了党和国家内部存在的严重隐患，党内政治生活气象更新，党内政治生态明显好转，党的创造力、凝聚力、战斗力显著增强，党的团结统一更加巩固，党群关系明显改善，党在革命性锻造中更加坚强，焕发出新的强大生机活力，为党和国家事业发展提供了坚强政治保证。

同时，必须清醒看到，我们的工作还存在许多不足，也面临不少困难和挑战。主要是：发展不平衡不充分的一些突出问题尚未解决，发展质量和效益还不高，创新能力不够强，实体经济水平有待提高，生态环境保护任重道远；民生领域还有不少短板，脱贫攻坚任务艰巨，城乡区域发展和收入分配差距依然较大，群众在就业、教育、医疗、居住、养老等方面面临不少难题；社会文明水平尚需提高；社会矛盾和问题交织叠加，全面依法治国任务依然繁重，国家治理体系和治理能力有待加强；意识形态领域斗争依然复杂，国家安全面临新情况；一些改革部署和重大政策措施需要进一步落实；党的建设方面还存在不少薄弱环节。这些问题，必须着力加以解决。

五年来的成就，是党中央坚强领导的结果，更是全党全国各族人民共同奋斗的结果。我代表中共中央，向全国各族人民，向各民主党派、各人民团体和各界爱国人士，向香港特别行政区同胞、澳门特别行政区同胞和台湾同胞以及广大侨胞，向关心和支持中国现代化建设的各国朋友，表示衷心的感谢！

同志们！改革开放之初，我们党发出了走自己的路、建设中国特色社会主义的伟大号召。从那时以来，我们党团结带领全国各族人民不懈奋斗，推动我国经济实力、科技实力、国防实力、综合国力进入世界前列，推动我国国际地位实现前所未有的提升，党的面貌、国家的面貌、人民的面貌、军队的面貌、中华民族的面貌发生了前所未有的变化，中华民族正以崭新姿态屹立于世界的东方。

经过长期努力，中国特色社会主义进入了新时代，这是我国发展新的历史方位。

中国特色社会主义进入新时代，意味着近代以来久经磨难的中华民族迎来了从站起来、富起来到强起来的伟大飞跃，迎来了实现中华民族伟大复兴的光明前景；意味着科学社会主义在二十一世纪的中国焕发出强大生机活力，在世界上高高举起了中国特色社会主义伟大旗帜；意味着中国特色社会主义道路、理论、制度、文化不断发展，拓展了发展中国家走向现代化的途径，给世界上那些既希望加快发展又希望保持自身独立性的国家和民族提供了全新选择，为解决人类问题贡献了中国智慧和中国方案。

这个新时代，是承前启后、继往开来、在新的历史条件下继续夺取中国特色社会主义伟大胜利的时代，是决胜全面建成小康社会、进而全面建设社会主义现代化强国的时代，是全国各族人民团结奋斗、不断创造美好生活、逐步实现全体人民共同富裕的时代，是全体中华儿女勠力同心、奋力实现中华民族伟大复兴中国梦的时代，是我国日益走近世界舞台中央、不断为人类作出更大贡献的时代。

中国特色社会主义进入新时代，我国社会主要矛盾已经转化为人民日益增长的美好生活需要和不平衡不充分的发展之间的矛盾。我国稳定解决了十几亿人的温饱问题，总体上实现小康，不久将全面建成小康社会，人民美好生活需要日益广泛，不仅对物质文化生活提出了更高要求，而且在民主、法治、公平、正义、安全、环境等方面的要求日益增长。同时，我国社会生产力水平总体上显著提高，社会生产能力在很多方面进入世界前列，更加突出的问题是发展不平衡不充分，这已经成为满足人民日益增长的美好生活需要的主要制约因素。

必须认识到，我国社会主要矛盾的变化是关系全局的历史性变化，对党和国家工作提出了许多新要求。我们要在继续推动发展的基础上，着力解决好发展不平衡不充分问题，大力提升发展质量和效益，更好满足人民在经济、政治、文化、社会、生态等方面日益增长的需要，更好推动人的全面发展、社会全面进步。

必须认识到，我国社会主要矛盾的变化，没有改变我们对我国社会主义所处历史阶段的判断，我国仍处于并将长期处于社会主义初级阶段的基本国情没有变，我国是世界最大发展中国家的国际地位没有变。全党要牢牢把握社会主义初级阶段这个基本国情，牢牢立足社会主义初级阶段这个最大实际，牢牢坚持党的基本路线这个党和国家的生命线、人民的幸福线，领导和团结全国各族人民，以经济建设为中心，坚持四项基本原则〔8〕，坚持改革开放，自力更生，艰苦创业，为把我国建设成为富强民主文明和谐美丽的社会主义现代化强国而奋斗。

同志们！中国特色社会主义进入新时代，在中华人民共和国发展史上、中华民族发展史上具有重大意义，在世界社会主义发展史上、人类社会发展史上也具有重大意义。全党要坚定信心、奋发有为，让中国特色社会主义展现出更加强大的生命力！

二、新时代中国共产党的历史使命

一百年前，十月革命一声炮响，给中国送来了马克思列宁主义。中国先进分子从马克思列宁主义的科学真理中看到了解决中国问题的出路。在近代以后中国社会的剧烈运动中，在中国人民反抗封建统治和外来侵略的激烈斗争中，在马克思列宁主义同中国工人运动的结合过程中，一九二一年中国共产党应运而生。从此，中国人民谋求民族独立、人民解放和国家富强、人民幸福的斗争就有了主心骨，中国人民就从精神上由被动转为主动。

中华民族有五千多年的文明历史，创造了灿烂的中华文明，为人类作出了卓越贡献，成为世界上伟大的民族。鸦片战争后，中国陷入内忧外患的黑暗境地，中国人民经历了战乱频仍、山河破碎、民不聊生的深重苦难。为了民族复兴，无数仁人志士不屈不挠、前仆后继，进行了可歌可泣的斗争，进行了各式各样的尝试，但终究未能改变旧中国的社会性质和中国人民的悲惨命运。

实现中华民族伟大复兴是近代以来中华民族最伟大的梦想。中国共产党一经成立，就把实现共产主义作为党的最高理想和最终目标，义无反顾肩负起实现中华民族伟大复兴的历史使命，团结带领人民进行了艰苦卓绝的斗争，谱写了气吞山河的壮丽史诗。

我们党深刻认识到，实现中华民族伟大复兴，必须推翻压在中国人民头上的帝国主义、封建主义、官僚资本主义三座大山，实现民族独立、人民解放、国家统一、社会稳定。我们党团结带领人民找到了一条以农村包围城市、武装夺取政权的正确革命道路，进行了二十八年浴血奋战，完成了新民主主义革命，一九四九年建立了中华人民共和国，实现了中国从几千年封建专制政治向人民民主的伟大飞跃。

我们党深刻认识到，实现中华民族伟大复兴，必须建立符合我国实际的先进社会制度。我们党团结带领人民完成社会主义革命，确立社会主义基本制度，推进社会主义建设，完成了中华民族有史以来最为广泛而深刻的社会变革，为当代中国一切发展进步奠定了根本政治前提和制度基础，实现了中华民族由近代不断衰落到根本扭转命运、持续走向繁荣富强的伟大飞跃。

我们党深刻认识到，实现中华民族伟大复兴，必须合乎时代潮流、顺应人民意愿，勇于改革开放，让党和人民事业始终充满奋勇前进的强大动力。我们党团结带领人民进行改革开放新的伟大革命，破除阻碍国家和民族发展的一切思想和体制障碍，开辟了中国特色社会主义道路，使中国大踏步赶上时代。

九十六年来，为了实现中华民族伟大复兴的历史使命，无论是弱小还是强大，无论是顺境还是逆境，我们党都初心不改、矢志不渝，团结带领人民历经千难万险，付出巨大牺牲，敢于面对曲折，勇于修正错误，攻克了一个又一个看似不可攻克的难关，创造了一个又一个彪炳史册的人间奇迹。

同志们！今天，我们比历史上任何时期都更接近、更有信心和能力实现中华民族伟大复兴的目标。

行百里者半九十。中华民族伟大复兴，绝不是轻轻松松、敲锣打鼓就能实现的。全党必须准备付出更为艰巨、更为艰苦的努力。

实现伟大梦想，必须进行伟大斗争。社会是在矛盾运动中前进的，有矛盾就会有斗争。我们党要团结带领人民有效应对重大挑战、抵御重大风险、克服重大阻力、解决重大矛盾，必须进行具有许多新的历史特点的伟大斗争，任何贪图享受、消极懈怠、回避矛盾的思想和行为都是错误的。全党要更加自觉地坚持党的领导和我国社会主义制度，坚决反对一切削弱、歪曲、否定党的领导和我国社会主义制度的言行；

更加自觉地维护人民利益，坚决反对一切损害人民利益、脱离群众的行为；更加自觉地投身改革创新时代潮流，坚决破除一切顽瘴痼疾；更加自觉地维护我国主权、安全、发展利益，坚决反对一切分裂祖国、破坏民族团结和社会和谐稳定的行为；更加自觉地防范各种风险，坚决战胜一切在政治、经济、文化、社会等领域和自然界出现的困难和挑战。全党要充分认识这场伟大斗争的长期性、复杂性、艰巨性，发扬斗争精神，提高斗争本领，不断夺取伟大斗争新胜利。

实现伟大梦想，必须建设伟大工程。这个伟大工程就是我们党正在深入推进的党的建设新的伟大工程。历史已经并将继续证明，没有中国共产党的领导，民族复兴必然是空想。我们党要始终成为时代先锋、民族脊梁，始终成为马克思主义执政党，自身必须始终过硬。全党要更加自觉地坚定党性原则，勇于直面问题，敢于刮骨疗毒，消除一切损害党的先进性和纯洁性的因素，清除一切侵蚀党的健康肌体的病毒，不断增强党的政治领导力、思想引领力、群众组织力、社会号召力，确保我们党永葆旺盛生命力和强大战斗力。

实现伟大梦想，必须推进伟大事业。中国特色社会主义是改革开放以来党的全部理论和实践的主题，是党和人民历尽千辛万苦、付出巨大代价取得的根本成就。中国特色社会主义道路是实现社会主义现代化、创造人民美好生活的必由之路，中国特色社会主义理论体系是指导党和人民实现中华民族伟大复兴的正确理论，中国特色社会主义制度是当代中国发展进步的根本制度保障，中国特色社会主义文化是激励全党全国各族人民奋勇前进的强大精神力量。全党要更加自党地增强道路自信、理论自信、制度自信、文化自信，既不走封闭僵化的老路，也不走改旗易帜的邪路，保持政治定力，坚持实干兴邦，始终坚持和发展中国特色社会主义。

伟大斗争，伟大工程，伟大事业，伟大梦想，紧密联系、相互贯通、相互作用，其中起决定性作用的是党的建设新的伟大工程。推进伟大工程，要结合伟大斗争、伟大事业、伟大梦想的实践来进行，确保党在世界形势深刻变化的历史进程中始终走在时代前列，在应对国内外各种风险和考验的历史进程中始终成为全国人民的主心骨，在坚持和发展中国特色社会主义的历史进程中始终成为坚强领导核心。

同志们！使命呼唤担当，使命引领未来。我们要不负人民重托、无愧历史选择，在新时代中国特色社会主义的伟大实践中，以党的坚强领导和顽强奋斗，激励全体中华儿女不断奋进，凝聚起同心共筑中国梦的磅礴力量！

三、新时代中国特色社会主义思想和基本方略

十八大以来，国内外形势变化和我国各项事业发展都给我们提出了一个重大时代课题，这就是必须从理论和实践结合上系统回答新时代坚持和发展什么样的中国特色社会主义、怎样坚持和发展中国特色社会主义，包括新时代坚持和发展中国特色社会主义的总目标、总任务、总体布局、战略布局和发展方向、发展方式、发展动力、战略步骤、外部条件、政治保证等基本问题，并且要根据新的实践对经济、政治、

法治、科技、文化、教育、民生、民族、宗教、社会、生态文明、国家安全、国防和军队、"一国两制"和祖国统一、统一战线、外交、党的建设等各方面作出理论分析和政策指导，以利于更好坚持和发展中国特色社会主义。

围绕这个重大时代课题，我们党坚持以马克思列宁主义、毛泽东思想、邓小平理论、"三个代表"重要思想、科学发展观为指导，坚持解放思想、实事求是、与时俱进、求真务实，坚持辩证唯物主义和历史唯物主义，紧密结合新的时代条件和实践要求，以全新的视野深化对共产党执政规律、社会主义建设规律、人类社会发展规律的认识，进行艰辛理论探索，取得重大理论创新成果，形成了新时代中国特色社会主义思想。

新时代中国特色社会主义思想，明确坚持和发展中国特色社会主义，总任务是实现社会主义现代化和中华民族伟大复兴，在全面建成小康社会的基础上，分两步走在本世纪中叶建成富强民主文明和谐美丽的社会主义现代化强国；明确新时代我国社会主要矛盾是人民日益增长的美好生活需要和不平衡不充分的发展之间的矛盾，必须坚持以人民为中心的发展思想，不断促进人的全面发展、全体人民共同富裕；明确中国特色社会主义事业总体布局是"五位一体"、战略布局是"四个全面"，强调坚定道路自信、理论自信、制度自信、文化自信；明确全面深化改革总目标是完善和发展中国特色社会主义制度、推进国家治理体系和治理能力现代化；明确全面推进依法治国总目标是建设中国特色社会主义法治体系、建设社会主义法治国家；明确党在新时代的强军目标是建设一支听党指挥、能打胜仗、作风优良的人民军队，把人民军队建设成为世界一流军队；明确中国特色大国外交要推动构建新型国际关系，推动构建人类命运共同体；明确中国特色社会主义最本质的特征是中国共产党领导，中国特色社会主义制度的最大优势是中国共产党领导，党是最高政治领导力量，提出新时代党的建设总要求，突出政治建设在党的建设中的重要地位。

新时代中国特色社会主义思想，是对马克思列宁主义、毛泽东思想、邓小平理论、"三个代表"重要思想、科学发展观的继承和发展，是马克思主义中国化最新成果，是党和人民实践经验和集体智慧的结晶，是中国特色社会主义理论体系的重要组成部分，是全党全国人民为实现中华民族伟大复兴而奋斗的行动指南，必须长期坚持并不断发展。

全党要深刻领会新时代中国特色社会主义思想的精神实质和丰富内涵，在各项工作中全面准确贯彻落实。

（一）坚持党对一切工作的领导。党政军民学，东西南北中，党是领导一切的。必须增强政治意识、大局意识、核心意识、看齐意识，自觉维护党中央权威和集中统一领导，自觉在思想上政治上行动上同党中央保持高度一致，完善坚持党的领导的体制机制，坚持稳中求进工作总基调，统筹推进"五位一体"总体布局，协调推进"四个全面"战略布局，提高党把方向、谋大局、定政策、促改革的能力和定力，确保党始终总揽全局、协调各方。

（二）坚持以人民为中心。人民是历史的创造者，是决定党和国家前途命运的根本力量。必须坚持人民主体地位，坚持立党为公、执政为民，践行全心全意为人民服务的根本宗旨，把党的群众路线贯彻到治国理政全部活动之中，把人民对美好生活的向往作为奋斗目标，依靠人民创造历史伟业。

（三）坚持全面深化改革。只有社会主义才能救中国，只有改革开放才能发展中国、发展社会主义、发展马克思主义。必须坚持和完善中国特色社会主义制度，不断推进国家治理体系和治理能力现代化，坚决破除一切不合时宜的思想观念和体制机制弊端，突破利益固化的藩篱，吸收人类文明有益成果，构建系统完备、科学规范、运行有效的制度体系，充分发挥我国社会主义制度优越性。

（四）坚持新发展理念。发展是解决我国一切问题的基础和关键，发展必须是科学发展，必须坚定不移贯彻创新、协调、绿色、开放、共享的发展理念。必须坚持和完善我国社会主义基本经济制度和分配制度，毫不动摇巩固和发展公有制经济，毫不动摇鼓励、支持、引导非公有制经济发展，使市场在资源配置中起决定性作用，更好发挥政府作用，推动新型工业化、信息化、城镇化、农业现代化同步发展，主动参与和推动经济全球化进程，发展更高层次的开放型经济，不断壮大我国经济实力和综合国力。

（五）坚持人民当家作主。坚持党的领导、人民当家作主、依法治国有机统一是社会主义政治发展的必然要求。必须坚持中国特色社会主义政治发展道路，坚持和完善人民代表大会制度、中国共产党领导的多党合作和政治协商制度、民族区域自治制度、基层群众自治制度，巩固和发展最广泛的爱国统一战线，发展社会主义协商民主，健全民主制度，丰富民主形式，拓宽民主渠道，保证人民当家作主落实到国家政治生活和社会生活之中。

（六）坚持全面依法治国。全面依法治国是中国特色社会主义的本质要求和重要保障。必须把党的领导贯彻落实到依法治国全过程和各方面，坚定不移走中国特色社会主义法治道路，完善以宪法为核心的中国特色社会主义法律体系，建设中国特色社会主义法治体系，建设社会主义法治国家，发展中国特色社会主义法治理论，坚持依法治国、依法执政、依法行政共同推进，坚持法治国家、法治政府、法治社会一体建设，坚持依法治国和以德治国相结合，依法治国和依规治党有机统一，深化司法体制改革，提高全民族法治素养和道德素质。

（七）坚持社会主义核心价值体系。文化自信是一个国家、一个民族发展中更基本、更深沉、更持久的力量。必须坚持马克思主义，牢固树立共产主义远大理想和中国特色社会主义共同理想，培育和践行社会主义核心价值观，不断增强意识形态领域主导权和话语权，推动中华优秀传统文化创造性转化、创新性发展，继承革命文化，发展社会主义先进文化，不忘本来、吸收外来、面向未来，更好构筑中国精神、中国价值、中国力量，为人民提供精神指引。

（八）坚持在发展中保障和改善民生。增进民生福祉是发展的根本目的。必须多谋民生之利、多解民生之忧，在发展中补齐民生短板、促进社会公平正义，在幼有所育、学有所教、劳有所得、病有所医、老有所养、住有所居、弱有所扶上不断取得新进展，深入开展脱贫攻坚，保证全体人民在共建共享发展中有更多获得感，不断促进人的全面发展、全体人民共同富裕。建设平安中国，加强和创新社会治理，维护社会和谐稳定，确保国家长治久安、人民安居乐业。

（九）坚持人与自然和谐共生。建设生态文明是中华民族永续发展的千年大计。必须树立和践行绿水青山就是金山银山的理念，坚持节约资源和保护环境的基本国策，像对待生命一样对待生态环境，统筹山水林田湖草系统治理，实行最严格的生态环境保护制度，形成绿色发展方式和生活方式，坚定走生产发展、生活富裕、生态良好的文明发展道路，建设美丽中国，为人民创造良好生产生活环境，为全球生态安全作出贡献。

（十）坚持总体国家安全观。统筹发展和安全，增强忧患意识，做到居安思危，是我们党治国理政的一个重大原则。必须坚持国家利益至上，以人民安全为宗旨，以政治安全为根本，统筹外部安全和内部安全、国土安全和国民安全、传统安全和非传统安全、自身安全和共同安全，完善国家安全制度体系，加强国家安全能力建设，坚决维护国家主权、安全、发展利益。

（十一）坚持党对人民军队的绝对领导。建设一支听党指挥、能打胜仗、作风优良的人民军队，是实现"两个一百年"奋斗目标〔9〕、实现中华民族伟大复兴的战略支撑。必须全面贯彻党领导人民军队的一系列根本原则和制度，确立新时代党的强军思想在国防和军队建设中的指导地位，坚持政治建军、改革强军、科技兴军、依法治军，更加注重聚焦实战，更加注重创新驱动，更加注重体系建设，更加注重集约高效，更加注重军民融合，实现党在新时代的强军目标。

（十二）坚持"一国两制"和推进祖国统一。保持香港、澳门长期繁荣稳定，实现祖国完全统一，是实现中华民族伟大复兴的必然要求。必须把维护中央对香港、澳门特别行政区全面管治权和保障特别行政区高度自治权有机结合起来，确保"一国两制"方针不会变、不动摇，确保"一国两制"实践不变形、不走样。必须坚持一个中国原则，坚持"九二共识"，推动两岸关系和平发展，深化两岸经济合作和文化往来，推动两岸同胞共同反对一切分裂国家的活动，共同为实现中华民族伟大复兴而奋斗。

（十三）坚持推动构建人类命运共同体。中国人民的梦想同各国人民的梦想息息相通，实现中国梦离不开和平的国际环境和稳定的国际秩序。必须统筹国内国际两个大局，始终不渝走和平发展道路、奉行互利共赢的开放战略，坚持正确义利观，树立共同、综合、合作、可持续的新安全观，谋求开放创新、包容互惠的发展前景，促进和而不同、兼收并蓄的文明交流，构筑尊崇自然、绿色发展的生态体系，始终做世界和平的建设者、全球发展的贡献者、国际秩序的维护者。

（十四）坚持全面从严治党。勇于自我革命，从严管党治党，是我们党最鲜明的品格。必须以党章为根本遵循，把党的政治建设摆在首位，思想建党和制度治党同向发力，统筹推进党的各项建设，抓住"关键少数"，坚持"三严三实"，坚持民主集中制，严肃党内政治生活，严明党的纪律，强化党内监督，发展积极健康的党内政治文化，全面净化党内政治生态，坚决纠正各种不正之风，以零容忍态度惩治腐败，不断增强党自我净化、自我完善、自我革新、自我提高的能力，始终保持党同人民群众的血肉联系。

以上十四条，构成新时代坚持和发展中国特色社会主义的基本方略。全党同志必须全面贯彻党的基本理论、基本路线、基本方略，更好引领党和人民事业发展。

实践没有止境，理论创新也没有止境。世界每时每刻都在发生变化，中国也每时每刻都在发生变化，我们必须在理论上跟上时代，不断认识规律，不断推进理论创新、实践创新、制度创新、文化创新以及其他各方面创新。

同志们！时代是思想之母，实践是理论之源。只要我们善于聆听时代声音，勇于坚持真理、修正错误，二十一世纪中国的马克思主义一定能够展现出更强大、更有说服力的真理力量！

四、决胜全面建成小康社会，开启全面建设社会主义现代化国家新征程

改革开放之后，我们党对我国社会主义现代化建设作出战略安排，提出"三步走"战略目标[10]。解决人民温饱问题、人民生活总体上达到小康水平这两个目标已提前实现。在这个基础上，我们党提出，到建党一百年时建成经济更加发展、民主更加健全、科教更加进步、文化更加繁荣、社会更加和谐、人民生活更加殷实的小康社会，然后再奋斗三十年，到新中国成立一百年时，基本实现现代化，把我国建成社会主义现代化国家。

从现在到二〇二〇年，是全面建成小康社会决胜期。要按照十六大、十七大、十八大提出的全面建成小康社会各项要求，紧扣我国社会主要矛盾变化，统筹推进经济建设、政治建设、文化建设、社会建设、生态文明建设，坚定实施科教兴国战略、人才强国战略、创新驱动发展战略、乡村振兴战略、区域协调发展战略、可持续发展战略、军民融合发展战略，突出抓重点、补短板、强弱项，特别是要坚决打好防范化解重大风险、精准脱贫、污染防治的攻坚战，使全面建成小康社会得到人民认可、经得起历史检验。

从十九大到二十大，是"两个一百年"奋斗目标的历史交汇期。我们既要全面建成小康社会、实现第一个百年奋斗目标，又要乘势而上开启全面建设社会主义现代化国家新征程，向第二个百年奋斗目标进军。

综合分析国际国内形势和我国发展条件，从二〇二〇年到本世纪中叶可以分两个阶段来安排。

第一个阶段，从二〇二〇年到二〇三五年，在全面建成小康社会的基础上，再奋斗十五年，基本实现社会主义现代化。到那时，我国经济实力、科技实力将大幅跃升，跻身创新型国家前列；人民平等参与、平等发展权利得到充分保障，法治国家、法治政府、法治社会基本建成，各方面制度更加完善，国家治理体系和治理能力现代化基本实现；社会文明程度达到新的高度，国家文化软实力显著增强，中华文化影响更加广泛深入；人民生活更为宽裕，中等收入群体比例明显提高，城乡区域发展差距和居民生活水平差距显著缩小，基本公共服务均等化基本实现，全体人民共同富裕迈出坚实步伐；现代社会治理格局基本形成，社会充满活力又和谐有序；生态环境根本好转，美丽中国目标基本实现。

第二个阶段，从二〇三五年到本世纪中叶，在基本实现现代化的基础上，再奋斗十五年，把我国建成富强民主文明和谐美丽的社会主义现代化强国。到那时，我国物质文明、政治文明、精神文明、社会文明、生态文明将全面提升，实现国家治理体系和治理能力现代化，成为综合国力和国际影响力领先的国家，全体人民共同富裕基本实现，我国人民将享有更加幸福安康的生活，中华民族将以更加昂扬的姿态屹立于世界民族之林。

同志们！从全面建成小康社会到基本实现现代化，再到全面建成社会主义现代化强国，是新时代中国特色社会主义发展的战略安排。我们要坚忍不拔、锲而不舍，奋力谱写社会主义现代化新征程的壮丽篇章！

五、贯彻新发展理念，建设现代化经济体系

实现"两个一百年"奋斗目标、实现中华民族伟大复兴的中国梦，不断提高人民生活水平，必须坚定不移把发展作为党执政兴国的第一要务，坚持解放和发展社会生产力，坚持社会主义市场经济改革方向，推动经济持续健康发展。

我国经济已由高速增长阶段转向高质量发展阶段，正处在转变发展方式、优化经济结构、转换增长动力的攻关期，建设现代化经济体系是跨越关口的迫切要求和我国发展的战略目标。必须坚持质量第一、效益优先，以供给侧结构性改

革为主线，推动经济发展质量变革、效率变革、动力变革，提高全要素生产率，着力加快建设实体经济、科技创新、现代金融、人力资源协同发展的产业体系，着力构建市场机制有效、微观主体有活力、宏观调控有度的经济体制，不断增强我国经济创新力和竞争力。

（一）深化供给侧结构性改革。建设现代化经济体系，必须把发展经济的着力点放在实体经济上，把提高供给体系质量作为主攻方向，显著增强我国经济质量优势。加快建设制造强国，加快发展先进制造业，推动互联网、大数据、人工智能和实体经济深度融合，在中高端消费、创新引领、绿色低碳、共享经济、现代供应链、人力资本服务等领域培育新增长点、形成新动能。支持传统产业优化升级，加快发展现代服务业，瞄准国际标准提高水平。促进我国产业迈向全球价值链中高端，培育若干世界级先进制造业集群。加强水利、铁路、公路、水运、航空、管道、电网、信息、物流等基础设施网络建设。坚持去产能、去库存、去杠杆、降成本、补短板，优化存量资源配置，扩大优质增量供给，实现供需动态平衡。激发和保护企业家精神，鼓励更多社会主体投身创新创业。建设知识型、技能型、创新型劳动者大军，弘扬劳模精神和工匠精神，营造劳动光荣的社会风尚和精益求精的敬业风气。

（二）加快建设创新型国家。创新是引领发展的第一动力，是建设现代化经济体系的战略支撑。要瞄准世界科技前沿，强化基础研究，实现前瞻性基础研究、引领性原创成果重大突破。加强应用基础研究，拓展实施国家重大科技项目，突出关键共性技术、前沿引领技术、现代工程技术、颠覆性技术创新，为建设科技强国、质量强国、航天强国、网络强国、交通强国、数字中国、智慧社会提供有力支撑。加强国家创新体系建设，强化战略科技力量。深化科技体制改革，建立以企业为主体、市场为导向、产学研深度融合的技术创新体系，加强对中小企业创新的支持，促进科技成果转化。倡导创新文化，强化知识产权创造、保护、运用。培养造就一大批具有国际水平的战略科技人才、科技领军人才、青年科技人才和高水平创新团队。

（三）实施乡村振兴战略。农业农村农民问题是关系国计民生的根本性问题，必须始终把解决好"三农"问题作为全党工作重中之重。要坚持农业农村优先发展，按照产业兴旺、生态宜居、乡风文明、治理有效、生活富裕的总要求，建立健全城乡融合发展体制机制和政策体系，加快推进农业农村现代化。巩固和完善农村基本经营制度，深化农村土地制度改革，完善承包地"三权"[11]分置制度。保持土地承包关系稳定并长久不变，第二轮土地承包到期后再延长三十年。深化农村集体产权制度改革，保障农民财产权益，壮大集体经济。确保国家粮食安全，把中国人的饭碗牢牢端在自己手中。构建现代农业产业体系、生产体系、经营体系，完善农业支持保护制度，发展多种形式适度规模经营，培育新型农业经营主体，健全农业社会化服务体系，实现小农户和现代农业发展有机衔接。促进农村一二三产业融合发展，支持和鼓励农民就业创业，拓宽增收渠道。加强农村基层基础工作，健全自治、法治、德治相结合的乡村治理体系。培养造就一支懂农业、爱农村、爱农民的"三农"工作队伍。

（四）实施区域协调发展战略。加大力度支持革命老区、民族地区、边疆地区、贫困地区加快发展，强化举措推进西部大开发形成新格局，深化改革加快东北等老工业基地振兴，发挥优势推动中部地区崛起，创新引领率先实现东部地区优化发展，建立更加有效的区域协调发展新机制。以城市群为主体构建大中小城市和小城镇协调发展的城镇格局，加快农业转移人口市民化。以疏解北京非首都功能为"牛鼻子"推动京津冀协同发展，高起点规划、高标准建设雄安新区。以共抓大保护、不搞大开发为导向推动长江经济带发展。支持资源型地区经济转型发展。加快边疆发展，确保边疆巩固、边境安全。坚持陆海统筹，加快建设海洋强国。

（五）加快完善社会主义市场经济体制。经济体制改革必须以完善产权制度和要素市场化配置为重点，实现产权有效激励、要素自由流动、价格反应灵活、竞争公平有序、企业优胜劣汰。要完善各类国有资产管理体制，改革国有资本授权经营体制，加快国有经济布局优化、结构调整、战略性重组，促进国有资产保值增值，推动国有资本做强做优做大，有效防止国有资产流失。深化国有企业改革，发展混合所有制经济，培育具有全球竞争力的世界一流企业。全面实施市场准入负面清单制度，清理废除妨碍统一市场和公平竞争的各种规定和做法，支持民营企业发展，激发各类市场主体活力。深化商事制度改革，打破行政性垄断，防止市场垄断，加快要素价格市场化改革，放宽服务业准入限制，完善市场监管体制。创新和完善宏观调控，发挥国家发展规划的战略导向作用，健全财政、货币、产业、区域等经济政策协调机制。完善促进消费的体制机制，增强消费对经济发展的基础性作用。深化投融资体制改革，发挥投资对优化供给结构的关键性作用。加快建立现代财政制度，建立权责清晰、财力协调、区域均衡的中央和地方财政关系。建立全面规范透明、标准科学、约束有力的预算制度，全面实施绩效管理。深化税收制度改革，健全地方税体系。深化金融体制改革，增强金融服务实体经济能力，提高直接融资比重，促进多层次资本市场健康发展。健全货币政策和宏观审慎政策双支柱调控框架，深化利率和汇率市场化改革。健全金融监管体系，守住不发生系统性金融风险的底线。

（六）推动形成全面开放新格局。开放带来进步，封闭必然落后。中国开放的大门不会关闭，只会越开越大。要以"一带一路"建设为重点，坚持引进来和走出去并重，遵循共商共建共享原则，加强创新能力开放合作，形成陆海内外联动、东西双向互济的开放格局。拓展对外贸易，培育贸易新业态新模式，推进贸易强国建设。实行高水平的贸易和投资自由化便利化政策，全面实行准入前国民待遇加负面清单管理制度，大幅度放宽市场准入，扩大服务业对外开放，保护外商投资合法权益。凡是在我国境内注册的企业，都要一视同仁、平等对待。优化区域开放布局，加大西部开放力度。赋予自由贸易试验区更大改革自主权，探索建设自由贸易港。创新对外投资方式，促进国际产能合作，形成面向全球的贸易、投融资、生产、服务网络，加快培育国际经济合作和竞争新优势。

同志们！解放和发展社会生产力，是社会主义的本质要求。我们要激发全社会创造力和发展活力，努力实现更高质量、更有效率、更加公平、更可持续的发展！

六、健全人民当家作主制度体系，发展社会主义民主政治

我国是工人阶级领导的、以工农联盟为基础的人民民主专政的社会主义国家，国家一切权力属于人民。我国社会主义民主是维护人民根本利益的最广泛、最真实、最管用的民主。发展社会主义民主政治就是要体现人民意志、保障人民权益、激发人民创造活力，用制度体系保证人民当家作主。

中国特色社会主义政治发展道路，是近代以来中国人民长期奋斗历史逻辑、理论逻辑、实践逻辑的必然结果，是坚持党的本质属性、践行党的根本宗旨的必然要求。世界上没有完全相同的政治制度模式，政治制度不能脱离特定社会政治条件和历史文化传统来抽象评判，不能定于一尊，不能生搬硬套外国政治制度模式。要长期坚持、不断发展我国社会主义民主政治，积极稳妥推进政治体制改革，推进社会主义民主政治制度化、规范化、程序化，保证人民依法通过各种途径和形式管理国家事务，管理经济文化事业，管理社会事务，巩固和发展生动活泼、安定团结的政治局面。

（一）坚持党的领导、人民当家作主、依法治国有机统一。党的领导是人民当家作主和依法治国的根本保证，人民当家作主是社会主义民主政治的本质特征，依法治国是党领

导人民治理国家的基本方式，三者统一于我国社会主义民主政治伟大实践。在我国政治生活中，党是居于领导地位的，加强党的集中统一领导，支持人大、政府、政协和法院、检察院依法依章程履行职能、开展工作、发挥作用，这两个方面是统一的。要改进党的领导方式和执政方式，保证党领导人民有效治理国家；扩大人民有序政治参与，保证人民依法实行民主选举、民主协商、民主决策、民主管理、民主监督；维护国家法制统一、尊严、权威，加强人权法治保障，保证人民依法享有广泛权利和自由。巩固基层政权，完善基层民主制度，保障人民知情权、参与权、表达权、监督权。健全依法决策机制，构建决策科学、执行坚决、监督有力的权力运行机制。各级领导干部要增强民主意识，发扬民主作风，接受人民监督，当好人民公仆。

（二）加强人民当家作主制度保障。人民代表大会制度是坚持党的领导、人民当家作主、依法治国有机统一的根本政治制度安排，必须长期坚持、不断完善。要支持和保证人民通过人民代表大会行使国家权力。发挥人大及其常委会在立法工作中的主导作用，健全人大组织制度和工作制度，支持和保证人大依法行使立法权、监督权、决定权、任免权，更好发挥人大代表作用，使各级人大及其常委会成为全面担负起宪法法律赋予的各项职责的工作机关，成为同人民群众保持密切联系的代表机关。完善人大专门委员会设置，优化人大常委会和专门委员会组成人员结构。

（三）发挥社会主义协商民主重要作用。有事好商量，众人的事情由众人商量，是人民民主的真谛。协商民主是实现党的领导的重要方式，是我国社会主义民主政治的特有形式和独特优势。要推动协商民主广泛、多层、制度化发展，统筹推进政党协商、人大协商、政府协商、政协协商、人民团体协商、基层协商以及社会组织协商。加强协商民主制度建设，形成完整的制度程序和参与实践，保证人民在日常政治生活中有广泛持续深入参与的权利。

人民政协是具有中国特色的制度安排，是社会主义协商民主的重要渠道和专门协商机构。人民政协工作要聚焦党和国家中心任务，围绕团结和民主两大主题，把协商民主贯穿政治协商、民主监督、参政议政全过程，完善协商议政内容和形式，着力增进共识、促进团结。加强人民政协民主监督，重点监督党和国家重大方针政策和重要决策部署的贯彻落实。增强人民政协界别的代表性，加强委员队伍建设。

（四）深化依法治国实践。全面依法治国是国家治理的一场深刻革命，必须坚持厉行法治，推进科学立法、严格执法、公正司法、全民守法。成立中央全面依法治国领导小组，加强对法治中国建设的统一领导。加强宪法实施和监督，推进合宪性审查工作，维护宪法权威。推进科学立法、民主立法、依法立法，以良法促进发展、保障善治。建设法治政府，推进依法行政，严格规范公正文明执法。深化司法体制综合配套改革，全面落实司法责任制，努力让人民群众在每一个司法案件中感受到公平正义。加大全民普法力度，建设社会主义法治文化，树立宪法法律至上、法律面前人人平等的法治理念。各级党组织和全体党员要带头尊法学法守法用法，任何组织和个人都不得有超越宪法法律的特权，绝不允许以言代法、以权压法、逐利违法、徇私枉法。

（五）深化机构和行政体制改革。统筹考虑各类机构设置，科学配置党政部门及内设机构权力、明确职责。统筹使用各类编制资源，形成科学合理的管理体制，完善国家机构组织法。转变政府职能，深化简政放权，创新监管方式，增强政府公信力和执行力，建设人民满意的服务型政府。赋予省级及以下政府更多自主权。在省市县对职能相近的党政机关探索合并设立或合署办公。深化事业单位改革，强化公益属性，推进政事分开、事企分开、管办分离。

（六）巩固和发展爱国统一战线。统一战线是党的事业取得胜利的重要法宝，必须长期坚持。要高举爱国主义、社会主义旗帜，牢牢把握大团结大联合的主题，坚持一致性和多样性统一，找到最大公约数，画出最大同心圆。坚持长期共存、互相监督、肝胆相照、荣辱与共，支持民主党派按照中国特色社会主义参政党要求更好履行职能。全面贯彻党的民族政策，深化民族团结进步教育，铸牢中华民族共同体意识，加强各民族交往交流交融，促进各民族像石榴籽一样紧紧抱在一起，共同团结奋斗、共同繁荣发展。全面贯彻党的宗教工作基本方针，坚持我国宗教的中国化方向，积极引导宗教与社会主义社会相适应。加强党外知识分子工作，做好新的社会阶层人士工作，发挥他们在中国特色社会主义事业中的重要作用。构建亲清新型政商关系，促进非公有制经济健康发展和非公有制经济人士健康成长。广泛团结联系海外侨胞和归侨侨眷，共同致力于中华民族伟大复兴。

同志们！中国特色社会主义政治制度是中国共产党和中

国人民的伟大创造。我们完全有信心、有能力把我国社会主义民主政治的优势和特点充分发挥出来，为人类政治文明进步作出充满中国智慧的贡献！

七、坚定文化自信，推动社会主义文化繁荣兴盛

文化是一个国家、一个民族的灵魂。文化兴国运兴，文化强民族强。没有高度的文化自信，没有文化的繁荣兴盛，就没有中华民族伟大复兴。要坚持中国特色社会主义文化发展道路，激发全民族文化创新创造活力，建设社会主义文化强国。

中国特色社会主义文化，源自于中华民族五千多年文明历史所孕育的中华优秀传统文化，熔铸于党领导人民在革命、建设、改革中创造的革命文化和社会主义先进文化，植根于中国特色社会主义伟大实践。发展中国特色社会主义文化，就是以马克思主义为指导，坚守中华文化立场，立足当代中国现实，结合当今时代条件，发展面向现代化、面向世界、面向未来的，民族的科学的大众的社会主义文化，推动社会主义精神文明和物质文明协调发展。要坚持为人民服务、为社会主义服务，坚持百花齐放、百家争鸣，坚持创造性转化、创新性发展，不断铸就中华文化新辉煌。

（一）牢牢掌握意识形态工作领导权。意识形态决定文化前进方向和发展道路。必须推进马克思主义中国化时代化大众化，建设具有强大凝聚力和引领力的社会主义意识形态，

使全体人民在理想信念、价值理念、道德观念上紧紧团结在一起。要加强理论武装，推动新时代中国特色社会主义思想深入人心。深化马克思主义理论研究和建设，加快构建中国特色哲学社会科学，加强中国特色新型智库建设。坚持正确舆论导向，高度重视传播手段建设和创新，提高新闻舆论传播力、引导力、影响力、公信力。加强互联网内容建设，建立网络综合治理体系，营造清朗的网络空间。落实意识形态工作责任制，加强阵地建设和管理，注意区分政治原则问题、思想认识问题、学术观点问题，旗帜鲜明反对和抵制各种错误观点。

（二）培育和践行社会主义核心价值观。社会主义核心价值观是当代中国精神的集中体现，凝结着全体人民共同的价值追求。要以培养担当民族复兴大任的时代新人为着眼点，强化教育引导、实践养成、制度保障，发挥社会主义核心价值观对国民教育、精神文明创建、精神文化产品创作生产传播的引领作用，把社会主义核心价值观融入社会发展各方面，转化为人们的情感认同和行为习惯。坚持全民行动、干部带头，从家庭做起，从娃娃抓起。深入挖掘中华优秀传统文化蕴含的思想观念、人文精神、道德规范，结合时代要求继承创新，让中华文化展现出永久魅力和时代风采。

（三）加强思想道德建设。人民有信仰，国家有力量，民族有希望。要提高人民思想觉悟、道德水准、文明素养，提高全社会文明程度。广泛开展理想信念教育，深化中国特色社会主义和中国梦宣传教育，弘扬民族精神和时代精神，加强爱国主义、集体主义、社会主义教育，引导人们树立正确的历史观、民族观、国家观、文化观。深入实施公民道德建设工程，推进社会公德、职业道德、家庭美德、个人品德建设，激励人们向上向善、孝老爱亲，忠于祖国、忠于人民。加强和改进思想政治工作，深化群众性精神文明创建活动。弘扬科学精神，普及科学知识，开展移风易俗、弘扬时代新风行动，抵制腐朽落后文化侵蚀。推进诚信建设和志愿服务制度化，强化社会责任意识、规则意识、奉献意识。

（四）繁荣发展社会主义文艺。社会主义文艺是人民的文艺，必须坚持以人民为中心的创作导向，在深入生活、扎根人民中进行无愧于时代的文艺创造。要繁荣文艺创作，坚持思想精深、艺术精湛、制作精良相统一，加强现实题材创作，不断推出讴歌党、讴歌祖国、讴歌人民、讴歌英雄的精品力作。发扬学术民主、艺术民主，提升文艺原创力，推动文艺创新。倡导讲品位、讲格调、讲责任，抵制低俗、庸俗、媚俗。加强文艺队伍建设，造就一大批德艺双馨名家大师，培育一大批高水平创作人才。

（五）推动文化事业和文化产业发展。满足人民过上美好生活的新期待，必须提供丰富的精神食粮。要深化文化体制改革，完善文化管理体制，加快构建把社会效益放在首位、社会效益和经济效益相统一的体制机制。完善公共文化服务体系，深入实施文化惠民工程，丰富群众性文化活动。加强文物保护利用和文化遗产保护传承。健全现代文化产业体系和市场体系，创新生产经营机制，完善文化经济政策，培育新型文化业态。广泛开展全民健身活动，加快推进体育强国建设，筹办好北京冬奥会、冬残奥会。加强中外人文交流，以我为主、兼收并蓄。推进国际传播能力建设，讲好中国故事，展现真实、立体、全面的中国，提高国家文化软实力。

同志们！中国共产党从成立之日起，既是中国先进文化的积极引领者和践行者，又是中华优秀传统文化的忠实传承者和弘扬者。当代中国共产党人和中国人民应该而且一定能够担负起新的文化使命，在实践创造中进行文化创造，在历史进步中实现文化进步！

八、提高保障和改善民生水平，加强和创新社会治理

全党必须牢记，为什么人的问题，是检验一个政党、一个政权性质的试金石。带领人民创造美好生活，是我们党始终不渝的奋斗目标。必须始终把人民利益摆在至高无上的地位，让改革发展成果更多更公平惠及全体人民，朝着实现全体人民共同富裕不断迈进。

保障和改善民生要抓住人民最关心最直接最现实的利益问题，既尽力而为，又量力而行，一件事情接着一件事情办，一年接着一年干。坚持人人尽责、人人享有，坚守底线、突出重点、完善制度、引导预期，完善公共服务体系，保障群众基本生活，不断满足人民日益增长的美好生活需要，不断促进社会公平正义，形成有效的社会治理、良好的社会秩序，使人民获得感、幸福感、安全感更加充实、更有保障、更可持续。

（一）优先发展教育事业。建设教育强国是中华民族伟大

复兴的基础工程，必须把教育事业放在优先位置，深化教育改革，加快教育现代化，办好人民满意的教育。要全面贯彻党的教育方针，落实立德树人根本任务，发展素质教育，推进教育公平，培养德智体美全面发展的社会主义建设者和接班人。推动城乡义务教育一体化发展，高度重视农村义务教育，办好学前教育、特殊教育和网络教育，普及高中阶段教育，努力让每个孩子都能享有公平而有质量的教育。完善职业教育和培训体系，深化产教融合、校企合作。加快一流大学和一流学科建设，实现高等教育内涵式发展。健全学生资助制度，使绝大多数城乡新增劳动力接受高中阶段教育、更多接受高等教育。支持和规范社会力量兴办教育。加强师德师风建设，培养高素质教师队伍，倡导全社会尊师重教。办好继续教育，加快建设学习型社会，大力提高国民素质。

（二）提高就业质量和人民收入水平。就业是最大的民生。要坚持就业优先战略和积极就业政策，实现更高质量和更充分就业。大规模开展职业技能培训，注重解决结构性就业矛盾，鼓励创业带动就业。提供全方位公共就业服务，促进高校毕业生等青年群体、农民工多渠道就业创业。破除妨碍劳动力、人才社会性流动的体制机制弊端，使人人都有通过辛勤劳动实现自身发展的机会。完善政府、工会、企业共同参与的协商协调机制，构建和谐劳动关系。坚持按劳分配原则，完善按要素分配的体制机制，促进收入分配更合理、更有序。鼓励勤劳守法致富，扩大中等收入群体，增加低收入者收入，调节过高收入，取缔非法收入。坚持在经济增长的同时实现居民收入同步增长、在劳动生产率提高的同时实现劳动报酬同步提高。拓宽居民劳动收入和财产性收入渠道。履行好政府再分配调节职能，加快推进基本公共服务均等化，缩小收入分配差距。

（三）加强社会保障体系建设。按照兜底线、织密网、建机制的要求，全面建成覆盖全民、城乡统筹、权责清晰、保障适度、可持续的多层次社会保障体系。全面实施全民参保计划。完善城镇职工基本养老保险和城乡居民基本养老保险制度，尽快实现养老保险全国统筹。完善统一的城乡居民基本医疗保险制度和大病保险制度。完善失业、工伤保险制度。建立全国统一的社会保险公共服务平台。统筹城乡社会救助体系，完善最低生活保障制度。坚持男女平等基本国策，保障妇女儿童合法权益。完善社会救助、社会福利、慈善事业、优抚安置等制度，健全农村留守儿童和妇女、老年人关爱服务体系。发展残疾人事业，加强残疾康复服务。坚持房子是用来住的、不是用来炒的定位，加快建立多主体供给、多渠道保障、租购并举的住房制度，让全体人民住有所居。

（四）坚决打赢脱贫攻坚战。让贫困人口和贫困地区同全国一道进入全面小康社会是我们党的庄严承诺。要动员全党全国全社会力量，坚持精准扶贫、精准脱贫，坚持中央统筹省负总责市县抓落实的工作机制，强化党政一把手负总责的责任制，坚持大扶贫格局，注重扶贫同扶志、扶智相结合，深入实施东西部扶贫协作，重点攻克深度贫困地区脱贫任务，确保到二〇二〇年我国现行标准下农村贫困人口实现脱贫，贫困县全部摘帽，解决区域性整体贫困，做到脱真贫、真脱贫。

（五）实施健康中国战略。人民健康是民族昌盛和国家富强的重要标志。要完善国民健康政策，为人民群众提供全方位全周期健康服务。深化医药卫生体制改革，全面建立中国特色基本医疗卫生制度、医疗保障制度和优质高效的医疗卫生服务体系，健全现代医院管理制度。加强基层医疗卫生服务体系和全科医生队伍建设。全面取消以药养医，健全药品供应保障制度。坚持预防为主，深入开展爱国卫生运动，倡导健康文明生活方式，预防控制重大疾病。实施食品安全战略，让人民吃得放心。坚持中西医并重，传承发展中医药事业。支持社会办医，发展健康产业。促进生育政策和相关经济社会政策配套衔接，加强人口发展战略研究。积极应对人口老龄化，构建养老、孝老、敬老政策体系和社会环境，推进医养结合，加快老龄事业和产业发展。

（六）打造共建共治共享的社会治理格局。加强社会治理制度建设，完善党委领导、政府负责、社会协同、公众参与、法治保障的社会治理体制，提高社会治理社会化、法治化、智能化、专业化水平。加强预防和化解社会矛盾机制建设，正确处理人民内部矛盾。树立安全发展理念，弘扬生命至上、安全第一的思想，健全公共安全体系，完善安全生产责任制，坚决遏制重特大安全事故，提升防灾减灾救灾能力。加快社会治安防控体系建设，依法打击和惩治黄赌毒黑拐骗等违法犯罪活动，保护人民人身权、财产权、人格权。加强社会心理服务体系建设，培育自尊自信、理性平和、积极向上的社会心态。加强社区治理体系建设，推动社会治理重心向基层下移，发挥社会组织作用，实现政府治理和社会调节、居民自治良性互动。

（七）有效维护国家安全。国家安全是安邦定国的重要基石，维护国家安全是全国各族人民根本利益所在。要完善国家安全战略和国家安全政策，坚决维护国家政治安全，统筹推进各项安全工作。健全国家安全体系，加强国家安全法治保障，提高防范和抵御安全风险能力。严密防范和坚决打击各种渗透颠覆破坏活动、暴力恐怖活动、民族分裂活动、宗教极端活动。加强国家安全教育，增强全党全国人民国家安全意识，推动全社会形成维护国家安全的强大合力。

同志们！党的一切工作必须以最广大人民根本利益为最高标准。我们要坚持把人民群众的小事当作自己的大事，从人民群众关心的事情做起，从让人民群众满意的事情做起，带领人民不断创造美好生活！

九、加快生态文明体制改革，建设美丽中国

人与自然是生命共同体，人类必须尊重自然、顺应自然、保护自然。人类只有遵循自然规律才能有效防止在开发利用自然上走弯路，人类对大自然的伤害最终会伤及人类自身，这是无法抗拒的规律。

我们要建设的现代化是人与自然和谐共生的现代化，既要创造更多物质财富和精神财富以满足人民日益增长的美好生活需要，也要提供更多优质生态产品以满足人民日益增长的优美生态环境需要。必须坚持节约优先、保护优先、自然恢复为主的方针，形成节约资源和保护环境的空间格局、产

业结构、生产方式、生活方式，还自然以宁静、和谐、美丽。

（一）推进绿色发展。加快建立绿色生产和消费的法律制度和政策导向，建立健全绿色低碳循环发展的经济体系。构建市场导向的绿色技术创新体系，发展绿色金融，壮大节能环保产业、清洁生产产业、清洁能源产业。推进能源生产和消费革命，构建清洁低碳、安全高效的能源体系。推进资源全面节约和循环利用，实施国家节水行动，降低能耗、物耗，实现生产系统和生活系统循环链接。倡导简约适度、绿色低碳的生活方式，反对奢侈浪费和不合理消费，开展创建节约型机关、绿色家庭、绿色学校、绿色社区和绿色出行等行动。

（二）着力解决突出环境问题。坚持全民共治、源头防治，持续实施大气污染防治行动，打赢蓝天保卫战。加快水污染防治，实施流域环境和近岸海域综合治理。强化土壤污染管控和修复，加强农业面源污染防治，开展农村人居环境整治行动。加强固体废弃物和垃圾处置。提高污染排放标准，强化排污者责任，健全环保信用评价、信息强制性披露、严惩重罚等制度。构建政府为主导、企业为主体、社会组织和公众共同参与的环境治理体系。积极参与全球环境治理，落实减排承诺。

（三）加大生态系统保护力度。实施重要生态系统保护和修复重大工程，优化生态安全屏障体系，构建生态廊道和生物多样性保护网络，提升生态系统质量和稳定性。完成生态保护红线、永久基本农田、城镇开发边界三条控制线划定工作。开展国土绿化行动，推进荒漠化、石漠化、水土流失综合治理，强化湿地保护和恢复，加强地质灾害防治。完善天然林保护制度，扩大退耕还林还草。严格保护耕地，扩大轮作休耕试点，健全耕地草原森林河流湖泊休养生息制度，建立市场化、多元化生态补偿机制。

（四）改革生态环境监管体制。加强对生态文明建设的总体设计和组织领导，设立国有自然资源资产管理和自然生态监管机构，完善生态环境管理制度，统一行使全民所有自然资源资产所有者职责，统一行使所有国土空间用途管制和生态保护修复职责，统一行使监管城乡各类污染排放和行政执法职责。构建国土空间开发保护制度，完善主体功能区配套政策，建立以国家公园为主体的自然保护地体系。坚决制止和惩处破坏生态环境行为。

同志们！生态文明建设功在当代、利在千秋。我们要牢固树立社会主义生态文明观，推动形成人与自然和谐发展现代化建设新格局，为保护生态环境作出我们这代人的努力！

十、坚持走中国特色强军之路，全面推进国防和军队现代化

国防和军队建设正站在新的历史起点上。面对国家安全环境的深刻变化，面对强国强军的时代要求，必须全面贯彻新时代党的强军思想，贯彻新形势下军事战略方针，建设强大的现代化陆军、海军、空军、火箭军和战略支援部队，打造坚强高效的战区联合作战指挥机构，构建中国特色现代作战体系，担当起党和人民赋予的新时代使命任务。

适应世界新军事革命发展趋势和国家安全需求，提高建

设质量和效益，确保到二〇二〇年基本实现机械化，信息化建设取得重大进展，战略能力有大的提升。同国家现代化进程相一致，全面推进军事理论现代化、军队组织形态现代化、军事人员现代化、武器装备现代化，力争到二〇三五年基本实现国防和军队现代化，到本世纪中叶把人民军队全面建成世界一流军队。

加强军队党的建设，开展"传承红色基因、担当强军重任"主题教育，推进军人荣誉体系建设，培养有灵魂、有本事、有血性、有品德的新时代革命军人，永葆人民军队性质、宗旨、本色。继续深化国防和军队改革，深化军官职业化制度、文职人员制度、兵役制度等重大政策制度改革，推进军事管理革命，完善和发展中国特色社会主义军事制度。树立科技是核心战斗力的思想，推进重大技术创新、自主创新，加强军事人才培养体系建设，建设创新型人民军队。全面从严治军，推动治军方式根本性转变，提高国防和军队建设法治化水平。

军队是要准备打仗的，一切工作都必须坚持战斗力标准，向能打仗、打胜仗聚焦。扎实做好各战略方向军事斗争准备，统筹推进传统安全领域和新型安全领域军事斗争准备，发展新型作战力量和保障力量，开展实战化军事训练，加强军事力量运用，加快军事智能化发展，提高基于网络信息体系的联合作战能力、全域作战能力，有效塑造态势、管控危机、遏制战争、打赢战争。

坚持富国和强军相统一，强化统一领导、顶层设计、改革创新和重大项目落实，深化国防科技工业改革，形成军民融合深度发展格局，构建一体化的国家战略体系和能力。完善国防动员体系，建设强大稳固的现代边海空防。组建退役军人管理保障机构，维护军人军属合法权益，让军人成为全社会尊崇的职业。深化武警部队改革，建设现代化武装警察部队。

同志们！我们的军队是人民军队，我们的国防是全民国防。我们要加强全民国防教育，巩固军政军民团结，为实现中国梦强军梦凝聚强大力量！

十一、坚持"一国两制"，推进祖国统一

香港、澳门回归祖国以来，"一国两制"实践取得举世公认的成功。事实证明，"一国两制"是解决历史遗留的香港、澳门问题的最佳方案，也是香港、澳门回归后保持长期繁荣稳定的最佳制度。

保持香港、澳门长期繁荣稳定，必须全面准确贯彻"一国两制"、"港人治港"、"澳人治澳"、高度自治的方针，严格依照宪法和基本法办事，完善与基本法实施相关的制度和机制。要支持特别行政区政府和行政长官依法施政、积极作为，团结带领香港、澳门各界人士齐心协力谋发展、促和谐，保障和改善民生，有序推进民主，维护社会稳定，履行维护国家主权、安全、发展利益的宪制责任。

香港、澳门发展同内地发展紧密相连。要支持香港、澳门融入国家发展大局，以粤港澳大湾区建设、粤港澳合作、泛珠三角区域合作等为重点，全面推进内地同香港、澳门互利合作，制定完善便利香港、澳门居民在内地发展的政策措施。

　　我们坚持爱国者为主体的"港人治港"、"澳人治澳"，发展壮大爱国爱港爱澳力量，增强香港、澳门同胞的国家意识和爱国精神，让香港、澳门同胞同祖国人民共担民族复兴的历史责任、共享祖国繁荣富强的伟大荣光。

　　解决台湾问题、实现祖国完全统一，是全体中华儿女共同愿望，是中华民族根本利益所在。必须继续坚持"和平统一、一国两制"方针，推动两岸关系和平发展，推进祖国和平统一进程。

　　一个中国原则是两岸关系的政治基础。体现一个中国原则的"九二共识"明确界定了两岸关系的根本性质，是确保两岸关系和平发展的关键。承认"九二共识"的历史事实，认同两岸同属一个中国，两岸双方就能开展对话，协商解决两岸同胞关心的问题，台湾任何政党和团体同大陆交往也不会存在障碍。

　　两岸同胞是命运与共的骨肉兄弟，是血浓于水的一家人。我们秉持"两岸一家亲"理念，尊重台湾现有的社会制度和台湾同胞生活方式，愿意率先同台湾同胞分享大陆发展的机遇。我们将扩大两岸经济文化交流合作，实现互利互惠，逐步为台湾同胞在大陆学习、创业、就业、生活提供与大陆同胞同等的待遇，增进台湾同胞福祉。我们将推动两岸同胞共同弘扬中华文化，促进心灵契合。

　　我们坚决维护国家主权和领土完整，绝不容忍国家分裂的历史悲剧重演。一切分裂祖国的活动都必将遭到全体中国人坚决反对。我们有坚定的意志、充分的信心、足够的能力挫败任何形式的"台独"分裂图谋。我们绝不允许任何人、任何组织、任何政党、在任何时候、以任何形式、把任何一块中国领土从中国分裂出去！

同志们！实现中华民族伟大复兴，是全体中国人共同的梦想。我们坚信，只要包括港澳台同胞在内的全体中华儿女顺应历史大势、共担民族大义，把民族命运牢牢掌握在自己手中，就一定能够共创中华民族伟大复兴的美好未来！

十二、坚持和平发展道路，推动构建人类命运共同体

中国共产党是为中国人民谋幸福的政党，也是为人类进步事业而奋斗的政党。中国共产党始终把为人类作出新的更大的贡献作为自己的使命。

中国将高举和平、发展、合作、共赢的旗帜，恪守维护世界和平、促进共同发展的外交政策宗旨，坚定不移在和平共处五项原则基础上发展同各国的友好合作，推动建设相互尊重、公平正义、合作共赢的新型国际关系。

世界正处于大发展大变革大调整时期，和平与发展仍然是时代主题。世界多极化、经济全球化、社会信息化、文化多样化深入发展，全球治理体系和国际秩序变革加速推进，各国相互联系和依存日益加深，国际力量对比更趋平衡，和平发展大势不可逆转。同时，世界面临的不稳定性不确定性突出，世界经济增长动能不足，贫富分化日益严重，地区热点问题此起彼伏，恐怖主义、网络安全、重大传染性疾病、气候变化等非传统安全威胁持续蔓延，人类面临许多共同挑战。

　　我们生活的世界充满希望，也充满挑战。我们不能因现实复杂而放弃梦想，不能因理想遥远而放弃追求。没有哪个国家能够独自应对人类面临的各种挑战，也没有哪个国家能够退回到自我封闭的孤岛。

　　我们呼吁，各国人民同心协力，构建人类命运共同体，建设持久和平、普遍安全、共同繁荣、开放包容、清洁美丽的世界。要相互尊重、平等协商，坚决摒弃冷战思维和强权政治，走对话而不对抗、结伴而不结盟的国与国交往新路。要坚持以对话解决争端、以协商化解分歧，统筹应对传统和非传统安全威胁，反对一切形式的恐怖主义。要同舟共济，促进贸易和投资自由化便利化，推动经济全球化朝着更加开放、包容、普惠、平衡、共赢的方向发展。要尊重世界文明多样性，以文明交流超越文明隔阂、文明互鉴超越文明冲突、文明共存超越文明优越。要坚持环境友好，合作应对气候变化，保护好人类赖以生存的地球家园。

　　中国坚定奉行独立自主的和平外交政策，尊重各国人民自主选择发展道路的权利，维护国际公平正义，反对把自己的意志强加于人，反对干涉别国内政，反对以强凌弱。中国决不会以牺牲别国利益为代价来发展自己，也决不放弃自己的正当权益，任何人不要幻想让中国吞下损害自身利益的苦果。中国奉行防御性的国防政策。中国发展不对任何国家构成威胁。中国无论发展到什么程度，永远不称霸，永远不搞扩张。

　　中国积极发展全球伙伴关系，扩大同各国的利益交汇点，推进大国协调和合作，构建总体稳定、均衡发展的大国关系框架，按照亲诚惠容理念和与邻为善、以邻为伴周边外交方针深化同周边国家关系，秉持正确义利观和真实亲诚理念加强同发展中国家团结合作。加强同各国政党和政治组织的交流合作，推进人大、政协、军队、地方、人民团体等的对外交往。

中国坚持对外开放的基本国策，坚持打开国门搞建设，积极促进"一带一路"国际合作，努力实现政策沟通、设施联通、贸易畅通、资金融通、民心相通，打造国际合作新平台，增添共同发展新动力。加大对发展中国家特别是最不发达国家援助力度，促进缩小南北发展差距。中国支持多边贸易体制，促进自由贸易区建设，推动建设开放型世界经济。

中国秉持共商共建共享的全球治理观，倡导国际关系民主化，坚持国家不分大小、强弱、贫富一律平等，支持联合国发挥积极作用，支持扩大发展中国家在国际事务中的代表性和发言权。中国将继续发挥负责任大国作用，积极参与全球治理体系改革和建设，不断贡献中国智慧和力量。

同志们！世界命运握在各国人民手中，人类前途系于各国人民的抉择。中国人民愿同各国人民一道，推动人类命运共同体建设，共同创造人类的美好未来！

十三、坚定不移全面从严治党，不断提高党的执政能力和领导水平

中国特色社会主义进入新时代，我们党一定要有新气象新作为。打铁必须自身硬。党要团结带领人民进行伟大斗争、

推进伟大事业、实现伟大梦想，必须毫不动摇坚持和完善党的领导，毫不动摇把党建设得更加坚强有力。

全面从严治党永远在路上。一个政党，一个政权，其前途命运取决于人心向背。人民群众反对什么、痛恨什么，我们就要坚决防范和纠正什么。全党要清醒认识到，我们党面临的执政环境是复杂的，影响党的先进性、弱化党的纯洁性的因素也是复杂的，党内存在的思想不纯、组织不纯、作风不纯等突出问题尚未得到根本解决。要深刻认识党面临的执政考验、改革开放考验、市场经济考验、外部环境考验的长期性和复杂性，深刻认识党面临的精神懈怠危险、能力不足危险、脱离群众危险、消极腐败危险的尖锐性和严峻性，坚持问题导向，保持战略定力，推动全面从严治党向纵深发展。

新时代党的建设总要求是：坚持和加强党的全面领导，坚持党要管党、全面从严治党，以加强党的长期执政能力建设、先进性和纯洁性建设为主线，以党的政治建设为统领，以坚定理想信念宗旨为根基，以调动全党积极性、主动性、创造性为着力点，全面推进党的政治建设、思想建设、组织建设、作风建设、纪律建设，把制度建设贯穿其中，深入推进反腐败斗争，不断提高党的建设质量，把党建设成为始终走在时代前列、人民衷心拥护、勇于自我革命、经得起各种风浪考验、朝气蓬勃的马克思主义执政党。

（一）把党的政治建设摆在首位。旗帜鲜明讲政治是我们党作为马克思主义政党的根本要求。党的政治建设是党的根本性建设，决定党的建设方向和效果。保证全党服从中央，坚持党中央权威和集中统一领导，是党的政治建设的首要任务。全党要坚定执行党的政治路线，严格遵守政治纪律和政治规矩，在政治立场、政治方向、政治原则、政治道路上同党中央保持高度一致。要尊崇党章，严格执行新形势下党内政治生活若干准则，增强党内政治生活的政治性、时代性、原则性、战斗性，自觉抵制商品交换原则对党内生活的侵蚀，营造风清气正的良好政治生态。完善和落实民主集中制的各项制度，坚持民主基础上的集中和集中指导下的民主相结合，既充分发扬民主，又善于集中统一。弘扬忠诚老实、公道正派、实事求是、清正廉洁等价值观，坚决防止和反对个人主义、分散主义、自由主义、本位主义、好人主义，坚决防止和反对宗派主义、圈子文化、码头文化，坚决反对搞两面派、做两面人。全党同志特别是高级干部要加强党性锻炼，不断提高政治觉悟和政治能力，把对党忠诚、为党分忧、为党尽职、为民造福作为根本政治担当，永葆共产党人政治本色。

（二）用新时代中国特色社会主义思想武装全党。思想建设是党的基础性建设。革命理想高于天。共产主义远大理想和中国特色社会主义共同理想，是中国共产党人的精神支柱和政治灵魂，也是保持党的团结统一的思想基础。要把坚定理想信念作为党的思想建设的首要任务，教育引导全党牢记党的宗旨，挺起共产党人的精神脊梁，解决好世界观、人生观、价值观这个"总开关"问题，自觉做共产主义远大理想和中国特色社会主义共同理想的坚定信仰者和忠实实践者。弘扬马克思主义学风，推进"两学一做"学习教育常态化制度化，以县处级以上领导干部为重点，在全党开展"不忘初心、牢记使命"主题教育，用党的创新理论武装头脑，推动全党更加自觉地为实现新时代党的历史使命不懈奋斗。

（三）建设高素质专业化干部队伍。党的干部是党和国家事业的中坚力量。要坚持党管干部原则，坚持德才兼备、以德为先，坚持五湖四海、任人唯贤，坚持事业为上、公道正派，把好干部标准落到实处。坚持正确选人用人导向，匡正选人用人风气，突出政治标准，提拔重用牢固树立"四个意识"〔12〕和"四个自信"〔13〕、坚决维护党中央权威、全面贯彻执行党的理论和路线方针政策、忠诚干净担当的干部，选优配强各级领导班子。注重培养专业能力、专业精神，增强干部队伍适应新时代中国特色社会主义发展要求的能力。大力发现储备年轻干部，注重在基层一线和困难艰苦的地方培养锻炼年轻干部，源源不断选拔使用经过实践考验的优秀年轻干部。统筹做好培养选拔女干部、少数民族干部和党外干部工作。认真做好离退休干部工作。坚持严管和厚爱结合、激励和约束并重，完善干部考核评价机制，建立激励机制和容错纠错机制，旗帜鲜明为那些敢于担当、踏实做事、不谋私利的干部撑腰鼓劲。各级党组织要关心爱护基层干部，主动为他们排忧解难。

人才是实现民族振兴、赢得国际竞争主动的战略资源。要坚持党管人才原则，聚天下英才而用之，加快建设人才强国。实行更加积极、更加开放、更加有效的人才政策，以识才的慧眼、爱才的诚意、用才的胆识、容才的雅量、聚才的良方，把党内和党外、国内和国外各方面优秀人才集聚到党和人民的伟大奋斗中来，鼓励引导人才向边远贫困地区、边疆民族地区、革命老区和基层一线流动，努力形成人人渴望成才、人人努力成才、人人皆可成才、人人尽展其才的良好局面，让各类人才的创造活力竞相迸发、聪明才智充分涌流。

（四）加强基层组织建设。党的基层组织是确保党的路线方针政策和决策部署贯彻落实的基础。要以提升组织力为重点，突出政治功能，把企业、农村、机关、学校、科研院所、街道社区、社会组织等基层党组织建设成为宣传党的主张、贯彻党的决定、领导基层治理、团结动员群众、推动改革发展的坚强战斗堡垒。党支部要担负好直接教育党员、管理党员、监督党员和组织群众、宣传群众、凝聚群众、服务群众的职责，引导广大党员发挥先锋模范作用。坚持"三会一课"[14]制度，推进党的基层组织设置和活动方式创新，加强基层党组织带头人队伍建设，扩大基层党组织覆盖面，着力解决一些基层党组织弱化、虚化、边缘化问题。扩大党内基层民主，推进党务公开，畅通党员参与党内事务、监督党的组织和干部、向上级党组织提出意见和建议的渠道。注重从产业工人、青年农民、高知识群体中和在非公有制经济组织、社会组织中发展党员。加强党内激励关怀帮扶。增强党员教育管理针对性和有效性，稳妥有序开展不合格党员组织处置工作。

（五）持之以恒正风肃纪。我们党来自人民、植根人民、服务人民，一旦脱离群众，就会失去生命力。加强作风建设，必须紧紧围绕保持党同人民群众的血肉联系，增强群众观念和群众感情，不断厚植党执政的群众基础。凡是群众反映强烈的问题都要严肃认真对待，凡是损害群众利益的行为都要坚决纠正。坚持以上率下，巩固拓展落实中央八项规定精神成果，继续整治"四风"[15]问题，坚决反对特权思想和特权现象。重点强化政治纪律和组织纪律，带动廉洁纪律、群众纪律、工作纪律、生活纪律严起来。坚持开展批评和自我批评，坚持惩前毖后、治病救人，运用监督执纪"四种形态"[16]，抓早抓小、防微杜渐。赋予有干部管理权限的党组相应纪律处分权限，强化监督执纪问责。加强纪律教育，强化纪律执行，让党员、干部知敬畏、存戒惧、守底线，习惯在受监督和约束的环境中工作生活。

（六）夺取反腐败斗争压倒性胜利。人民群众最痛恨腐败现象，腐败是我们党面临的最大威胁。只有以反腐败永远在路上的坚韧和执着，深化标本兼治，保证干部清正、政府清廉、政治清明，才能跳出历史周期率，确保党和国家长治久安。当前，反腐败斗争形势依然严峻复杂，巩固压倒性态势、夺取压倒性胜利的决心必须坚如磐石。要坚持无禁区、全覆盖、零容忍，坚持重遏制、强高压、长震慑，坚持受贿行贿一起查，坚决防止党内形成利益集团。在市县党委建立巡察制度，加大整治群众身边腐败问题力度。不管腐败分子逃到哪里，都要缉拿归案、绳之以法。推进反腐败国家立法，建设覆盖纪检监察系统的检举举报平台。强化不敢腐的震慑，扎牢不能腐的笼子，增强不想腐的自觉，通过不懈努力换来海晏河清、朗朗乾坤。

（七）健全党和国家监督体系。增强党自我净化能力，根本靠强化党的自我监督和群众监督。要加强对权力运行的制约和监督，让人民监督权力，让权力在阳光下运行，把权力关进制度的笼子。强化自上而下的组织监督，改进自下而上的民主监督，发挥同级相互监督作用，加强对党员领导干部的日常管理监督。深化政治巡视，坚持发现问题、形成震慑不动摇，建立巡视巡察上下联动的监督网。深化国家监察体制改革，将试点工作在全国推开，组建国家、省、市、县监察委员会，同党的纪律检查机关合署办公，实现对所有行使公权力的公职人员监察全覆盖。制定国家监察法，依法赋予监察委员会职责权限和调查手段，用留置取代"两规"措施。改革审计管理体制，完善统计体制。构建党统一指挥、全面覆盖、权威高效的监督体系，把党内监督同国家机关监督、民主监督、司法监督、群众监督、舆论监督贯通起来，增强监督合力。

（八）全面增强执政本领。领导十三亿多人的社会主义大国，我们党既要政治过硬，也要本领高强。要增强学习本领，在全党营造善于学习、勇于实践的浓厚氛围，建设马克思主义学习型政党，推动建设学习大国。增强政治领导本领，坚持战略思维、创新思维、辩证思维、法治思维、底线思维，科学制定和坚决执行党的路线方针政策，把党总揽全局、协调各方落到实处。增强改革创新本领，保持锐意进取的精神风貌，善于结合实际创造性推动工作，善于运用互联网技术和信息化手段开展工作。增强科学发展本领，善于贯彻新发展理念，不断开创发展新局面。增强依法执政本领，加快形成覆盖党的领导和党的建设各方面的党内法规制度体系，加强和改善对国家政权机关的领导。增强群众工作本领，创新群众工作体制机制和方式方法，推动工会、共青团、妇联等群团组织增强政治性、先进性、群众性，发挥联系群众的桥梁纽带作用，组织动员广大人民群众坚定不移跟党走。增强狠抓落实本领，坚持说实话、谋实事、出实招、求实效，把雷厉风行和久久为功有机结合起来，勇于攻坚克难，以钉钉子精神做实做细做好各项工作。增强驾驭风险本领，健全各方面风险防控机制，善于处理各种复杂矛盾，勇于战胜前进道路上的各种艰难险阻，牢牢把握工作主动权。

同志们！伟大的事业必须有坚强的党来领导。只要我们党把自身建设好、建设强，确保党始终同人民想在一起、干在一起，就一定能够引领承载着中国人民伟大梦想的航船破浪前进，胜利驶向光辉的彼岸！

同志们！中华民族是历经磨难、不屈不挠的伟大民族，中国人民是勤劳勇敢、自强不息的伟大人民，中国共产党是敢于斗争、敢于胜利的伟大政党。历史车轮滚滚向前，时代潮流浩浩荡荡。历史只会眷顾坚定者、奋进者、搏击者，而不会等待犹豫者、懈怠者、畏难者。全党一定要保持艰苦奋斗、戒骄戒躁的作风，以时不我待、只争朝夕的精神，奋力走好新时代的长征路。全党一定要自觉维护党的团结统一，保持党同人民群众的血肉联系，巩固全国各族人民大团结，加强海内外中华儿女大团结，团结一切可以团结的力量，齐心协力走向中华民族伟大复兴的光明前景。

青年兴则国家兴，青年强则国家强。青年一代有理想、有本领、有担当，国家就有前途，民族就有希望。中国梦是历史的、现实的，也是未来的；是我们这一代的，更是青年一代的。中华民族伟大复兴的中国梦终将在一代代青年的接力奋斗中变为现实。全党要关心和爱护青年，为他们实现人生出彩搭建舞台。广大青年要坚定理想信念，志存高远，脚踏实地，勇做时代的弄潮儿，在实现中国梦的生动实践中放飞青春梦想，在为人民利益的不懈奋斗中书写人生华章！

大道之行，天下为公。站立在九百六十多万平方公里的广袤土地上，吸吮着五千多年中华民族漫长奋斗积累的文化养分，拥有十三亿多中国人民聚合的磅礴之力，我们走中国特色社会主义道路，具有无比广阔的时代舞台，具有无比深厚的历史底蕴，具有无比强大的前进定力。全党全国各族人民要紧密团结在党中央周围，高举中国特色社会主义伟大旗帜，锐意进取，埋头苦干，为实现推进现代化建设、完成祖国统一、维护世界和平与促进共同发展三大历史任务，为决胜全面建成小康社会、夺取新时代中国特色社会主义伟大胜利、实现中华民族伟大复兴的中国梦、实现人民对美好生活的向往继续奋斗！

注　释

〔1〕"五位一体"总体布局，指中国特色社会主义事业总体布局，包括经济建设、政治建设、文化建设、社会建设、生态文明建设。

〔2〕"四个全面"战略布局，指中国特色社会主义事业战略布局，包括全面建成小康社会、全面深化改革、全面依法治国、全面从严治党。

〔3〕社会主义核心价值观的基本内容是：富强、民主、文明、和谐，自由、平等、公正、法治，爱国、敬业、诚信、友善。富强、民主、文明、和谐是国家层面的价值要求，自由、平等、公正、法治是社会层面的价值

要求，爱国、敬业、诚信、友善是公民层面的价值要求。

〔4〕"九二共识"，指1992年11月海峡两岸关系协会与台湾海峡交流基金会，就解决两岸事务性商谈中如何表述坚持一个中国原则的问题，达成的各自以口头方式表述"海峡两岸同属一个中国，共同努力谋求国家统一"的共识。

〔5〕"三严三实"，指严以修身、严以用权、严以律己，谋事要实、创业要实、做人要实。

〔6〕"两学一做"，指学党章党规、学系列讲话，做合格党员。

〔7〕中央八项规定，指中共十八届中央政治局关于改进工作作风、密切联系群众的八项规定。主要内容是：改进调查研究、精简会议活动、精简文件简报、规范出访活动、改进警卫工作、改进新闻报道、严格文稿发表、厉行勤俭节约。

〔8〕四项基本原则，指坚持社会主义道路，坚持人民民主专政，坚持中国共产党的领导，坚持马克思列宁主义毛泽东思想。

〔9〕"两个一百年"奋斗目标，是建设中国特色社会主义的奋斗目标。2012年11月，中共十八大提出，在中国共产党成立100年时全面建成小康社会，在新中国成立100年时建成富强民主文明和谐的社会主义现代化国家。中共十九大提出新时代中国特色社会主义发展的战略安排：第一个阶段，从2020年到2035年，在全面建成小康社会的基础上，再奋斗15年，基本实现社会主义现代化；第二个阶段，从2035年到本世纪中叶，在基本实现现代化的基础上，再奋斗15年，把我国建成富强民主文明和谐美丽的社会主义现代化强国。

〔10〕"三步走"战略目标，指中国分"三步走"基本实现现代化的发展战略。1987年10月，中共十三大提出：第一步到20世纪80年代末，实现国民生产总值比1980年翻一番，解决人民的温饱问题；第二步到20世纪末，使国民生产总值再增长一倍，人民生活达到小康水平；第三步到21世纪中叶，人均国民生产总值达到中等发达国家水平，人民生活比较富裕，基本实现现代化。

〔11〕"三权"，指农村土地所有权、承包权、经营权。

〔12〕"四个意识"，指政治意识、大局意识、核心意识、看齐意识。

〔13〕"四个自信"，指中国特色社会主义道路自信、理论自信、制度自信、文化自信。

〔14〕"三会一课"，指党支部应当组织党员按期参加党员大会、党小组会和上党课，定期召开党支部委员会会议。

〔15〕"四风"，指形式主义、官僚主义、享乐主义和奢靡之风。

〔16〕监督执纪"四种形态"，指经常开展批评和自我批评、约谈函询，让"红红脸、出出汗"成为常态；党纪轻处分、组织调整成为违纪处理的大多数；党纪重处分、重大职务调整的成为少数；严重违纪涉嫌违法立案审查的成为极少数。

一、谱写新时代中国特色社会主义新篇章

全面把握中国特色社会主义
进入新时代的新要求[*]

（2017 年 10 月 25 日）

　　全面把握中国特色社会主义进入新时代的新要求，不断提高党和国家事业发展水平。中国特色社会主义进入了新时代，这是我国发展新的历史方位。党的十八大以来，在新中国成立特别是改革开放以来取得重大成就的基础上，我国发展站到了新的历史起点上，中国特色社会主义事业进入了新的发展阶段。这表明，中国特色社会主义事业要从第一个百年奋斗目标迈向第二个百年奋斗目标，全面建成小康社会、加快推进社会主义现代化、实现中华民族伟大复兴既面临更为光明的前景，也需要我们付出更为艰巨的努力。在新时代的征程上，全党同志一定要适应新时代中国特色社会主义的发展要求，提高战略思维、创新思维、辩证思维、法治思维、底线思维能力，增强工作的原则性、系统性、预见性、创造性，更好把握国内外形势发展变化，更好贯彻党的理论和路线方针政策，更好贯彻党的十九大确定的大政方针、发展战

---

　　* 这是习近平在中共十九届一中全会上讲话的一部分。

略、政策措施，更好推进中国特色社会主义伟大事业和党的建设新的伟大工程，团结带领全国各族人民奋力谱写全面建成小康社会、全面建设社会主义现代化国家新篇章。

全面贯彻新时代中国特色
社会主义思想和基本方略[*]

（2017 年 10 月 25 日）

全面贯彻新时代中国特色社会主义思想和基本方略，不断提高全党马克思主义理论水平。新时代中国特色社会主义思想和基本方略，不是从天上掉下来的，不是主观臆想出来的，而是党的十八大以来，在新中国成立特别是改革开放以来我们党推进理论创新和实践创新的基础上，全党全国各族人民进行艰辛理论探索的成果，是全党全国各族人民创新创造的智慧结晶。生活之树常青。一种理论的产生，源泉只能是丰富生动的现实生活，动力只能是解决社会矛盾和问题的现实要求。在新时代的征程上，全党同志一定要弘扬理论联系实际的学风，紧密联系党和国家事业发生的历史性变革，紧密联系中国特色社会主义进入新时代的新实际，紧密联系我国社会主要矛盾的重大变化，紧密联系"两个一百年"奋斗目标和各项任务，自觉运用理论指导实践，使各方面工作更符合客观规律、科学规律的要求，不断提高新时代坚持和

＊ 这是习近平在中共十九届一中全会上讲话的一部分。

发展中国特色社会主义的能力，把党的科学理论转化为万众一心推动实现"两个一百年"奋斗目标、实现中华民族伟大复兴中国梦的强大力量。

新时代要有新气象，
更要有新作为*

（2017 年 10 月 25 日）

在刚才召开的中共十九届一中全会上，选举产生了新一届中共中央领导机构，全会选举我继续担任中共中央委员会总书记。这是对我的肯定，更是鞭策和激励。

现在，我向大家介绍一下当选的其他 6 位常委同志：李克强同志、栗战书同志、汪洋同志、王沪宁同志、赵乐际同志、韩正同志。其中，李克强同志是十八届中央政治局常委，其他 5 位同志都是十八届中央政治局委员，他们更多的一些信息资料，大家可以通过媒体渠道获取到，我在这里就不再详细地介绍了。

在这里，我代表新一届中共中央领导成员，衷心感谢全党同志对我们的信任。我们一定恪尽职守、勤勉工作、不辱使命、不负重托。

过去的 5 年，我们做了很多的工作，有的已经完成了，有的还要继续做下去。中共十九大又提出了新目标新任务，我们要统筹抓好落实。

---

* 这是习近平在中共十九届中央政治局常委同中外记者见面时讲话的一部分。

经过长期努力，中国特色社会主义进入了新时代。新时代要有新气象，更要有新作为。中共十九大到下一次的二十大这 5 年，正处在实现"两个一百年"奋斗目标的历史交汇期，第一个百年目标要实现，第二个百年奋斗目标要开篇。这其中有一些重要的时间节点，是我们工作的坐标。

——2018 年，我们将迎来改革开放 40 周年。改革开放是决定当代中国命运的关键一招，40 年的改革开放使中国人民生活实现了小康，逐步富裕起来了。我们将总结经验、乘势而上，继续推进国家治理体系和治理能力现代化，坚定不移深化各方面的改革，坚定不移地扩大开放，使改革和开放相互促进、相得益彰。我坚信，中华民族伟大复兴必将在改革开放的进程中得以实现。

——2019 年，我们将迎来中华人民共和国成立 70 周年。我们将贯彻新发展理念，推动中国经济持续健康发展，惠及中国人民和各国人民。我们将继续落实好"十三五"规划确定的各项任务，并对未来发展作出新的规划，推动各项事业全面发展，把我们的人民共和国建设得更加繁荣富强。

——2020 年，我们将全面建成小康社会。全面建成小康社会，一个也不能少；共同富裕路上，一个也不能掉队。我们将举全党全国之力，坚决完成脱贫攻坚任务，确保兑现我们的承诺。我们要牢记人民对美好生活的向往就是我们的奋斗目标，坚持以人民为中心的发展思想，努力抓好保障和改善民生各项工作，不断增强人民的获得感、幸福感、安全感，不断推进全体人民共同富裕。我坚信，中国人民的生活一定会一年更比一年好。

——2021年，我们将迎来中国共产党成立100周年。中国共产党立志于中华民族千秋伟业，百年恰是风华正茂！中国共产党是世界上最大的政党。大就要有大的样子。实践充分证明，中国共产党能够带领人民进行伟大的社会革命，也能够进行伟大的自我革命。我们要永葆蓬勃朝气，永远做人民公仆、时代先锋、民族脊梁。全面从严治党永远在路上，不能有任何喘口气、歇歇脚的念头。我们将继续清除一切侵蚀党的健康肌体的病毒，大力营造风清气正的政治生态，以全党的强大正能量在全社会凝聚起推动中国发展进步的磅礴力量。

中国共产党和中国人民从苦难中走过来，深知和平的珍贵、发展的价值。中国人民自信自尊，将坚定维护国家主权、安全、发展利益，同时将同各国人民一道，积极推动构建人类命运共同体，不断为人类和平与发展的崇高事业作出新的更大的贡献。

历史是人民书写的，一切成就归功于人民。只要我们深深扎根人民、紧紧依靠人民，就可以获得无穷的力量，风雨无阻，奋勇向前。

俗语说，百闻不如一见。我们欢迎各位记者朋友在中国多走走、多看看，继续关注中共十九大之后中国的发展变化，更加全面地了解和报道中国。我们不需要更多的溢美之词，我们一贯欢迎客观的介绍和有益的建议，正所谓"不要人夸颜色好，只留清气满乾坤"[1]。

注　释

〔1〕见元代王冕《墨梅》。

继续进行具有许多新的
历史特点的伟大斗争*

（2018 年 1 月 5 日）

建设好我们这样的大党，领导好我们这样的大国，中央委员会成员和省部级主要领导干部至关重要，必须提高政治站位、树立历史眼光、强化理论思维、增强大局观念、丰富知识素养、坚持问题导向，从历史和现实相贯通、国际和国内相关联、理论和实际相结合的宽广视角，对一些重大理论和实践问题进行思考和把握，做到坚持和发展中国特色社会主义要一以贯之，推进党的建设新的伟大工程要一以贯之，增强忧患意识、防范风险挑战要一以贯之，以时不我待、只争朝夕的精神投入工作，推动全党全国各族人民把思想统一到党的十九大精神上来，把力量凝聚到实现党的十九大确定的目标任务上来，不断开创新时代中国特色社会主义事业新局面。

新时代中国特色社会主义是我们党领导人民进行伟大社会革命的成果，也是我们党领导人民进行伟大社会革命的继

---

　* 这是习近平在新进中央委员会的委员、候补委员和省部级主要领导干部学习贯彻习近平新时代中国特色社会主义思想和党的十九大精神研讨班开班式上的讲话要点。

续，必须一以贯之进行下去。历史和现实都告诉我们，一场社会革命要取得最终胜利，往往需要一个漫长的历史过程。只有回看走过的路、比较别人的路、远眺前行的路，弄清楚我们从哪儿来、往哪儿去，很多问题才能看得深、把得准。

中国特色社会主义不是从天上掉下来的，而是在改革开放 40 年的伟大实践中得来的，是在中华人民共和国成立近 70 年的持续探索中得来的，是在我们党领导人民进行伟大社会革命 97 年的实践中得来的，是在近代以来中华民族由衰到盛 170 多年的历史进程中得来的，是对中华文明 5000 多年的传承发展中得来的，是党和人民历经千辛万苦、付出各种代价取得的宝贵成果。得到这个成果极不容易。

科学社会主义在中国的成功，对马克思主义、科学社会主义的意义，对世界社会主义的意义，是十分重大的。党的十九大作出中国特色社会主义进入新时代这个重大政治论断，我们必须认识到，这个新时代是中国特色社会主义新时代，而不是别的什么新时代。党要在新的历史方位上实现新时代党的历史使命，最根本的就是要高举中国特色社会主义伟大旗帜。

不忘初心，牢记使命，就不要忘记我们是共产党人，我们是革命者，不要丧失了革命精神。昨天的成功并不代表着今后能够永远成功，过去的辉煌并不意味着未来可以永远辉煌。时代是出卷人，我们是答卷人，人民是阅卷人。要实现党和国家兴旺发达、长治久安，全党同志必须保持革命精神、革命斗志，勇于把我们党领导人民进行了 97 年的伟大社会革命继续推进下去，决不能因为胜利而骄傲，决不能因为成就而懈怠，决不能因为困难而退缩，努力使中国特色社会主义展现更加强大、更有说服力的真理力量。

要把新时代坚持和发展中国特色社会主义这场伟大社会革命进行好，我们党必须勇于进行自我革命，把党建设得更加坚强有力。勇于自我革命，从严管党治党，是我们党最鲜明的品格，全面从严治党永远在路上。在统揽伟大斗争、伟大工程、伟大事业、伟大梦想中，起决定性作用的是新时代党的建设新的伟大工程。在新时代，我们党必须以党的自我革命来推动党领导人民进行的伟大社会革命，把党建设成为始终走在时代前列、人民衷心拥护、勇于自我革命、经得起各种风浪考验、朝气蓬勃的马克思主义执政党，这既是我们党领导人民进行伟大社会革命的客观要求，也是我们党作为马克思主义政党建设和发展的内在需要。

必须看到，决胜全面建成小康社会的艰巨任务、实现中华民族伟大复兴的历史使命，对我们党提出了前所未有的新挑战新要求，影响党的先进性、弱化党的纯洁性的各种因素具有很强的危险性和破坏性。这决定了新时代党的建设新的伟大工程，既要培元固本，也要开拓创新，既要把住关键重点，也要形成整体态势，特别是要发挥彻底的自我革命精神。

以史为鉴可以知兴替。功成名就时做到居安思危、保持创业初期那种励精图治的精神状态不容易，执掌政权后做到节俭内敛、敬终如始不容易，承平时期严以治吏、防腐戒奢不容易，重大变革关头顺乎潮流、顺应民心不容易。我们党要始终成为时代先锋、民族脊梁，始终成为马克思主义执政党，自身必须始终过硬。

要把我们党建设好，必须抓住"关键少数"。中央委员会成员和省部级主要领导干部必须做到信念过硬，带头做共产主义远大理想和中国特色社会主义共同理想的坚定信仰者和忠实实践者；必须做到政治过硬，牢固树立"四个意识"，在思想政治上讲政治立场、政治方向、政治原则、政治道路，在行动实践上讲维护党中央权威、执行党的政治路线、严格遵守党的政治纪律和政治规矩；必须做到责任过硬，树立正确政绩观，发扬求真务实、真抓实干的作风，以钉钉子精神担当尽责，真正做到对历史和人民负责；必须做到能力过硬，不断掌握新知识、熟悉新领域、开拓新视野，全面提高领导能力和执政水平；必须做到作风过硬，把人民群众放在心中，广泛开展调查研究，在全心全意为人民服务中提升政治站位、提高工作能力，在真心实意向人民学习中拓展工作视野、丰富工作经验、提高理论联系实际的水平，在倾听人民呼声、虚心接受人民监督中自觉进行自我反省、自我批评、自我教育，在服务人民中不断完善自己，持之以恒克服形式主义、官僚主义，久久为功祛除享乐主义和奢靡之风。

领导干部要把践行"三严三实"贯穿于全部工作生活中，养成一种习惯、化为一种境界。要加强道德修养，带头弘扬社会主义核心价值观，明辨是非善恶，追求健康情趣，不断向廉洁自律的高标准看齐，做到心有所戒、行有所止，守住底线、不碰高压线。每个领导干部都应该把洁身自好作为第一关，从小事小节上加强约束、规范自己，坚决反对特权思想、特权现象，习惯在受监督和约束的环境中工作生活，练就过硬的作风。

"备豫不虞，为国常道"[1]。当前，我国正处于一个大有可为的历史机遇期，发展形势总的是好的，但前进道路不可能一帆风顺，越是取得成绩的时候，越是要有如履薄冰的谨慎，越是要有居安思危的忧患，绝不能犯战略性、颠覆性错误。面对波谲云诡的国际形势、复杂敏感的周边环境、艰巨繁重的改革发展稳定任务，我们既要有防范风险的先手，也要有应对和化解风险挑战的高招；既要打好防范和抵御风险的有准备之战，也要打好化险为夷、转危为机的战略主动战。我们要继续进行具有许多新的历史特点的伟大斗争，准备战胜一切艰难险阻，朝着我们党确立的伟大目标奋勇前进。

注　　释

〔1〕见唐代吴兢《贞观政要·直谏》。

不断开辟当代中国马克思主义、二十一世纪马克思主义新境界[*]

（2018 年 5 月 4 日）

　　中国共产党是用马克思主义武装起来的政党，马克思主义是中国共产党人理想信念的灵魂。1938 年，毛泽东同志指出："如果我们党有一百个至二百个系统地而不是零碎地、实际地而不是空洞地学会了马克思列宁主义的同志，就会大大地提高我们党的战斗力量"〔1〕。

　　回顾党的奋斗历程可以发现，中国共产党之所以能够历经艰难困苦而不断发展壮大，很重要的一个原因就是我们党始终重视思想建党、理论强党，使全党始终保持统一的思想、坚定的意志、协调的行动、强大的战斗力。

　　当前，改革发展稳定任务之重、矛盾风险挑战之多、治国理政考验之大都是前所未有的。我们要赢得优势、赢得主动、赢得未来，必须不断提高运用马克思主义分析和解决实际问题的能力，不断提高运用科学理论指导我们应对重大挑战、抵御重大风险、克服重大阻力、化解重大矛盾、解决重大问题的能力，以更宽广的视野、更长远的眼光来思考把握

未来发展面临的一系列重大问题，不断坚定马克思主义信仰和共产主义理想。

从《共产党宣言》发表到今天，170年过去了，人类社会发生了翻天覆地的变化，但马克思主义所阐述的一般原理整个来说仍然是完全正确的。我们要坚持和运用辩证唯物主义和历史唯物主义的世界观和方法论，坚持和运用马克思主义立场、观点、方法，坚持和运用马克思主义关于世界的物质性及其发展规律，关于人类社会发展的自然性、历史性及其相关规律，关于人的解放和自由全面发展的规律，关于认识的本质及其发展规律等原理，坚持和运用马克思主义的实践观、群众观、阶级观、发展观、矛盾观，真正把马克思主义这个看家本领学精悟透用好。

全党同志特别是各级领导干部要更加自觉、更加刻苦地学习马克思列宁主义，学习毛泽东思想、邓小平理论、"三个代表"重要思想、科学发展观，学习新时代中国特色社会主义思想。要深入学、持久学、刻苦学，带着问题学、联系实际学，更好把科学思想理论转化为认识世界、改造世界的强大物质力量。共产党人要把读马克思主义经典、悟马克思主义原理当作一种生活习惯、当作一种精神追求，用经典涵养正气、淬炼思想、升华境界、指导实践。

对待科学的理论必须有科学的态度。恩格斯深刻指出："马克思的整个世界观不是教义，而是方法。它提供的不是现成的教条，而是进一步研究的出发点和供这种研究使用的方法。"[2]恩格斯还指出，我们的理论"是一种历史的产物，它在不同的时代具有完全不同的形式，同时具有完全不同的内容"[3]。科学社会主义基本原则不能丢，丢了就不是社会主义。同时，科学社会主义也绝不是一成不变的教条。我说过，当代中国的伟大社会变革，不是简单延续我国历史文化的母版，不是简单套用马克思主义经典作家设想的模板，不是其他国家社会主义实践的再版，也不是国外现代化发展的翻版。社会主义并没有定于一尊、一成不变的套路，只有把科学社会主义基本原则同本国具体实际、历史文化传统、时代要求紧密结合起来，在实践中不断探索总结，才能把蓝图变为美好现实。

理论的生命力在于不断创新，推动马克思主义不断发展是中国共产党人的神圣职责。我们要坚持用马克思主义观察时代、解读时代、引领时代，用鲜活丰富的当代中国实践来推动马克思主义发展，用宽广视野吸收人类创造的一切优秀文明成果，坚持在改革中守正出新、不断超越自己，在开放中博采众长、不断完善自己，不断深化对共产党执政规律、社会主义建设规律、人类社会发展规律的认识，不断开辟当代中国马克思主义、21 世纪马克思主义新境界！

注　　释

〔1〕见毛泽东《中国共产党在民族战争中的地位》(《毛泽东选集》第2 卷，人民出版社 1991 年版，第 533 页)。

〔2〕见恩格斯《致韦尔纳·桑巴特》(《马克思恩格斯选集》第 4 卷，人民出版社 2012 年版，第 664 页)。

〔3〕见恩格斯《自然辩证法》(《马克思恩格斯全集》第 26 卷，人民出版社 2014 年版，第 499 页)。

胸怀两个大局，做好自己的事情[*]

（2019 年 5 月 21 日）

我经常讲，领导干部要胸怀两个大局，一个是中华民族伟大复兴的战略全局，一个是世界百年未有之大变局，这是我们谋划工作的基本出发点。

当前，我国仍处于发展的重要战略机遇期，但面临的国际形势日趋错综复杂。我们要清醒认识国际国内各种不利因素的长期性、复杂性，妥善做好应对各种困难局面的准备。最重要的还是做好我们自己的事情。要统筹研究部署，协同推进改革发展稳定各项工作，谋定而后动，厚积而薄发，更加主动办好自己的事情。

在庆祝中华人民共和国成立
七十周年大会上的讲话

（2019 年 10 月 1 日）

全国同胞们，

同志们，朋友们：

今天，我们隆重集会，庆祝中华人民共和国成立 70 周年。此时此刻，全国各族人民、海内外中华儿女，都怀着无比喜悦的心情，都为我们伟大的祖国感到自豪，都为我们伟大的祖国衷心祝福。

在这里，我代表党中央、全国人大、国务院、全国政协和中央军委，向一切为民族独立和人民解放、国家富强和人民幸福建立了不朽功勋的革命先辈和烈士们，表示深切的怀念！向全国各族人民和海内外爱国同胞，致以热烈的祝贺！向关心和支持中国发展的各国朋友，表示衷心的感谢！

70 年前的今天，毛泽东同志在这里向世界庄严宣告了中华人民共和国的成立，中国人民从此站起来了。这一伟大事件，彻底改变了近代以后 100 多年中国积贫积弱、受人欺凌的悲惨命运，中华民族走上了实现伟大复兴的壮阔道路。

70 年来，全国各族人民同心同德、艰苦奋斗，取得了令世界刮目相看的伟大成就。今天，社会主义中国巍然屹立在世界东方，没有任何力量能够撼动我们伟大祖国的地位，没有任何力量能够阻挡中国人民和中华民族的前进步伐。

同志们、朋友们！

前进征程上，我们要坚持中国共产党领导，坚持人民主体地位，坚持中国特色社会主义道路，全面贯彻执行党的基本理论、基本路线、基本方略，不断满足人民对美好生活的向往，不断创造新的历史伟业。

前进征程上，我们要坚持"和平统一、一国两制"的方针，保持香港、澳门长期繁荣稳定，推动海峡两岸关系和平发展，团结全体中华儿女，继续为实现祖国完全统一而奋斗。

前进征程上，我们要坚持和平发展道路，奉行互利共赢的开放战略，继续同世界各国人民一道推动共建人类命运共同体。

中国人民解放军和人民武装警察部队要永葆人民军队性质、宗旨、本色，坚决维护国家主权、安全、发展利益，坚决维护世界和平。

同志们、朋友们！

中国的昨天已经写在人类的史册上，中国的今天正在亿万人民手中创造，中国的明天必将更加美好。全党全军全国各族人民要更加紧密地团结起来，不忘初心，牢记使命，继续把我们的人民共和国巩固好、发展好，继续为实现"两个一百年"奋斗目标、实现中华民族伟大复兴的中国梦而努力奋斗！

伟大的中华人民共和国万岁！

伟大的中国共产党万岁！

伟大的中国人民万岁！

二、坚持和加强党的全面领导

不断增强"四个意识"、坚定"四个自信"、做到"两个维护"[*]

（2017 年 10 月 25 日—2019 年 5 月 31 日）

一

党中央权威和集中统一领导，最关键的是政治领导。看一名党员干部特别是高级干部的素质和能力，首先看政治上是否站得稳、靠得住。站得稳、靠得住，最重要的就是要牢固树立"四个意识"，自觉在思想上政治上行动上同党中央保持高度一致，坚决维护党中央权威和集中统一领导，在各项工作中毫不动摇、百折不挠贯彻落实党中央决策部署，不打任何折扣，不要任何小聪明，不搞任何小动作。中央委员会的每一位同志都要旗帜鲜明讲政治，自觉以马克思主义政治家的标准严格要求自己，找准政治站位，增强政治意识，强化政治担当。要注重提高政治能力，特别是把握方向、把握大势、把握全局的能力和保持政治定力、驾驭政治局面、

　＊　这是习近平 2017 年 10 月 25 日至 2019 年 5 月 31 日期间有关不断增强"四个意识"、坚定"四个自信"、做到"两个维护"论述的节录。

防范政治风险的能力。谋划事业发展，制定政策措施，培养干部人才，推动工作落实，都要着眼于我们党执政地位巩固和增强，着眼于党和人民事业发展。要严格遵守政治纪律和政治规矩，全面执行党内政治生活准则，确保党中央政令畅通，确保局部服从全局，确保各项工作坚持正确政治方向。

（2017 年 10 月 25 日在中共十九届一中全会上的讲话）

二

坚持和加强党的全面领导，首先要维护党中央权威和集中统一领导。保证全党令行禁止，是党和国家前途命运所系，是全国各族人民根本利益所在。中央政治局的同志对此必须保持十分清醒的认识。党的十九大在新时代党的建设总要求中明确提出加强党的政治建设，把保证全党服从中央、坚持党中央权威和集中统一领导作为党的政治建设的首要任务。维护党中央权威和集中统一领导，是我国革命、建设、改革的重要经验，是一个成熟的马克思主义执政党的重大建党原则。中央政治局的同志要把维护党中央权威和集中统一领导作为明确的政治准则和根本的政治要求，在思想上高度认同，政治上坚决维护，组织上自觉服从，行动上紧紧跟随，在政治立场、政治方向、政治原则、政治道路上同党中央保持高度一致，自觉维护党中央权威。这是对大家党性的考验，也是根本的政治纪律和政治规矩。

（2017 年 12 月 25 日—26 日在主持中共中央
政治局民主生活会时的讲话要点）

三

坚持党的领导是方向性问题，必须旗帜鲜明、立场坚定，决不能羞羞答答、语焉不详，决不能遮遮掩掩、搞自我麻痹。坚持党的领导，最根本的是坚持党中央权威和集中统一领导。党章规定"四个服从"[1]，最根本的是全党各个组织和全体党员服从党的全国代表大会和中央委员会；党中央强调"四个意识"，最根本的是坚决维护党中央权威和集中统一领导。这都不是空洞的口号，不能只停留在口头表态上，要落实到行动上。党中央要求各级领导干部特别是高级干部当政治上的明白人，做到心中有党，就是要自觉把工作放在党中央工作大局中考量和部署，自觉做到党中央提倡的坚决响应、党中央决定的坚决执行、党中央禁止的坚决不做，执行党中央决策部署不讲条件、不打折扣、不搞变通。

（2018 年 1 月 11 日在中共十九届中央纪委
二次全会上的讲话）

四

党政军民学，东西南北中，党是领导一切的。坚持党的领导，首先是坚持党中央权威和集中统一领导，这是党的领导的最高原则，任何时候任何情况下都不能含糊、不能动摇。我们要求全党尊崇党章，增强政治意识、大局意识、核心意识、看齐意识，完善坚持党的领导的体制机制，提高党把方向、谋大局、定政策、促改革的能力和定力，坚决扭转一些地方和部门存在的党的领导弱化、党的建设缺失现象，确保全党在思想上政治上行动上同党中央保持高度一致。

（2018年7月3日在全国组织工作会议上的讲话）

五

我们党是按照马克思主义建党原则建立起来的，形成了包括党的中央组织、地方组织、基层组织在内的严密组织体系。这是世界上任何其他政党都不具有的强大优势。党中央是大脑和中枢，党中央必须有定于一尊、一锤定音的权威，这样才能"如身使臂，如臂使指，叱咤变化，无有留难，则天下之势一矣"〔2〕。党的地方组织的根本任务是确保党中央决策部署贯彻落实，有令即行、有禁即止。党组在党的组织体系中具有特殊地位，要贯彻落实党中央和上级党组织决策部署，发挥好把方向、管大局、保落实的重要作用。每个党员特别是领导干部都要强化党的意识和组织观念，自觉做到思想上认同组织、政治上依靠组织、工作上服从组织、感情上信赖组织。

（2018年7月3日在全国组织工作会议上的讲话）

六

增强"四个意识"、坚定"四个自信"、做到"两个维护"[3]，是具体的不是抽象的，领导干部特别是高级干部必须从知行合一的角度审视自己、要求自己、检查自己。对党中央决策部署，必须坚定坚决、不折不扣、落实落细。要严守政治纪律，在重大原则问题和大是大非面前，必须立场坚定、旗帜鲜明。要心底无私，正确维护党中央权威，对来自中央领导同志家属、子女、身边工作人员和其他特定关系人的违规干预、捞取好处等行为，对自称同中央领导同志有特殊关系的人提出的要求，必须坚决抵制。

（2019 年 1 月 11 日在中共十九届中央纪委三次全会上的讲话要点）

七

要加快推进马克思主义学习型政党、学习大国建设，坚持把学习贯彻新时代中国特色社会主义思想作为重中之重，坚持理论同实际相结合，悟原理、求真理、明事理，不断增强"四个意识"、坚定"四个自信"、做到"两个维护"，教育引导广大党员、干部按照忠诚干净担当的要求提高自己，努力培养斗争精神、增强斗争本领，使思想、能力、行动跟上党中央要求、跟上时代前进步伐、跟上事业发展需要。

（2019 年 2 月 27 日为第五批全国干部学习
培训教材所作的《序言》）

八

开展这次主题教育，就是要坚持思想建党、理论强党，坚持学思用贯通、知信行统一，推动广大党员干部全面系统学、深入思考学、联系实际学，不断增强"四个意识"、坚定"四个自信"、做到"两个维护"，筑牢信仰之基、补足精神之钙、把稳思想之舵。

（2019 年 5 月 31 日在"不忘初心、牢记
使命"主题教育工作会议上的讲话）

注　　释

〔1〕"四个服从"，指党员个人服从党的组织，少数服从多数，下级组织服从上级组织，全党各个组织和全体党员服从党的全国代表大会和中央委员会。

〔2〕见南宋吕中《类编皇朝大事记讲义·太祖皇帝》。

〔3〕"两个维护"，指维护习近平总书记党中央的核心、全党的核心地位，维护党中央权威和集中统一领导。

着力从制度安排上发挥
党的领导这个最大体制优势[*]

（2018 年 2 月 26 日）

关于加强党的全面领导。这是深化党和国家机构改革必须坚持的重要原则。中国共产党领导是中国特色社会主义最本质的特征，是全党全国各族人民共同意志和根本利益的体现，是决胜全面建成小康社会、夺取新时代中国特色社会主义伟大胜利的根本保证。我们党在一个有着 13 亿多人口的大国长期执政，要保证国家统一、法制统一、政令统一、市场统一，要实现经济发展、政治清明、文化昌盛、社会公正、生态良好，要顺利推进新时代中国特色社会主义各项事业，必须完善坚持党的领导的体制机制，更好发挥党的领导这一最大优势，担负好进行伟大斗争、建设伟大工程、推进伟大事业、实现伟大梦想的重大职责。

在我国政治生活中，党是居于领导地位的，加强党的集中统一领导，支持人大、政府、政协和监察机关、审判机关、检察机关、人民团体、企事业单位、社会组织履行职能、开

＊ 这是习近平在中共十九届三中全会上所作的《关于深化党和国家机构改革决定稿和方案稿的说明》的一部分。

展工作、发挥作用，这两个方面是统一的。决定稿紧紧把握适应新时代中国特色社会主义发展要求，构建坚持党的全面领导、反映最广大人民根本利益的党和国家机构职能体系这一主线，着力从制度安排上发挥党的领导这个最大的体制优势，统筹考虑党和国家各类机构设置，协调好并发挥出各类机构职能作用，完善科学领导和决策、有效管理和执行的体制机制，确保党长期执政和国家长治久安。

　　全面加强党的领导同坚持以人民为中心是高度统一的。深化党和国家机构改革的目的是更好推进党和国家事业发展，更好满足人民日益增长的美好生活需要，更好推动人的全面发展、社会全面进步、人民共同富裕。要坚持人民主体地位，坚持立党为公、执政为民，贯彻党的群众路线，健全人民当家作主制度体系，完善为民谋利、为民办事、为民解忧和保障人民权益、接受人民监督的体制机制，为人民管理国家事务、管理经济文化事业、管理社会事务提供更有力的保障。

增强推进党的政治建设的
自觉性和坚定性[*]

（2018 年 6 月 29 日）

今天，我们进行十九届中央政治局第六次集体学习，内容是加强党的政治建设。党的十九大明确提出党的政治建设这个重大命题，强调党的政治建设是党的根本性建设，要把党的政治建设摆在首位，以党的政治建设为统领。我们以这个题目进行集体学习，目的是深化对党的政治建设的认识，增强推进党的政治建设的自觉性和坚定性。

党的十九大提出党的政治建设这个重大命题，是有很深的考虑的。任何政党都有政治属性，都有自己的政治使命、政治目标、政治追求。马克思主义政党具有崇高政治理想、高尚政治追求、纯洁政治品质、严明政治纪律。如果马克思主义政党政治上的先进性丧失了，党的先进性和纯洁性就无从谈起。这就是我们把党的政治建设作为党的根本性建设的道理所在。

我们党有 8900 多万名党员和 450 多万个基层党组织，保持和发展马克思主义政党的政治属性不是一件容易的事，不

＊ 这是习近平在主持中共十九届中央政治局第六次集体学习时的讲话。

能指望泛泛抓一抓或者集中火力打几个战役就能彻底解决问题。党的政治建设是一个永恒课题，来不得半点松懈。我们党历来注重从政治上建设党。从古田会议[1]上毛泽东同志提出思想建党、政治建军原则，到1945年党的七大提出"首先着重在思想上、政治上进行建设，同时也在组织上进行建设"；从新中国成立后毛泽东同志提出"政治工作是一切经济工作的生命线"[2]，到改革开放后邓小平同志强调"到什么时候都得讲政治"[3]，都表明注重从政治上建设党是我们党不断发展壮大、从胜利走向胜利的重要保证。

党的十八大以来，在全面从严治党实践中，我们深刻认识到，党内存在的很多问题都同政治问题相关联，都是因为党的政治建设没有抓紧、没有抓实。"治其本，朝令而夕从；救其末，百世不改也。"[4]不从政治上认识问题、解决问题，就会陷入头痛医头、脚痛医脚的被动局面，就无法从根本上解决问题。正因为如此，我反复强调，"全面从严治党首先要从政治上看"，"政治问题要从政治上来解决"。我们把党的政治建设摆上突出位置，在坚定政治信仰、增强"四个意识"、维护党中央权威和集中统一领导、严明党的政治纪律和政治规矩、加强和规范新形势下党内政治生活、净化党内政治生态、正风肃纪、反腐惩恶等方面取得明显成效。实践使我们深刻认识到，党的政治建设决定党的建设方向和效果，不抓党的政治建设或背离党的政治建设指引的方向，党的其他建设就难以取得预期成效。

必须清醒看到，党的十八大以来党的政治建设取得了很多成绩，但党内存在的政治问题还没有得到根本解决。一些同志忽视政治、淡化政治的问题还比较突出，有的"四个意识"不强，有的将党的领导仅仅停留在口头上，有的对错误言行缺乏政治敏锐性、政治鉴别力和斗争精神，有的依然我行我素、无视党的政治纪律和政治规矩，有的仍然奉行潜规则、把商品交换原则运用到党内，等等。加强党的政治建设任重道远，必须常抓不懈。

关于党的政治建设，党的十九大作出了具体部署，我在不同场合也都提过要求，要全面抓好落实。这里，我再强调几点。

第一，把准政治方向。政治方向是党生存发展第一位的问题，事关党的前途命运和事业兴衰成败。红军过草地的时候，伙夫同志一起床，不问今天有没有米煮饭，却先问向南走还是向北走。这说明在红军队伍里，即便是一名炊事员，也懂得方向问题比吃什么更重要。如果在方向问题上出现偏离，就会犯颠覆性错误。对此，我们必须有十分清醒的认识。

我们所要坚守的政治方向，就是共产主义远大理想和中国特色社会主义共同理想、"两个一百年"奋斗目标，就是党的基本理论、基本路线、基本方略。加强党的政治建设就是要发挥政治指南针作用，引导全党坚定理想信念、坚定"四个自信"，廓清思想迷雾，澄清模糊认识，排除各种干扰，把全党智慧和力量凝聚到新时代坚持和发展中国特色社会主义伟大事业中来；就是要推动全党把坚持正确政治方向贯彻到谋划重大战略、制定重大政策、部署重大任务、推进重大工作的实践中去，经常对表对标，及时校准偏差，坚决纠正偏离和违背党的政治方向的行为，确保党和国家各项事业始终沿着正确政治方向发展；就是要把各级党组织建设成为坚守正确政治方向的坚强战斗堡垒，教育广大党员、干部坚定不移沿着正确政治方向前进。对在政治方向上有问题的人，必须严肃批评教育，问题严重的要依照党纪进行处理。

第二，坚持党的政治领导。中国特色社会主义最本质的特征是中国共产党领导，中国特色社会主义制度的最大优势是中国共产党领导，党是最高政治领导力量。没有党的领导，民族复兴必然是空想。历史和人民把我们党推到了这样的位置，我们就要以坚强有力的政治领导承担起应该承担的政治责任。

经过党的十八大以来的艰苦努力，全党坚持党的全面领导的意识是明显增强了。同时，我们也要看到，一到具体工作中，有的地方和单位就落虚落空了。要建立健全坚持和加强党的全面领导的组织体系、制度体系、工作机制，切实把党的领导落实到改革发展稳定、内政外交国防、治党治国治军等各领域各方面各环节。坚持党的政治领导，最重要的是坚持党中央权威和集中统一领导，这要作为党的政治建设的首要任务。要引导全党增强"四个意识"，自觉在思想上政治上行动上同党中央保持高度一致，确保党中央一锤定音、定于一尊的权威。高级干部特别是中央政治局的同志要身体力行，在履职尽责过程中自觉在大局下行动，为全党做好表率。

第三，夯实政治根基。人民群众拥护和支持是我们党最可靠的力量源泉。当年，"唤起工农千百万，同心干"〔5〕，为我们党依靠人民赢得革命胜利凝聚了强大力量。今天，我们把人民对美好生活的向往作为奋斗目标，就是为了凝聚起同心共筑中国梦的磅礴力量。

"国以民为本，社稷亦为民而立。"〔6〕加强党的政治建设，要紧扣民心这个最大的政治，把赢得民心民意、汇集民智民力作为重要着力点。要站稳人民立场，贯彻党的群众路线，同人民想在一起、干在一起，坚决反对"四风"特别是形式主义、官僚主义，始终保持党同人民群众的血肉联系。人民群众对我们拥护不拥护、支持不支持、满意不满意，不仅要看我们是怎么说的，更要看我们是怎么做的。实干方能兴邦、实干方能强国、实干方能富民。一切不思进取、庸政怠政、明哲保身、得过且过的思想和行为都是同人民群众期盼、同新时代新要求格格不入的。要教育和激励广大党员、干部锐意进取、奋发有为，把精力和心思用在稳增长、促改革、调结构、惠民生、防风险上，用在破难题、克难关、着力解决人民群众最关心最直接最现实的利益问题上。对敢抓敢管、真抓实干、勇于担当的干部组织上要为他们加油鼓劲、撑腰壮胆，对尸位素餐、光说不练、热衷于对实干者评头论足甚至诬告陷害的人要严肃批评、严格问责，在全党形成以担当作为为荣、以消极无为为耻的浓厚氛围。

第四，涵养政治生态。政治生态好，党内就会正气充盈；政治生态不好，党内就会邪气横生。党的十八大之前一个时期，一些地方和单位政治生态严重恶化，涣散了人心、带坏了社会风气，极大损害了人民群众对党的信任。党的十八大以来，党内政治生态有了明显好转，这一点大家都能亲身感受到。同时，我们也要看到，党内政治生活随意化、形式化、平淡化、庸俗化的问题没有得到彻底解决。这要引起我们高度重视。

营造良好政治生态是一项长期任务，必须作为党的政治建设的基础性、经常性工作，浚其源、涵其林，养正气、固根本，锲而不舍、久久为功。选人用人是风向标，直接影响着政治生态走向。要把树立正确选人用人导向作为重要着力点，突出政治标准。要贯彻落实新形势下党内政治生活的若干准则，让党员、干部在党内政治生活中经常接受政治体检，打扫政治灰尘，净化政治灵魂，增强政治免疫力。党内政治文化"日用而不觉"〔7〕，潜移默化影响着党内政治生态。要加强党内政治文化建设，让党所倡导的理想信念、价值理念、优良传统深入党员、干部思想和心灵。要弘扬社会主义核心价值观，弘扬和践行忠诚老实、公道正派、实事求是、清正廉洁等价值观，以良好政治文化涵养风清气正的政治生态。

第五，防范政治风险。"于安思危，于治忧乱。"〔8〕我们党在内忧外患中诞生，在磨难挫折中成长，在战胜风险挑战中壮大，始终有着强烈的忧患意识、风险意识。党的十八大以来，我多次强调要坚持底线思维，就是要告诫全党时刻牢记"安而不忘危，存而不忘亡，治而不忘乱"〔9〕。新形势下，我国面临复杂多变的发展和安全环境，各种可以预见和难以预见的风险因素明显增多，如果得不到及时有效控制也有可能演变为政治风险。全党同志特别是各级领导干部必须增强风险意识，提高防范政治风险能力。

要教育引导各级领导干部增强政治敏锐性和政治鉴别力，对容易诱发政治问题特别是重大突发事件的敏感因素、苗头性倾向性问题，做到眼睛亮、见事早、行动快，及时消除各种政治隐患。要高度重视并及时阻断不同领域风险的转化通道，避免各领域风险产生交叉感染，防止非公共性风险扩大为公共性风险、非政治性风险蔓延为政治风险。要增强斗争精神，敢于亮剑、敢于斗争，坚决防止和克服嗅不出敌情、分不清是非、辨不明方向的政治麻痹症。

第六，永葆政治本色。最近查处的腐败案件，有相当一部分发生在党的十八大以来甚至延续到党的十九大之后。尽管党中央三令五申，一些干部仍然不收手、不收敛，心存侥幸、顶风作案。这表明，反腐败斗争形势依然严峻复杂，巩固压倒性态势、夺取压倒性胜利的决心必须坚如磐石。加强党的政治建设，必须以永远在路上的坚定和执着，坚决把反腐败斗争进行到底，使我们党永不变质、永不变色。

要持续保持高压态势，坚持无禁区、全覆盖、零容忍，坚持重遏制、强高压、长震慑，坚持受贿行贿一起查，坚决防止党内形成利益集团，坚决防范各种利益集团"围猎"和绑架领导干部。领导干部特别是高级干部要明大德、守公德、严私德，做廉洁自律、廉洁用权、廉洁齐家的模范。要织密监督的"天网"，扎紧制度的篱笆，发挥巡视利剑作用，推动全面从严治党向基层延伸，让人民群众真正感受到清正干部、清廉政府、清明政治就在身边、就在眼前。

第七，提高政治能力。党的政治建设落实到干部队伍建设上，就要不断提高各级领导干部特别是高级干部把握方向、把握大势、把握全局的能力，辨别政治是非、保持政治定力、驾驭政治局面、防范政治风险的能力。提高政治能力，很重要的一条就是要善于从政治上分析问题、解决问题。只有从政治上分析问题才能看清本质，只有从政治上解决问题才能抓住根本。各级领导干部特别是高级干部要炼就一双政治慧眼，不畏浮云遮望眼，切实担负起党和人民赋予的政治责任。

注　　释

〔1〕古田会议，指1929年12月在福建上杭县古田村召开的中国共产党红军第四军第九次代表大会。这次会议确立了中国共产党思想建党、政治建军的原则。

〔2〕见毛泽东《〈中国农村的社会主义高潮〉按语选》（《毛泽东文集》第6卷，人民出版社1999年版，第449页）。

〔3〕见邓小平《视察天津时的谈话》（《邓小平文选》第3卷，人民出版社1993年版，第166页）。

〔4〕见北宋苏轼《关陇游民私铸钱与江淮漕卒为盗之由》。

〔5〕见毛泽东《渔家傲·反第一次大"围剿"》（《毛泽东诗词集》，中央文献出版社1996年版，第33页）。

〔6〕见南宋朱熹《四书章句集注·孟子集注·尽心章句下》。

〔7〕见唐代吴仲舒《南风之薰赋》。

〔8〕见清代魏源《默觚·学篇七》。

〔9〕见《周易·系辞下》。

带头做到"两个维护"，着力推进中央和国家机关党的政治建设*

（2019 年 7 月 9 日）

带头做到"两个维护"，是加强中央和国家机关党的建设的首要任务。"不忘初心、牢记使命"主题教育一个重要目的就是锤炼党员、干部特别是党员领导干部忠诚干净担当的政治品格，确保全党思想统一、步调一致。

中央和国家机关必须牢固树立政治机关的意识。各部门各单位职责分工不同，但都不是单纯的业务机关。中央和国家机关是践行"两个维护"的第一方阵。如果党的理论和路线方针政策在这里失之毫厘，到了基层就可能谬以千里；如果贯彻落实的第一棒就掉了链子，"两个维护"在"最先一公里"就可能落空。中央和国家机关广大党员、干部特别是党员领导干部、一把手做工作要首先自觉同党的基本理论、基本路线、基本方略对标对表，同党中央决策部署对标对表，提高政治站位，把准政治方向，坚定政治立场，明确政治态度，严守政治纪律，经常校正偏差，做到党中央提倡的坚决

---

* 这是习近平在中央和国家机关党的建设工作会议上讲话的一部分。

响应、党中央决定的坚决照办、党中央禁止的坚决杜绝，决不能在政治方向上走偏了。

"两个维护"的内涵是特定的、统一的，全党看齐只能向党中央看齐，不能在部门打着维护党中央权威的旗号损害民主集中制。党员、干部不论做什么工作、级别多高，都是党的干部、组织的人，要牢记第一职责是为党工作，重要提法都要同党中央对表。凡是重大问题、重要事项、重要工作进展情况，都必须按规定及时请示报告党中央。

讲政治是具体的，"两个维护"要体现在坚决贯彻党中央决策部署的行动上，体现在履职尽责、做好本职工作的实效上，体现在党员、干部的日常言行上。战争年代，党中央和毛主席用电台指挥全党全军，"嘀嗒、嘀嗒"就是党中央和毛主席的声音，全党全军都无条件执行。大家想想，如果党中央发出的号令没人听，做不到令行禁止，那还谈什么维护党中央权威和集中统一领导！

带头做到"两个维护"，从根本上讲就是要做到对党忠诚。忠诚必须体现到对党的信仰的忠诚上，体现到对党组织的忠诚上，体现到对党的理论和路线方针政策的忠诚上。对党忠诚必须始于足下。如果连本职工作都没做好，不担当不作为，把党组织交给的"责任田"撂荒了甚至弄丢了，那就根本谈不上"两个维护"！

新形势下，要大力加强对党忠诚教育，发挥中央和国家机关红色资源优势，完善重温入党誓词、入党志愿书等活动，形成具有中央和国家机关特点的党内政治文化。要把学习宣传先进典型作为深化主题教育的重要抓手，同模范机关创建活动结合起来，引导党员、干部见贤思齐。党员领导干部要把对党忠诚纳入家庭家教家风建设，引导亲属子女坚决听党话、跟党走。

带头做到"两个维护"，既要体现高度的理性认同、情感认同，又要有坚决的维护定力和能力。提高政治定力和政治能力，要靠学习，更要靠政治历练和实践锻炼。我一直强调，中华民族伟大复兴绝不是轻轻松松、敲锣打鼓就能实现的。要战胜前进道路上的各种风险挑战，没有斗争精神不行。当年抗美援朝，毛主席用诗意的语言总结胜利之道：敌人是钢多气少，我们是钢少气多。中央和国家机关党员领导干部要坚持底线思维、增强忧患意识、发扬斗争精神，善于预见形势发展走势和隐藏其中的风险挑战，在防范化解风险上勇于担责、善于履责、全力尽责。

三、完善和发展我国国家制度和治理体系

继续完善党和国家机构职能体系[*]

继续完善党和国家机构职能体系[*]

（2019 年 7 月 5 日）

深化党和国家机构改革是对党和国家组织结构和管理体制的一次系统性、整体性重构。我们整体性推进中央和地方各级各类机构改革，重构性健全党的领导体系、政府治理体系、武装力量体系、群团工作体系，系统性增强党的领导力、政府执行力、武装力量战斗力、群团组织活力，适应新时代要求的党和国家机构职能体系主体框架初步建立，为完善和发展中国特色社会主义制度、推进国家治理体系和治理能力现代化提供了有力组织保障。要认真总结深化党和国家机构改革取得的重大成效和宝贵经验，巩固机构改革成果，继续完善党和国家机构职能体系，推进国家治理体系和治理能力现代化。

深化党和国家机构改革，是贯彻落实党的十九大决策部署的一个重要举措，是全面深化改革的一个重大动作，是推进国家治理体系和治理能力现代化的一次集中行动。党的十九届三中全会闭幕后，各地区各部门坚决贯彻党中央决策部署，加大统的力度、明确改的章法、做好人的工作、执行严的纪律，短短一年多时间，十九届三中全会部署的改革任务

---

[*] 这是习近平在深化党和国家机构改革总结会议上的讲话要点。

总体完成，取得一系列重要理论成果、制度成果、实践成果。加强党的全面领导得到有效落实，维护党的集中统一领导的机构职能体系更加健全；党和国家机构履职更加顺畅高效，各类机构设置和职能配置更加适应统筹推进"五位一体"总体布局和协调推进"四个全面"战略布局需要；省市县主要机构设置和职能配置同中央保持基本对应，构建起从中央到地方运行顺畅、充满活力的工作体系；跨军地改革顺利推进；同步推进相关各类机构改革，改革整体效应进一步增强。

在深化党和国家机构改革中，我们探索和积累了宝贵经验，就是坚持党对机构改革的全面领导，坚持不立不破、先立后破，坚持推动机构职能优化协同高效，坚持中央和地方一盘棋，坚持改革和法治相统一相协调，坚持把思想政治工作贯穿改革全过程。实践证明，党中央关于深化党和国家机构改革的战略决策是完全正确的，改革的组织实施是坚强有力的，充分体现出全党高度的思想自觉、政治自觉、行动自觉，充分反映出党的十八大以来全面从严治党产生的良好政治效应，充分彰显党的集中统一领导和我国社会主义制度的政治优势。

完成组织架构重建、实现机构职能调整，只是解决了"面"上的问题，真正要发生"化学反应"，还有大量工作要做。要以坚持和加强党的全面领导为统领，以推进党和国家机构职能优化协同高效为着力点，把机构职责调整优化同健全完善制度机制有机统一起来、把加强党的长期执政能力建设同提高国家治理水平有机统一起来，继续巩固机构改革成果。要健全党对重大工作的领导体制，决策议事协调机构重点是谋大事、议大事、抓大事，党的工作机关要带头坚持和加强党的全面领导，更好发挥职能作用，严明政治纪律和政治规矩。要加强党政机构职能统筹，发挥好党的职能部门统一归口协调管理职能，统筹本领域重大工作。要提高机构履职尽责能力和水平，各部门要严格依照"三定"[1]规定履职尽责，聚焦主责主业，突出重点关键，自觉在大局下思考、在大局下行动，紧紧围绕人民日益增长的美好生活需要履好职、尽好责。要发挥好中央和地方两个积极性，确保党中央集中统一领导和国家制度统一、政令统一，中央和国家机关要做好对本行业本系统的指导和监督，地方在坚决贯彻党中央决策部署的同时，要发挥主观能动性，结合地方实际创造性开展工作。要推进相关配套改革，按照加快推进政事分开、事企分开、管办分离的原则，深化事业单位改革，着力加强综合行政执法队伍建设，强化基层社会管理和公共服务职能，完善机构改革配套政策。要推进机构编制法定化，依法管理各类组织机构，继续从严从紧控制机构编制。要增强干事创业敢担当的本领，准确把握新机构新职能提出的新要求，结合正在开展的"不忘初心、牢记使命"主题教育，教育引导广大党员、干部自觉在思想上政治上行动上同党中央保持高度一致，坚守人民立场，锤炼忠诚干净担当的政治品格，保持只争朝夕、奋发有为的奋斗姿态和越是艰险越向前的斗争精神，以钉钉子精神抓好工作落实。

深化党和国家机构改革是放在全面深化改革大盘子里谋划推进的，是我们打的一次全面深化改革的战略性战役。要用好机构改革创造的有利条件，推动全面深化改革向纵深发展，以深化党和国家机构改革新成效，推动开创全面深化改革新局面。全面完成党的十八届三中全会部署的改革举措，是摆在我们面前的硬任务。现在距离 2020 年在重要领域和关键环节改革取得决定性成果仅有一年多时间。我们要乘势而上、尽锐出战，继续打硬仗、啃硬骨头，集中力量突破重要领域和关键环节改革。

要结合深化党和国家机构改革，健全党领导改革工作的体制机制，完善改革领导决策、推动落实机制，加强中央和地方、牵头部门和参与部门、主体改革和配套方案、改革举措和法治保障、试点探索和总结推广、改革任务推进和机构职能调整的配套联动，打好改革组合拳。要保持改革战略定力，推动改革更好服务经济社会发展大局。在谋划改革发展思路、解决突出矛盾问题、防范风险挑战、激发创新活力上下功夫，正确处理改革发展稳定关系，坚持党的领导和尊重人民首创精神相结合，注重改革的系统性、整体性、协同性，统筹各领域改革进展，形成整体效应。要推动改革往实里走，确保改革方案成色和实施成效。形势在变、任务在变、工作要求也在变，必须准确识变、科学应变、主动求变，把解决实际问题作为制定改革方案的出发点，把关系经济社会发展全局的改革、涉及重大制度创新的改革、有利于提升群众获得感的改革放在突出位置，优先抓好落实。要推进改革成果系统集成，做好成果梳理对接，从整体上推动各项制度更加成熟更加定型。

注　　释

〔1〕"三定"，指机构设置、职能配置、人员编制规定。

关于《中共中央关于坚持和完善中国特色社会主义制度、推进国家治理体系和治理能力现代化若干重大问题的决定》的说明*

（2019 年 10 月 28 日）

受中央政治局委托，我就《中共中央关于坚持和完善中国特色社会主义制度、推进国家治理体系和治理能力现代化若干重大问题的决定》起草情况向全会作说明。

一、决定稿起草背景和考虑

我们刚刚庆祝了中华人民共和国成立 70 周年。新中国 70 年取得的历史性成就充分证明，中国特色社会主义制度是当代中国发展进步的根本保证。从党和国家事业发展的全局和长远出发，中央政治局决定这次中央全会专题研究坚持和完善中国特色社会主义制度、推进国家治理体系和治理能力

---

* 这是习近平在中共十九届四中全会上所作的说明。

现代化问题，主要有以下几方面考虑。

第一，这是实现"两个一百年"奋斗目标的重大任务。建设社会主义现代化国家、实现中华民族伟大复兴，是我们党孜孜以求的宏伟目标。自成立以来，我们党就团结带领人民为此进行了不懈奋斗。随着改革开放逐步深化，我们党对制度建设的认识越来越深入。1980 年，邓小平同志在总结"文化大革命"的教训时就指出："领导制度、组织制度问题更带有根本性、全局性、稳定性和长期性。""制度好可以使坏人无法任意横行，制度不好可以使好人无法充分做好事，甚至会走向反面。"[1] 1992 年，邓小平同志在南方谈话中说："恐怕再有三十年的时间，我们才会在各方面形成一整套更加成熟、更加定型的制度。"[2] 党的十四大提出："在九十年代，我们要初步建立起新的经济体制，实现达到小康水平的第二步发展目标。再经过二十年的努力，到建党一百周年的时候，我们将在各方面形成一整套更加成熟更加定型的制度。"党的十五大、十六大、十七大都对制度建设提出明确要求。

党的十八大以来，我们党把制度建设摆到更加突出的位置，强调"全面建成小康社会，必须以更大的政治勇气和智慧，不失时机深化重要领域改革，坚决破除一切妨碍科学发展的思想观念和体制机制弊端，构建系统完备、科学规范、运行有效的制度体系，使各方面制度更加成熟更加定型"。党的十八届三中全会首次提出"推进国家治理体系和治理能力现代化"这个重大命题，并把"完善和发展中国特色社会主义制度、推进国家治理体系和治理能力现代化"确定为全面深化改革的总目标。党的十八届五中全会进一步强调，"十三五"时期要实现"各方面制度更加成熟更加定型","国家治理体系和治理能力现代化取得重大进展，各领域基础性制度体系基本形成"。

党的十九大作出到本世纪中叶把我国建成富强民主文明和谐美丽的社会主义现代化强国的战略安排，其中制度建设和治理能力建设的目标是：到 2035 年，"各方面制度更加完善，国家治理体系和治理能力现代化基本实现"；到本世纪中叶，"实现国家治理体系和治理能力现代化"。党的十九届二中、三中全会分别就修改宪法和深化党和国家机构改革作出部署，在制度建设和治理能力建设上迈出了新的重大步伐。党的十九届三中全会指出："我们党要更好领导人民进行伟大斗争、建设伟大工程、推进伟大事业、实现伟大梦想，必须加快推进国家治理体系和治理能力现代化，努力形成更加成熟、更加定型的中国特色社会主义制度。这是摆在我们党面前的一项重大任务。"现在，我们党有必要对坚持和完善中国特色社会主义制度、推进国家治理体系和治理能力现代化进行系统总结，提出与时俱进完善和发展的前进方向和工作要求。

第二，这是把新时代改革开放推向前进的根本要求。在改革开放 40 多年历程中，党的十一届三中全会是划时代的，开启了改革开放和社会主义现代化建设历史新时期；党的十八届三中全会也是划时代的，开启了全面深化改革、系统整体设计推进改革的新时代，开创了我国改革开放的新局面。党的十八届三中全会推出 336 项重大改革举措。经过 5 年多的努力，重要领域和关键环节改革成效显著，主要领域基础性制度体系基本形成，为推进国家治理体系和治理能力现代化打下了坚实基础。同时，也要看到，这些改革举措有的尚未完成，有的甚至需要相当长的时间去落实，我们已经啃下了不少硬骨头但还有许多硬骨头要啃，我们攻克了不少难关但还有许多难关要攻克，我们决不能停下脚步，决不能有松口气、歇歇脚的想法。我在庆祝改革开放 40 周年大会上强调，要"坚持方向不变、道路不偏、力度不减，推动新时代改革开放走得更稳、走得更远"。这就要求从全面建设社会主义现代化国家的战略需要出发，对全面深化改革工作进一步作出部署。

相比过去，新时代改革开放具有许多新的内涵和特点，其中很重要的一点就是制度建设分量更重，改革更多面对的是深层次体制机制问题，对改革顶层设计的要求更高，对改革的系统性、整体性、协同性要求更强，相应地建章立制、构建体系的任务更重。新时代谋划全面深化改革，必须以坚持和完善中国特色社会主义制度、推进国家治理体系和治理能力现代化为主轴，深刻把握我国发展要求和时代潮流，把制度建设和治理能力建设摆到更加突出的位置，继续深化各领域各方面体制机制改革，推动各方面制度更加成熟更加定型，推进国家治理体系和治理能力现代化。

第三，这是应对风险挑战、赢得主动的有力保证。古人讲，"天下之势不盛则衰，天下之治不进则退"〔3〕。当今世界正经历百年未有之大变局，国际形势复杂多变，改革发展稳定、内政外交国防、治党治国治军各方面任务之繁重前所未有，我们面临的风险挑战之严峻前所未有。这些风险挑战，有的来自国内，有的来自国际，有的来自经济社会领域，有的来自自然界。我们要打赢防范化解重大风险攻坚战，必须坚持和完善中国特色社会主义制度、推进国家治理体系和治理能力现代化，运用制度威力应对风险挑战的冲击。

基于上述考虑，今年 2 月 28 日、3 月 29 日，中央政治局常委会、中央政治局先后召开会议，决定党的十九届四中全会专题研究坚持和完善中国特色社会主义制度、推进国家治理体系和治理能力现代化问题，并决定成立文件起草组，在中央政治局常委会领导下进行文件起草工作。

二、起草过程

今年 4 月 3 日，文件起草组召开第一次全体会议，文件起草工作正式启动。4 月 7 日，党中央发出通知，就全会议题征求各地区各部门意见和建议。各方面共反馈意见 109 份，大家就坚持和完善中国特色社会主义制度、推进国家治理体系和治理能力现代化的重大成就和历史经验、必须坚持的重大原则和根本制度、基本制度、重要制度以及面临的主要问题和重大任务、需要采取的重要举措等提出了不少有价值的意见和建议。

各方面认为，在庆祝中华人民共和国成立 70 周年之际，党的十九届四中全会重点研究坚持和完善中国特色社会主义制度、推进国家治理体系和治理能力现代化问题并作出决定，体现了党中央高瞻远瞩的战略眼光和强烈的历史担当，对决胜全面建成小康社会、全面建设社会主义现代化国家，对巩固党的执政地位、确保党和国家长治久安，具有重大而深远的意义。

文件起草组成立6个多月来，认真研读相关重要文献，系统总结我国革命、建设、改革进程中的制度演变、制度创新，特别是深入总结党的十八大以来党中央领导全党全国人民坚持和完善中国特色社会主义制度、推进国家治理体系和治理能力现代化取得的重大理论成果、实践成果、制度成果，整理消化各方面反馈的意见和建议，开展专题研究，反复讨论修改决定稿。

根据中央政治局会议决定，9月初，决定征求意见稿下发党内一定范围征求意见，包括征求部分党内老同志意见。各方面认真组织学习讨论，各地区各部门共反馈意见118份。9月25日，我主持召开党外人士座谈会，当面听取了各民主党派中央、全国工商联负责人和无党派人士意见，与会同志提交了10份发言材料。

文件起草组对收到的所有意见和建议进行了认真整理。经汇总，各方面共提出修改意见1948条，扣除重复意见后为1755条，其中原则性意见380条，具体修改意见1375条。

从征求意见反馈情况看，各方面对决定稿给予充分肯定。大家一致认为，决定稿准确把握我国国家制度和国家治理体系的演进方向和规律，突出坚持和完善党的领导制度，抓住了国家治理的关键和根本；突出守正创新、开拓进取，彰显了中国特色社会主义制度自信；突出系统集成、协同高效，体现了强烈的问题导向和鲜明的实践特色。决定稿回答了"坚持和巩固什么、完善和发展什么"这个重大政治问题，既阐明了必须牢牢坚持的重大制度和原则，又部署了推进制度建设的重大任务和举措，坚持根本制度、基本制度、重要制度相衔接，统筹顶层设计和分层对接，统筹制度改革和制度运行，体现了总结历史和面向未来的统一、保持定力和改革创新的统一、问题导向和目标导向的统一，必将对推动各方面制度更加成熟更加定型、把我国制度优势更好转化为国家治理效能产生重大而深远的影响。

在征求意见过程中，各方面提出了许多好的意见和建议，主要有以下几个方面。一是建议在概括出的我国国家制度和国家治理体系的显著优势中，增写全面深化改革、全面依法治国的内容。二是建议对完善科技制度加以突出强调，以充分发挥科技创新引领作用。三是建议更加重视保障粮食安全、乡村振兴、农业农村优先发展等重要制度安排。四是建议更加重视运用人工智能、互联网、大数据等现代信息技术手段提升治理能力和治理现代化水平。五是建议围绕坚持党管干部原则，就完善干部管理制度、激励干部担当作为和狠抓落实、培养干部斗争精神和斗争本领提出要求。六是建议加强我国国家制度和国家治理体系的理论研究和宣传教育。七是建议把贯彻落实这次全会精神同推动党的十八大以来党中央部署的各项改革任务紧密结合起来，形成一体推动、一体落实的整体部署和工作机制。

党中央责成文件起草组认真研究和吸纳各方面意见和建议。文件起草组逐条分析各方面所提意见和建议，力求做到能吸收的尽量吸收。经反复研究推敲，对决定稿作出增写、改写、文字精简 283 处，覆盖各方面意见和建议 436 条。

决定稿起草期间，中央政治局常委会召开3次会议，中央政治局召开2次会议进行审议，形成了提交这次全会审议的决定稿。

三、决定稿的基本框架

决定稿总体考虑是，紧扣"坚持和完善中国特色社会主义制度、推进国家治理体系和治理能力现代化"这个主题，从党的十九大确立的战略目标和重大任务出发，着眼于坚持和巩固中国特色社会主义制度、确保党长期执政和国家长治久安，着眼于完善和发展中国特色社会主义制度、全面建设社会主义现代化国家，着眼于充分发挥中国特色社会主义制度优越性、推进国家治理体系和治理能力现代化，全面总结党领导人民在我国国家制度建设和国家治理方面取得的成就、积累的经验、形成的原则，重点阐述坚持和完善支撑中国特色社会主义制度的根本制度、基本制度、重要制度，部署需要深化的重大体制机制改革、需要推进的重点工作任务。

决定稿由15部分构成，分为三大板块。第一板块为第一部分，是总论，主要阐述中国特色社会主义制度和国家治理体系发展的历史性成就、显著优势，提出新时代坚持和完善中国特色社会主义制度、推进国家治理体系和治理能力现代化的重大意义和总体要求。第二板块为分论，聚焦坚持和完善支撑中国特色社会主义制度的根本制度、基本制度、重要制度，安排了13个部分，明确了各项制度必须坚持和巩固的根本点、完善和发展的方向，并作出工作部署。第三板块为

第十五部分和结束语，主要就加强党对坚持和完善中国特色社会主义制度、推进国家治理体系和治理能力现代化的领导提出要求。

希望同志们深刻领会党中央精神，紧紧围绕"坚持和巩固什么、完善和发展什么"进行讨论，提出建设性的修改意见和建议，共同把这次全会开好。

注　释

〔**1**〕见邓小平《党和国家领导制度的改革》(《邓小平文选》第 2 卷，人民出版社 1994 年版，第 333 页)。

〔**2**〕见邓小平《在武昌、深圳、珠海、上海等地的谈话要点》(《邓小平文选》第 3 卷，人民出版社 1993 年版，第 372 页)。

〔**3**〕见南宋吕祖谦《东莱博议·葵丘之会》。

坚持和完善中国特色社会主义制度、推进国家治理体系和治理能力现代化[*]

（2019 年 10 月 31 日）

这次全会听取了中央政治局工作报告，分析了当前形势和任务，审议通过了《中共中央关于坚持和完善中国特色社会主义制度、推进国家治理体系和治理能力现代化若干重大问题的决定》，圆满完成了各项议程。

坚持和完善中国特色社会主义制度、推进国家治理体系和治理能力现代化，是关系党和国家事业兴旺发达、国家长治久安、人民幸福安康的重大问题。党中央决定用一次全会就这个重大问题进行研究部署，是从政治上、全局上、战略上全面考量，立足当前、着眼长远作出的重大决策。这次全会通过的决定，全面回答了在我国国家制度和国家治理体系上应该坚持和巩固什么、完善和发展什么这个重大政治问题，是一篇马克思主义的纲领性文献，也是一篇马克思主义的政

---

* 这是习近平在中共十九届四中全会第二次全体会议上讲话的一部分。

治宣言书。全党要把思想和行动统一到全会精神上来，把学习贯彻全会精神作为一项重要政治任务抓好抓实。

下面，我代表中央政治局，就学习贯彻全会精神讲几点意见。

一、坚定中国特色社会主义制度自信

古人说："凡将立国，制度不可不察也。"[1]制度优势是一个国家的最大优势，制度竞争是国家间最根本的竞争。制度稳则国家稳。新中国成立70年来，中华民族之所以能迎来从站起来、富起来到强起来的伟大飞跃，最根本的是因为党领导人民建立和完善了中国特色社会主义制度，形成和发展了党的领导和经济、政治、文化、社会、生态文明、军事、外事等各方面制度，不断加强和完善国家治理。

一个国家选择什么样的国家制度和国家治理体系，是由这个国家的历史文化、社会性质、经济发展水平决定的。中国特色社会主义制度和国家治理体系不是从天上掉下来的，而是在中国的社会土壤中生长起来的，是经过革命、建设、改革长期实践形成的，是马克思主义基本原理同中国具体实际相结合的产物，是理论创新、实践创新、制度创新相统一的成果，凝结着党和人民的智慧，具有深刻的历史逻辑、理论逻辑、实践逻辑。

第一，中国特色社会主义制度和国家治理体系具有深厚的历史底蕴。在几千年的历史演进中，中华民族创造了灿烂的古代文明，形成了关于国家制度和国家治理的丰富思想，包括大道之行、天下为公的大同理想，六合同风、四海一家的大一统传统，德主刑辅、以德化人的德治主张，民贵君轻、政在养民的民本思想，等贵贱均贫富、损有余补不足的平等观念，法不阿贵、绳不挠曲的正义追求，孝悌忠信、礼义廉耻的道德操守，任人唯贤、选贤与能的用人标准，周虽旧邦、其命维新的改革精神，亲仁善邻、协和万邦的外交之道，以和为贵、好战必亡的和平理念，等等。这些思想中的精华是中华优秀传统文化的重要组成部分，也是中华民族精神的重要内容。马克思主义传入中国后，科学社会主义的主张受到中国人民热烈欢迎，并最终扎根中国大地、开花结果，决不是偶然的，而是同我国传承了几千年的优秀历史文化和广大人民日用而不觉的价值观念融通的。马克思对我国古代农民起义提出的具有社会主义因素的革命口号有过敏锐的观察。他说，"中国社会主义之于欧洲社会主义，也许就像中国哲学与黑格尔哲学一样"〔2〕。

中国在人类发展史上曾经长期处于领先地位，自古以来逐步形成了一整套包括朝廷制度、郡县制度、土地制度、税赋制度、科举制度、监察制度、军事制度等各方面制度在内的国家制度和国家治理体系，为周边国家和民族所学习和模仿。进入近代以后，封建统治腐朽无能，帝国主义列强入侵，导致中国逐步成为半殖民地半封建社会，统治中国几千年的君主专制制度陷入全面危机。面对日益深重的政治危机和民族危机，无数仁人志士为改变中国前途命运，开始探寻新的国家制度和国家治理体系，尝试了君主立宪制、议会制、多党制、总统制等各种制度模式，但都以失败而告终。

只有在中国共产党成立后，中国人民和中华民族才找到了实现民族独立、人民解放和国家富强、人民幸福的正确道路。新民主主义革命时期，我们党团结带领人民在根据地创建人民政权，探索建立新民主主义经济、政治、文化制度，为新中国建立人民当家作主的新型国家制度积累了宝贵经验。夺取全国政权后，我们党团结带领人民制定《共同纲领》、1954 年宪法，确定了国体、政体、国家结构形式，建立了国家政权组织体系。我们党进而团结带领人民进行社会主义改造，确立了社会主义基本制度，成功实现了中国历史上最深刻最伟大的社会变革，为当代中国一切发展进步奠定了根本政治前提和制度基础。改革开放以来，我们党团结带领人民开创了中国特色社会主义，不断完善中国特色社会主义制度和国家治理体系，使当代中国焕发出前所未有的生机活力。

总起来说，中国特色社会主义制度和国家治理体系是以马克思主义为指导、植根中国大地、具有深厚中华文化根基、深得人民拥护的制度和治理体系，是党和人民长期奋斗、接力探索、历尽千辛万苦、付出巨大代价取得的根本成就，我们必须倍加珍惜，毫不动摇坚持、与时俱进发展。

第二，中国特色社会主义制度和国家治理体系具有多方面的显著优势。全会系统总结我国国家制度和国家治理体系的发展成就和显著优势，目的就是推动全党全国各族人民坚定制度自信，使我国国家制度和国家治理体系多方面的显著优势更加充分地发挥出来。长期保持并不断增强这些优势，是我们在新时代坚持和完善中国特色社会主义制度、推进国家治理体系和治理能力现代化的努力方向。

看一个制度好不好、优越不优越，要从政治上、大的方面去评判和把握。邓小平同志 1980 年在《党和国家领导制度的改革》中说过，"我们进行社会主义现代化建设，是要在经济上赶上发达的资本主义国家，在政治上创造比资本主义国家的民主更高更切实的民主，并且造就比这些国家更多更优秀的人才"，"党和国家的各种制度究竟好不好，完善不完善，必须用是否有利于实现这三条来检验"。2014 年，我在庆祝全国人民代表大会成立 60 周年大会上也说过："评价一个国家政治制度是不是民主的、有效的，主要看国家领导层能否依法有序更替，全体人民能否依法管理国家事务和社会事务、管理经济和文化事业，人民群众能否畅通表达利益要求，社会各方面能否有效参与国家政治生活，国家决策能否实现科学化、民主化，各方面人才能否通过公平竞争进入国家领导和管理体系，执政党能否依照宪法法律规定实现对国家事务的领导，权力运用能否得到有效制约和监督。"

我国国家制度和国家治理体系之所以具有多方面的显著优势，很重要的一点就在于我们党在长期实践探索中，坚持把马克思主义基本原理同中国具体实际相结合，把开拓正确道路、发展科学理论、建设有效制度有机统一起来，用中国化的马克思主义、发展着的马克思主义指导国家制度和国家治理体系建设，不断深化对共产党执政规律、社会主义建设规律、人类社会发展规律的认识，及时把成功的实践经验转化为制度成果，使我国国家制度和国家治理体系既体现了科学社会主义基本原则，又具有鲜明的中国特色、民族特色、时代特色。

始终代表最广大人民根本利益，保证人民当家作主，体现人民共同意志，维护人民合法权益，是我国国家制度和国家治理体系的本质属性，也是我国国家制度和国家治理体系有效运行、充满活力的根本所在。我国国家制度和国家治理体系始终着眼于实现好、维护好、发展好最广大人民根本利益，着力保障和改善民生，使改革发展成果更多更公平惠及全体人民，因而可以有效避免出现党派纷争、利益集团偏私、少数政治"精英"操弄等现象，具有无可比拟的先进性。

我们从来不排斥任何有利于中国发展进步的他国国家治理经验，而是坚持以我为主、为我所用，去其糟粕、取其精华。比如，在社会主义建设时期，我国国家制度和国家治理体系就借鉴吸收了苏联的许多有益经验。改革开放以来，我们不断扩大对外开放，把社会主义制度和市场经济有机结合起来，既充分发挥市场在资源配置中的决定性作用，又更好发挥政府作用，极大解放和发展了社会生产力，极大解放和增强了社会活力。

科学社会主义和空想社会主义的一大区别，就在于它不是一成不变的教条，而是把社会主义看作一个不断完善和发展的实践过程。"文化大革命"结束后，邓小平同志说过："我们的党和人民浴血奋斗多年，建立了社会主义制度。尽管这个制度还不完善，又遭受了破坏，但是无论如何，社会主义制度总比弱肉强食、损人利己的资本主义制度好得多。我们的制度将一天天完善起来，它将吸收我们可以从世界各国吸收的进步因素，成为世界上最好的制度。这是资本主义所绝对不可能做到的。"[3] 40多年的改革开放有力推动中国特色社会主义制度和国家治理体系在革除体制机制弊端的过程中不断走向成熟，特别是党的十八大以来，我们全面深化改革，充分显示出我国国家制度和国家治理体系的强大自我完善能力。可以预期，随着全面深化改革向纵深推进，我国国家制度和国家治理体系必将在国际竞争中赢得更大的比较优势，展现出更为旺盛的生机活力。

第三，中国特色社会主义制度和国家治理体系具有丰富的实践成果。"听言不如观事，观事不如观行。"〔4〕我国国家制度和国家治理体系管不管用、有没有效，实践是最好的试金石。新中国成立 70 年来，我们党领导人民创造了世所罕见的两大奇迹。一是经济快速发展奇迹。我国大踏步赶上时代，用几十年时间走完了发达国家几百年走过的工业化进程，跃升为世界第二大经济体，综合国力、科技实力、国防实力、文化影响力、国际影响力显著提升，人民生活显著改善，中华民族以崭新姿态屹立于世界的东方。二是社会长期稳定奇迹。我国长期保持社会和谐稳定、人民安居乐业，成为国际社会公认的最有安全感的国家之一。可以说，在人类文明发展史上，除了中国特色社会主义制度和国家治理体系外，没有任何一种国家制度和国家治理体系能够在这样短的历史时期内创造出我国取得的经济快速发展、社会长期稳定这样的奇迹。

我们既要坚持好、巩固好经过长期实践检验的我国国家制度和国家治理体系，又要完善好、发展好我国国家制度和国家治理体系，不断把我国制度优势更好转化为国家治理效能。

我反复讲，鞋子合不合脚，只有穿的人才知道。中国特色社会主义制度好不好、优越不优越，中国人民最清楚，也最有发言权。我们在这个重大政治问题上一定要有定力、有主见，决不能自失主张、自乱阵脚。全党同志特别是各级领导干部做政治上的明白人，很重要的一条就是任何时候任何情况下都要坚定中国特色社会主义道路自信、理论自信、制度自信、文化自信，真正做到"千磨万击还坚劲，任尔东西南北风"[5]。

二、抓好全会精神贯彻落实

这次全会对坚持和完善中国特色社会主义制度、推进国家治理体系和治理能力现代化作出了全面部署，提出了明确要求。我们要科学谋划、精心组织，远近结合、整体推进，确保全会确定的各项目标任务全面落实到位。要抓好3件事，一是坚持和巩固，二是完善和发展，三是遵守和执行。

第一，毫不动摇坚持和巩固中国特色社会主义制度。中国特色社会主义制度是一个严密完整的科学制度体系，起四梁八柱作用的是根本制度、基本制度、重要制度，其中具有统领地位的是党的领导制度。党的领导制度是我国的根本领导制度。党的十八大以来，我们鲜明提出"中国特色社会主义最本质的特征是中国共产党领导，中国特色社会主义制度的最大优势是中国共产党领导，党是最高政治领导力量"。这次全会强调，"必须坚持党政军民学、东西南北中，党是领导一切的，坚决维护党中央权威，健全总揽全局、协调各方的党的领导制度体系，把党的领导落实到国家治理各领域各方面各环节"。这是党领导人民进行革命、建设、改革最可宝贵的经验。我们推进各方面制度建设、推动各项事业发展、加强和改进各方面工作，都必须坚持党的领导，自觉贯彻党总揽全局、协调各方的根本要求。

这次全会总结实践经验，在我们党已经明确的根本制度、基本制度、重要制度的基础上作出一些新的概括，比如，把社会主义基本经济制度确定为"公有制为主体、多种所有制经济共同发展，按劳分配为主体、多种分配方式并存，社会主义市场经济体制等社会主义基本经济制度"，明确提出"坚持马克思主义在意识形态领域指导地位的根本制度"，对中国特色社会主义法治体系、中国特色社会主义行政体制、繁荣发展社会主义先进文化的制度、统筹城乡的民生保障制度、共建共治共享的社会治理制度、生态文明制度体系、党对人民军队的绝对领导制度、"一国两制"制度体系、党和国家监督体系等也进一步作出阐述。

中国特色社会主义根本制度、基本制度、重要制度，是对党和国家各方面事业作出的制度安排。我们无论是编制发展规划、推进法治建设、制定政策措施，还是部署各项工作，都要遵照这些制度，不能有任何偏差。我们讲领导干部特别是高级干部要增强政治敏锐性和政治鉴别力、提高政治能力，很重要的一条就是必须坚定不移坚持这些制度，想问题、作决策、抓落实都要自觉对标对表。涉及方向性问题，必须以这些制度为准星。涉及制度层面的大是大非问题，必须旗帜鲜明、立场坚定，不能有丝毫含糊。各级党委（党组）发挥领导、把关作用，关键就是看所领导的地方、部门、单位在各项工作中是否执行和落实了这些制度。真正执行和落实了，方向上就没有问题，政治上就不会出问题。

第二，与时俱进完善和发展中国特色社会主义制度和国家治理体系。"万物得其本者生，百事得其道者成。"[6]随着中国特色社会主义进入新时代，我国发展处于新的历史方位，我国社会主要矛盾已经转化为人民日益增长的美好生活需要和不平衡不充分的发展之间的矛盾，我国国家治理面临许多新任务新要求，必然要求中国特色社会主义制度和国家治理体系更加完善、不断发展。

制度更加成熟更加定型是一个动态过程，治理能力现代化也是一个动态过程，不可能一蹴而就，也不可能一劳永逸。我们提出的国家制度和国家治理体系建设的目标必须随着实践发展而与时俱进，既不能过于理想化、急于求成，也不能盲目自满、故步自封。

宋代苏轼[7]在《思治论》中说："犯其至难而图其至远"。意思是，向最难之处攻坚，追求最远大的目标。这次全会提出的目标和任务，很多都是我国国家制度和国家治理体系建设中的空白点和薄弱点，具有鲜明的问题导向。在实际工作中，必须突出坚持和完善支撑中国特色社会主义制度的根本制度、基本制度、重要制度，着力固根基、扬优势、补短板、强弱项，构建系统完备、科学规范、运行有效的制度体系。

贯彻落实全会精神，必须紧密结合已经部署的各项改革任务，形成一体推动、一体落实的有效工作机制。既要排查梳理之前各项改革任务的完成情况，已经完成的要巩固深化，尚未完成的要继续推进，又要把这次全会部署的任务及时纳入工作日程，实现有机衔接和贯通，确保取得扎扎实实的成效。

　　各级党委（党组）要在党中央统一领导下，紧密结合本地区本部门本单位实际，推进制度创新和治理能力建设，抓紧就党中央明确的国家治理急需的制度、满足人民对美好生活新期待必备的制度进行研究和部署。要鼓励基层大胆创新、大胆探索，及时对基层创造的行之有效的治理理念、治理方式、治理手段进行总结和提炼，不断推动各方面制度完善和发展。需要强调的是，各地区各部门各单位进行制度创新和治理能力建设既要积极主动，又要遵循党中央统一部署和国家法律制度规定，不能不讲规制，不能不守章法，更不能草率行事，关键是把全会确定的目标任务落到实处。

　　第三，严格遵守和执行制度。制度的生命力在于执行。有的人对制度缺乏敬畏，根本不按照制度行事，甚至随意更改制度；有的人千方百计钻制度空子、打擦边球；有的人不敢也不愿遵守制度，甚至极力逃避制度的监管，等等。因此，必须强化制度执行力，加强对制度执行的监督。

　　各级党委和政府以及各级领导干部要切实强化制度意识，带头维护制度权威，做制度执行的表率，确保党和国家重大决策部署、重大工作安排都按照制度要求落到实处，切实防止各自为政、标准不一、宽严失度等问题的发生，充分发挥制度指引方向、规范行为、提高效率、维护稳定、防范化解风险的重要作用。要构建全覆盖的制度执行监督机制，把制度执行和监督贯穿区域治理、部门治理、行业治理、基层治理、单位治理的全过程，坚决杜绝制度执行上做选择、搞变通、打折扣的现象，严肃查处有令不行、有禁不止、阳奉阴违的行为，确保制度时时生威、处处有效。要把提高治理能力作为新时代干部队伍建设的重大任务，引导广大干部提高运用制度干事创业能力，严格按照制度履行职责、行使权力、开展工作。

各级党组织特别是党委宣传部门要组织开展中国特色社会主义制度宣传教育，引导全党全社会充分认识中国特色社会主义制度的本质特征和优越性，充分认识中国特色社会主义制度和国家治理体系经过长期实践检验，来之不易，必须倍加珍惜；完善和发展我国国家制度和国家治理体系，必须坚持从国情出发、从实际出发，既把握长期形成的历史传承，又把握党和人民在我国国家制度建设和国家治理方面走过的道路、积累的经验、形成的原则，不能照抄照搬他国制度模式。要把制度自信教育贯穿国民教育全过程，把制度自信的种子播撒进青少年心灵。要积极创新话语体系、提升传播能力，面向海内外讲好中国制度的故事，不断增强我国国家制度和国家治理体系的说服力和感召力。

各级党委（党组）要按照党中央部署，精心组织好全会精神宣讲，有针对性地向广大干部群众做好分层分类宣传教育，确保全会精神深入人心。要加强对全会精神贯彻落实情况的监督检查。中央有关方面要及时掌握各地区各部门相关工作进展情况，适时向党中央报告。要注意总结各地区各部门贯彻落实全会精神的好做法好经验。中央深改委要统筹抓好这次全会部署的各项改革任务的落实。

同志们！坚持和完善中国特色社会主义制度、推进国家治理体系和治理能力现代化既是一项长期战略任务，又是一个重大现实课题，我们要增强政治责任感和历史使命感，坚定信心，保持定力，锐意进取，开拓创新，完成好这次全会确定的各项任务，为实现"两个一百年"奋斗目标、实现中华民族伟大复兴的中国梦提供有力保证。

注　释

〔1〕见《商君书·壹言》。

〔2〕见马克思、恩格斯《时评。1850年1—2月》（《马克思恩格斯全集》第10卷，人民出版社1998年版，第277页）。

〔3〕见邓小平《党和国家领导制度的改革》（《邓小平文选》第2卷，人民出版社1994年版，第337页）。

〔4〕见魏晋时期傅玄《傅子·通志》。

〔5〕见清代郑燮《竹石》。

〔6〕见西汉刘向《说苑·谈丛》。

〔7〕苏轼（1036—1101），即苏东坡，眉州眉山（今属四川）人。北宋文学家、书画家。

四、坚持以人民为中心

我们的目标就是让全体中国人都过上更好的日子*

（2017 年 11 月 30 日）

中国发展道路，就是中国特色社会主义道路。我们走这条道路，是历史的选择、人民的选择。新中国成立后，特别是改革开放近 40 年来，中国发生了翻天覆地的变化，已经成为世界第二大经济体，13 亿人民生活不断改善，7 亿多人实现脱贫。实践是检验真理的唯一标准。中国取得的历史性成就，坚定了我们坚持中国特色社会主义道路、理论、制度、文化的信心。我在中共十九大报告中指出，经过几十年的发展，中国特色社会主义进入了新时代。中国社会主要矛盾已经转化为人民日益增长的美好生活需要和不平衡不充分的发展之间的矛盾。以前我们要解决"有没有"的问题，现在则要解决"好不好"的问题。我们要着力提升发展质量和效益，更好满足人民多方面日益增长的需要，更好促进人的全面发展、全体人民共同富裕。到 2050 年，我们要把中国建成富强民主文明和谐美丽的社会主义现代化强国。

---

* 这是习近平在会见出席"2017 从都国际论坛"的世界领袖联盟成员时的讲话要点。

　　中共十九大对中国经济建设、政治建设、文化建设、社会建设、生态文明建设作出了全面部署。我们提出坚持以人民为中心的发展思想，深入贯彻创新、协调、绿色、开放、共享的新发展理念。我们将通过全面深化改革，大力激发全社会创造力，持续释放发展活力。我们将实施更高层次的对外开放，推动形成全面开放新格局。中国不会关门，会把门开得更大。我们的目标很宏伟，但也很朴素，归根结底就是让全体中国人都过上更好的日子。我们有充分的信心实现我们的目标。

人民是我们党执政的最大底气[*]

（2018 年 3 月 1 日— 2019 年 12 月 27 日）

一

人民是历史的创造者，是决定党和国家前途命运的根本力量。我们党来自人民、植根人民、服务人民，一旦脱离群众，就会失去生命力。我们要向周恩来同志学习，坚持立党为公、执政为民，自觉践行全心全意为人民服务的根本宗旨，把党的群众路线贯彻到治国理政全部活动之中，把人民对美好生活的向往作为奋斗目标，依靠人民创造历史伟业。

（2018 年 3 月 1 日在纪念周恩来同志诞辰 120 周年座谈会上的讲话）

二

要抓住人民最关心最直接最现实的利益问题，把人民群众的小事当作我们的大事，从人民群众关心的事情做起，从让人民满意的事情抓起，加强全方位就业服务，高度重视困

---

[*] 这是习近平 2018 年 3 月 1 日至 2019 年 12 月 27 日期间有关人民是我们党执政的最大底气论述的节录。

难群众帮扶救助工作，加快建成多层次社会保障体系，加强社区治理体系建设，坚持精准扶贫精准脱贫，推进民生保障精准化精细化。

（2018年4月24日—28日在湖北考察时的讲话要点）

三

我们要始终把人民立场作为根本立场，把为人民谋幸福作为根本使命，坚持全心全意为人民服务的根本宗旨，贯彻群众路线，尊重人民主体地位和首创精神，始终保持同人民群众的血肉联系，凝聚起众志成城的磅礴力量，团结带领人民共同创造历史伟业。这是尊重历史规律的必然选择，是共产党人不忘初心、牢记使命的自觉担当。

（2018年5月4日在纪念马克思诞辰200周年大会上的讲话）

四

我们是全心全意为人民服务的党，追求老百姓的幸福。路很长，我们肩负的责任很重，这方面不能有一劳永逸、可以歇歇脚的思想。唯有坚定不移、坚忍不拔、坚持不懈，才能无愧于时代、不负人民。

（2019年4月15日—17日在重庆考察并主持召开解决"两不愁三保障"突出问题座谈会时的讲话）

五

人民是我们党执政的最大底气，是我们共和国的坚实根基，是我们强党兴国的根本所在。我们党来自于人民，为人民而生，因人民而兴，必须始终与人民心心相印、与人民同甘共苦、与人民团结奋斗。每个共产党员都要弄明白，党除了人民利益之外没有自己的特殊利益，党的一切工作都是为了实现好、维护好、发展好最广大人民根本利益；人民是历史的创造者、人民是真正的英雄，必须相信人民、依靠人民；我们永远是劳动人民的普通一员，必须保持同人民群众的血肉联系。

（2019年5月31日在"不忘初心、牢记使命"主题教育工作会议上的讲话）

六

人民是党执政的最大底气，也是党执政最深厚的根基。正是从这个意义上讲，民心是最大的政治。党员、干部初心变没变、使命记得牢不牢，要由群众来评价、由实践来检验。各级领导干部要牢记全心全意为人民服务的宗旨，始终把人民安居乐业、安危冷暖放在心上，时刻把群众的困难和诉求记在心里，努力办好各项民生事业。

（2019年7月15日—16日在内蒙古考察并指导开展"不忘初心、牢记使命"主题教育时的讲话要点）

七

不忘初心、牢记使命，说到底是为什么人、靠什么人的问题。以百姓心为心，与人民同呼吸、共命运、心连心，是党的初心，也是党的恒心。想问题、作决策、办事情都要站在群众的立场上，通过各种途径了解群众的意见和要求、批评和建议，真抓实干解民忧、纾民怨、暖民心，让人民群众获得感、幸福感、安全感更加充实、更有保障、更可持续。

（2019 年 12 月 26 日—27 日在主持中共中央政治局"不忘初心、牢记使命"专题民主生活会时的讲话要点）

始终把人民放在心中最高位置[*]

（2018 年 3 月 20 日）

这次大会选举我继续担任中华人民共和国主席，我对各位代表和全国各族人民给予我的信任，表示衷心的感谢！

担任中华人民共和国主席这一崇高职务，使命光荣，责任重大。我将一如既往，忠实履行宪法赋予的职责，忠于祖国，忠于人民，恪尽职守，竭尽全力，勤勉工作，赤诚奉献，做人民的勤务员，接受人民监督，决不辜负各位代表和全国各族人民的信任和重托！

一切国家机关工作人员，无论身居多高的职位，都必须牢记我们的共和国是中华人民共和国，始终要把人民放在心中最高的位置，始终全心全意为人民服务，始终为人民利益和幸福而努力工作。

人民是历史的创造者，人民是真正的英雄。波澜壮阔的中华民族发展史是中国人民书写的！博大精深的中华文明是中国人民创造的！历久弥新的中华民族精神是中国人民培育的！中华民族迎来了从站起来、富起来到强起来的伟大飞跃是中国人民奋斗出来的！

＊ 这是习近平在十三届全国人大一次会议上讲话的一部分。

中国人民的特质、禀赋不仅铸就了绵延几千年发展至今的中华文明，而且深刻影响着当代中国发展进步，深刻影响着当代中国人的精神世界。中国人民在长期奋斗中培育、继承、发展起来的伟大民族精神，为中国发展和人类文明进步提供了强大精神动力。

——中国人民是具有伟大创造精神的人民。在几千年历史长河中，中国人民始终辛勤劳作、发明创造，我国产生了老子、孔子、庄子、孟子、墨子、孙子、韩非子[1]等闻名于世的伟大思想巨匠，发明了造纸术、火药、印刷术、指南针等深刻影响人类文明进程的伟大科技成果，创作了诗经、楚辞、汉赋、唐诗、宋词、元曲、明清小说等伟大文艺作品，传承了格萨尔王、玛纳斯、江格尔[2]等震撼人心的伟大史诗，建设了万里长城、都江堰、大运河、故宫、布达拉宫等气势恢弘的伟大工程。今天，中国人民的创造精神正在前所未有地迸发出来，推动我国日新月异向前发展，大踏步走在世界前列。我相信，只要13亿多中国人民始终发扬这种伟大创造精神，我们就一定能够创造出一个又一个人间奇迹！

——中国人民是具有伟大奋斗精神的人民。在几千年历史长河中，中国人民始终革故鼎新、自强不息，开发和建设了祖国辽阔秀丽的大好河山，开拓了波涛万顷的辽阔海疆，开垦了物产丰富的广袤粮田，治理了桀骜不驯的千百条大江大河，战胜了数不清的自然灾害，建设了星罗棋布的城镇乡村，发展了门类齐全的产业，形成了多姿多彩的生活。中国人民自古就明白，世界上没有坐享其成的好事，要幸福就要奋斗。今天，中国人民拥有的一切，凝聚着中国人的聪明才智，浸透着中国人的辛勤汗水，蕴涵着中国人的巨大牺牲。我相信，只要13亿多中国人民始终发扬这种伟大奋斗精神，我们就一定能够达到创造人民更加美好生活的宏伟目标！

——中国人民是具有伟大团结精神的人民。在几千年历史长河中，中国人民始终团结一心、同舟共济，建立了统一的多民族国家，发展了56个民族多元一体、交织交融的融洽民族关系，形成了守望相助的中华民族大家庭。特别是近代以后，在外来侵略寇急祸重的严峻形势下，我国各族人民手挽着手、肩并着肩，英勇奋斗，浴血奋战，打败了一切穷凶极恶的侵略者，捍卫了民族独立和自由，共同书写了中华民族保卫祖国、抵御外侮的壮丽史诗。今天，中国取得的令世人瞩目的发展成就，更是全国各族人民同心同德、同心同向努力的结果。中国人民从亲身经历中深刻认识到，团结就是力量，团结才能前进，一个四分五裂的国家不可能发展进步。我相信，只要13亿多中国人民始终发扬这种伟大团结精神，我们就一定能够形成勇往直前、无坚不摧的强大力量！

——中国人民是具有伟大梦想精神的人民。在几千年历史长河中，中国人民始终心怀梦想、不懈追求，我们不仅形成了小康生活的理念，而且秉持天下为公的情怀，盘古开天、女娲补天、伏羲画卦、神农尝草、夸父追日、精卫填海、愚公移山等我国古代神话深刻反映了中国人民勇于追求和实现梦想的执着精神。中国人民相信，山再高，往上攀，总能登顶；路再长，走下去，定能到达。近代以来，实现中华民族伟大复兴成为中华民族最伟大的梦想，中国人民百折不挠、坚忍不拔，以同敌人血战到底的气概、在自力更生的基础上光复旧物的决心、自立于世界民族之林的能力，为实现这个伟大梦想进行了 170 多年的持续奋斗。今天，中国人民比历史上任何时期都更接近、更有信心和能力实现中华民族伟大复兴。我相信，只要 13 亿多中国人民始终发扬这种伟大梦想精神，我们就一定能够实现中华民族伟大复兴！

同志们！有这样伟大的人民，有这样伟大的民族，有这样的伟大民族精神，是我们的骄傲，是我们坚定中国特色社会主义道路自信、理论自信、制度自信、文化自信的底气，也是我们风雨无阻、高歌行进的根本力量！

我国是工人阶级领导的、以工农联盟为基础的人民民主专政的社会主义国家，国家一切权力属于人民。我们必须始终坚持人民立场，坚持人民主体地位，虚心向人民学习，倾听人民呼声，汲取人民智慧，把人民拥护不拥护、赞成不赞成、高兴不高兴、答应不答应作为衡量一切工作得失的根本标准，着力解决好人民最关心最直接最现实的利益问题，让全体中国人民和中华儿女在实现中华民族伟大复兴的历史进程中共享幸福和荣光！

注　　释

〔1〕老子，相传即老聃，姓李名耳，楚国苦县（今河南鹿邑东）人，春秋时期思想家，道家创始人。孔子（前 551—前 479），名丘，字仲尼，鲁国陬邑（今山东曲阜）人，春秋时期思想家、教育家、政治家，儒家创始人。庄子（前 369—前 286），名周，宋国蒙（今河南商丘东北）人，战国时期哲学家，道家学派的代表人物。孟子（约前 372—前 289），名轲，

字子舆，邹（今山东邹城东南）人，战国时期哲学家、思想家、教育家。墨子（约前468—前376），名翟，战国时期思想家、政治家，墨家创始人。孙子，即孙武，字长卿，齐国人，春秋末期军事学家。韩非子（约前280—前233），即韩非，韩国人，战国时期法家学说的集大成者和法家学派的主要代表。

〔2〕格萨尔王，中国藏族英雄史诗。玛纳斯，中国柯尔克孜族英雄史诗。江格尔，中国蒙古族英雄史诗。

我将无我，不负人民*

（2019 年 3 月 22 日）

这么大一个国家，责任非常重、工作非常艰巨。我将无我，不负人民。我愿意做到一个"无我"的状态，为中国的发展奉献自己。

一个举重运动员，最开始只能举起 50 公斤的杠铃，经过训练，最后可以举起 250 公斤。我相信可以通过我的努力、通过全中国 13 亿多人民勠力同心来担起这副重担，把国家建设好。我有这份自信，中国人民有这份自信。

2017 年 10 月 18 日，习近平在中国共产党第十九次全国代表大会上作报告。

2017 年 10 月 31 日，习近平带领中共中央政治局常委李克强、栗战书、汪洋、王沪宁、赵乐际、韩正，在上海中共一大会址纪念馆重温入党誓词。

2018 年 1 月 3 日，习近平视察中部战区陆军某师时，同该师侦察英雄杨子荣生前所在连官兵交谈。

2018年2月12日，习近平在四川成都市主持召开打好精准脱贫攻坚战座谈会。这是11日，习近平在凉山彝族自治州昭觉县三岔河乡三河村节列俄阿木家中，同村民代表、驻村扶贫工作队员围坐火塘边，共谋精准脱贫之策。

2018 年 3 月 17 日，习近平在第十三届全国人民代表大会
第一次会议上当选中华人民共和国主席、中华人民共和国
中央军事委员会主席。这是习近平进行宪法宣誓。

2018 年 4 月 26 日，习近平在湖北武汉市主持召开深入推动长江经济带发展座谈会并发表讲话。这是 25 日，习近平在湖南岳阳城陵矶水文站考察。

2018 年 9 月 25 日至 28 日，习近平在东北三省考察并主持召开深入
推进东北振兴座谈会。这是 25 日，习近平在黑龙江农垦建三江管理局
七星农场万亩大地号与农场工人交谈。

2018 年 10 月 23 日，习近平在广东珠海市出席港珠澳大桥开通仪式，宣布大桥正式开通。

2018年12月18日，庆祝改革开放40周年大会在北京人民大会堂举行。
这是习近平同李克强、栗战书、江洋、王沪宁、赵乐际、韩正、王岐山等
出席大会。

2019 年 1 月 2 日，《告台湾同胞书》发表 40 周年纪念会在北京
人民大会堂举行。习近平出席纪念会并发表讲话。

2019 年 1 月 17 日，习近平在南开大学元素有机化学国家重点实验室同师生交流。

2019 年 2 月 1 日，习近平在北京慰问考察时，临时下车来到前门石头胡同的快递服务点，看望仍在工作的"快递小哥"，了解他们工作和生活情况，并祝他们春节快乐。

2019 年 4 月 15 日至 17 日，习近平在重庆考察并主持召开解决"两不愁三保障"突出问题座谈会。这是 15 日，习近平在石柱土家族自治县中益乡小学同学们交谈。

2019 年 5 月 20 日，在中共中央即将对"不忘初心、牢记使命"主题教育作出部署之际，习近平来到江西赣州市于都县，向中央红军长征出发纪念碑敬献花篮。

2019 年 5 月 21 日，正在江西考察调研的习近平在南昌市主持召开推动中部地区崛起工作座谈会，听取有关地方和中央有关部门负责同志工作汇报，并发表讲话。

2019 年 8 月 21 日，习近平在甘肃武威市古浪县八步沙林场察看林场
整体风貌，听取武威市防沙治沙整体情况汇报和八步沙林场"六老汉"
三代人治沙造林事迹。

2019 年 8 月 21 日，习近平在甘肃兰州市黄河治理兰铁泵站项目点了解黄河治理和保护、堤坝加固防洪工程建设等情况。

2019 年 9 月 12 日，习近平视察中共中央北京香山革命纪念地，参观《为新中国奠基》主题展览。

2019 年 9 月 25 日，习近平出席北京大兴国际机场投运仪式，宣布机场正式投运并巡览航站楼。这是习近平看望参与机场建设和运营的工作人员代表。

2019 年 9 月 29 日，中华人民共和国国家勋章和国家荣誉称号颁授仪式在北京人民大会堂举行。这是习近平同国家勋章和国家荣誉称号获得者一同步入会场。

2019 年 10 月 1 日，庆祝中华人民共和国成立 70 周年大会在北京天安门广场举行。这是习近平检阅受阅部队。

2019 年 12 月 16 日，习近平在中南海会见来京述职的香港特别行政区行政长官林郑月娥。

2019 年 12 月 17 日，中国第一艘国产航空母舰山东舰在海南三亚某军港交付海军。习近平出席交接入列仪式并登舰视察。这是仪式结束后，习近平登上山东舰，检阅仪仗队。

2019 年 12 月 20 日，庆祝澳门回归祖国 20 周年大会暨澳门特别行政区第五届政府就职典礼在澳门东亚运动会体育馆举行。习近平出席并发表讲话。这是习近平监誓，澳门特别行政区第五任行政长官贺一诚宣誓就职。

五、决胜全面建成小康社会，决战脱贫攻坚

全面完成决胜全面建成
小康社会各项任务[*]

（2017 年 10 月 25 日）

　　全面完成决胜全面建成小康社会各项任务，不断提高社会主义现代化建设水平。决胜全面建成小康社会，为全面建成小康社会圆满收官，是当前和今后一个时期党和国家的首要任务。党的十九大进一步明确了我们党对如期全面建成小康社会的承诺。从时间看，3 年多时间并不长，转瞬即过，时间紧迫，时间不等人。从要求看，全面建成小康社会要得到人民认可、经得起历史检验，必须做到实打实、不掺任何水分。从任务看，抓重点、补短板、强弱项还有不少难关要过，特别是要坚决打好防范化解重大风险、精准脱贫、污染防治的攻坚战。完成非凡之事，要有非凡之精神和行动。决胜就是冲锋号，就是总动员。在新时代的征程上，全党同志一定要按照党的十九大对经济建设、政治建设、文化建设、社会建设、生态文明建设等作出的部署，全面完成各项任务，确保如期全面建成小康社会，并在此基础上乘势而上，开启全面建设社会主义现代化国家新征程。

＊ 这是习近平在中共十九届一中全会上讲话的一部分。

谱写人类反贫困历史新篇章*

（2018 年 2 月 12 日）

党的十八大以来，党中央从全面建成小康社会要求出发，把扶贫开发工作纳入"五位一体"总体布局、"四个全面"战略布局，作为实现第一个百年奋斗目标的重点任务，作出一系列重大部署和安排，全面打响脱贫攻坚战。脱贫攻坚力度之大、规模之广、影响之深，前所未有，取得了决定性进展，显著改善了贫困地区和贫困群众生产生活条件，谱写了人类反贫困历史新篇章。

第一，创造了我国减贫史上最好成绩。全国现行标准下的农村贫困人口由 2012 年底的 9899 万人减少到 2017 年底的 3046 万人，5 年累计减贫 6853 万人，减贫幅度达到 70% 左右。贫困发生率由 2012 年底的 10.2% 下降到 2017 年底的 3.1%，下降 7.1 个百分点。年均脱贫人数 1370 万人，是 1994 年至 2000 年"八七扶贫攻坚计划"[1] 实施期间年均脱贫人数 639 万的 2.14 倍，是 2001 年至 2010 年第一个十年扶贫纲要实施期间年均脱贫人数 673 万的 2.04 倍，也打破了以往新标准实施后脱贫人数逐年递减的格局。贫困县数量实现了首次

---

* 这是习近平在打好精准脱贫攻坚战座谈会上讲话的一部分。

减少，2016 年有 28 个贫困县脱贫摘帽，初步评估，2017 年考核验收结束后还会有 100 个贫困县退出，解决区域性整体贫困迈出坚实步伐。

第二，促进了贫困地区加快发展。我们加强产业扶贫，贫困地区特色优势产业和旅游扶贫、光伏扶贫、电商扶贫等新业态快速发展，增强了贫困地区内生发展活力和动力。通过生态扶贫、易地扶贫搬迁、退耕还林等，贫困地区生态环境明显改善，实现了生态保护和扶贫脱贫一个战场、两场战役的双赢。通过基础设施和公共服务建设，贫困地区特别是农村基础条件明显改善，改变了贫困地区整体面貌。通过组织开展贫困识别和贫困退出、扶贫项目实施，贫困地区基层治理能力和管理水平明显提高，增强了农村基层党组织凝聚力和战斗力。通过选派第一书记和驻村工作队，锻炼了机关干部，培养了农村人才。全国累计选派 43.5 万名干部担任第一书记，派出 277.8 万名干部驻村帮扶。目前，在岗第一书记 19.5 万名、驻村干部 77.5 万名。这些同志肩负重任，同当地基层干部并肩战斗，带领贫困群众脱贫致富，用自己的辛苦换来贫困群众的幸福，有的甚至献出了宝贵生命，诠释了扶贫干部的担当和情怀。

第三，构筑了全社会扶贫强大合力。我们坚持政府投入的主体和主导作用，深入推进东西部扶贫协作、党政机关定点扶贫、军队和武警部队扶贫、社会力量参与扶贫。中央财政专项扶贫资金年均增长 22.7%，省级财政专项扶贫资金年均增长 26.9%。贫困县统筹整合财政涉农资金用于脱贫攻坚，累计整合 5296 亿元。金融部门安排易地扶贫搬迁专项贷款 3500 亿元，扶贫小额信贷累计发放 4300 多亿元，扶贫再贷款累计发放 1600 多亿元。贫困地区建设用地增减挂钩节余指标流转，累计收益 460 多亿元。东西部扶贫协作，342 个东部经济较发达县结对帮扶 570 个西部贫困县，促进了西部地区脱贫攻坚和区域协调发展。定点扶贫畅通了党政机关特别是中央和国家机关了解农村和贫困地区的渠道，推进了作风转变和干部培养。社会各界广泛参与扶贫，中央企业开展贫困革命老区"百县万村"帮扶行动，民营企业开展"万企帮万村"精准扶贫行动。到 2017 年底全国已有 4.62 万家民营企业帮扶 5.12 万个村，投资 527 亿元实施产业扶贫项目，捐资 109 亿元开展公益帮扶，带动和惠及 620 多万建档立卡贫困人口。在四川凉山，中国光彩会组织 500 多名知名民营企业家参加精准扶贫行动，促成合作项目 149 个，合同金额2037 亿元，向凉山州捐赠公益资金 4000 多万元。这些活动既有力推动了贫困村和贫困群众脱贫致富，又弘扬了中华民族扶贫济困的优良传统。

前不久，中铁隧道局集团参加成昆铁路扩能改造工程建设的 20 名青年党员给我来信。信中说，50 多年前，他们很多人的父亲或爷爷参加了成昆铁路难度最大的沙木拉打隧道建设，那一辈铁路建设者不畏艰险、不怕牺牲，以敢叫高山低头、河水让路的豪迈气概，把天堑变成了通途，创造了世界铁路建设史上的奇迹。今天，他们接过先辈的旗帜，承担了新成昆铁路全线最长、难度最高的小相岭隧道建设重任，决心传承好老成昆精神，不忘初心、砥砺前行，使铁路早日成为沿线人民脱贫致富的"加速器"。他们的来信，让我感受到了青年一代对祖国和人民的担当和忠诚，读了很是欣慰。

第四，建立了中国特色脱贫攻坚制度体系。我们加强党对脱贫攻坚工作的全面领导，建立各负其责、各司其职的责任体系，精准识别、精准脱贫的工作体系，上下联动、统一协调的政策体系，保障资金、强化人力的投入体系，因地制宜、因村因户因人施策的帮扶体系，广泛参与、合力攻坚的社会动员体系，多渠道全方位的监督体系和最严格的考核评估体系，为脱贫攻坚提供了有力制度保障。这个制度体系中，根本的是中央统筹、省负总责、市县抓落实的管理体制，从中央到地方逐级签订责任书，明确目标，增强责任，强化落实。这些制度成果，为全球减贫事业贡献了中国智慧和中国方案。

在脱贫攻坚的伟大实践中，我们积累了许多宝贵经验，主要包括以下几个方面。

一是坚持党的领导，强化组织保证。脱贫攻坚，加强领导是根本。必须坚持发挥各级党委总揽全局、协调各方的作用，落实脱贫攻坚一把手负责制，省市县乡村五级书记一起抓，为脱贫攻坚提供坚强政治保证。

二是坚持精准方略，提高脱贫实效。脱贫攻坚，精准是要义。必须坚持精准扶贫、精准脱贫，坚持扶持对象精准、项目安排精准、资金使用精准、措施到户精准、因村派人（第一书记）精准、脱贫成效精准等"六个精准"，解决好扶持谁、谁来扶、怎么扶、如何退问题，不搞大水漫灌，不搞"手榴弹炸跳蚤"，因村因户因人施策，对症下药、精准滴灌、靶向治疗，扶贫扶到点上扶到根上。

三是坚持加大投入，强化资金支持。脱贫攻坚，资金投入是保障。必须坚持发挥政府投入主体和主导作用，增加金融资金对脱贫攻坚的投放，发挥资本市场支持贫困地区发展作用，吸引社会资金广泛参与脱贫攻坚，形成脱贫攻坚资金多渠道、多样化投入。

四是坚持社会动员，凝聚各方力量。脱贫攻坚，各方参与是合力。必须坚持充分发挥政府和社会两方面力量作用，构建专项扶贫、行业扶贫、社会扶贫互为补充的大扶贫格局，调动各方面积极性，引领市场、社会协同发力，形成全社会广泛参与脱贫攻坚格局。

五是坚持从严要求，促进真抓实干。脱贫攻坚，从严从实是要领。必须坚持把全面从严治党要求贯穿脱贫攻坚工作全过程和各环节，实施经常性的督查巡查和最严格的考核评估，确保脱贫过程扎实、脱贫结果真实，使脱贫攻坚成效经得起实践和历史检验。

六是坚持群众主体，激发内生动力。脱贫攻坚，群众动力是基础。必须坚持依靠人民群众，充分调动贫困群众积极性、主动性、创造性，坚持扶贫和扶志、扶智相结合，正确处理外部帮扶和贫困群众自身努力关系，培育贫困群众依靠自力更生实现脱贫致富意识，培养贫困群众发展生产和务工经商技能，组织、引导、支持贫困群众用自己辛勤劳动实现脱贫致富，用人民群众的内生动力支撑脱贫攻坚。

以上这些经验弥足珍贵，要长期坚持并不断完善和发展。

注　释

〔**1**〕1994 年 4 月 15 日，国务院印发《国家八七扶贫攻坚计划》。这计划提出，从 1994 年到 2000 年，集中人力、物力、财力，动员社会各界力量，力争用 7 年左右的时间，基本解决当时全国农村 8000 万贫困人口的温饱问题。

全面打好脱贫攻坚战[*]

（2018 年 2 月 12 日）

党的十九大对打好脱贫攻坚战作出总体部署，中央经济工作会议、中央农村工作会议和全国扶贫开发工作会议作出了具体安排。要按照这些部署和安排，把提高脱贫质量放在首位，聚焦深度贫困地区，扎实推进各项工作，全面打好脱贫攻坚战。

第一，加强组织领导。脱贫攻坚是一场必须打赢打好的硬仗，是我们党向全国人民作出的庄严承诺。一诺千金。党的十八大以来，各省区市党政一把手向中央签军令状的，只有脱贫攻坚这一项工作。各级党政干部特别是一把手，必须增强政治担当和责任担当，以高度的历史使命感亲力亲为抓。这里，我还要强调，贫困县党委和政府对脱贫攻坚负主体责任，党政一把手是第一责任人，攻坚期内干部队伍要保持稳定，把主要精力用在脱贫攻坚上。对于不能胜任的要及时撤换，对于弄虚作假的要坚决问责。中央有关部门要研究制定脱贫攻坚战行动计划，明确三年攻坚战的时间表和路线图，为打好脱贫攻坚战提供导向。

＊ 这是习近平在打好精准脱贫攻坚战座谈会上讲话的一部分。

第二，坚持目标标准。脱贫攻坚的目标就是要做到"两个确保"：确保现行标准下的农村贫困人口全部脱贫，消除绝对贫困；确保贫困县全部摘帽，解决区域性整体贫困。扶贫标准是确定扶贫对象、制定帮扶措施、考核脱贫成果的重要"度量衡"。党中央反复强调，脱贫攻坚期内，扶贫标准就是稳定实现贫困人口"两不愁三保障"[1]、贫困地区基本公共服务领域主要指标接近全国平均水平。要始终坚持，不能偏离，既不能降低标准、影响质量，也不要调高标准、吊高胃口。

第三，强化体制机制。要落实好中央统筹、省负总责、市县抓落实的管理体制。中央统筹，就是要做好顶层设计，主要是管两头，一头是在政策、资金等方面为地方创造条件，另一头是加强脱贫效果监管。省负总责，就是要做到承上启下，把党中央大政方针转化为实施方案，加强指导和督导，促进工作落地。市县抓落实，就是要因地制宜，从当地实际出发，推动脱贫攻坚各项政策措施落地生根。要改进考核评估机制，根据脱贫攻坚进展情况不断完善，让省负总责既体现在工作要求和责任上，也体现在考核上。要改进第三方评估方式，缩小范围，简化程序，主要评估"两不愁三保障"实现情况。对贫困县退出的专项评估检查，交由省里组织，中央结合督查巡查进行抽查，确保退出真实性。要改进约谈省级领导方式，今年再集中搞一次，以后常态化，随时发现问题随时约谈。

第四，牢牢把握精准。打好脱贫攻坚战，成败在于精准。建档立卡要继续完善，重点是加强数据共享和数据分析，为宏观决策和工作指导提供支撑。精准施策要深入推进，按照因地制宜、因村因户因人施策的要求，扎实做好产业扶贫、易地扶贫搬迁、就业扶贫、危房改造、教育扶贫、健康扶贫、生态扶贫等精准扶贫重点工作。这里特别要强调产业扶贫和易地扶贫搬迁。产业增收是脱贫攻坚的主要途径和长久之策，现在贫困群众吃穿不愁，农业产业要注重长期培育和发展，防止急功近利。易地扶贫搬迁，国家投入的资金最多。目前，要重点防止为整体搬迁而搬迁，把不该搬的一般农户搬了，而应该搬的贫困户却没有搬。今后3年，要先把建档立卡贫困人口中需要搬迁的应搬尽搬，同步搬迁的逐步实施。对目前不具备搬迁安置条件的贫困人口，要先解决他们"两不愁三保障"问题，今后可结合实施乡村振兴战略，压茬推进，通过实施生态搬迁和有助于稳定脱贫、逐步致富的其他搬迁，继续稳步推进。

第五，完善资金管理。扶贫资金量大、面广、点多、线长，监管难度大，社会各方面关注高。要强化监管，做到阳光扶贫、廉洁扶贫。要增加投入，确保扶贫投入同脱贫攻坚目标任务相适应。要加强资金整合，理顺涉农资金管理体系，确保整合资金围绕脱贫攻坚项目精准使用，提高使用效率和效益。要建立县级脱贫攻坚项目库，加强项目论证和储备，防止资金闲置和损失浪费。要健全公告公示制度，省、市、县扶贫资金分配结果一律公开，乡、村两级扶贫项目安排和资金使用情况一律公告公示，接受群众和社会监督。要加大惩治力度，对扶贫领域腐败问题，发现一起，严肃查处问责一起，绝不姑息迁就！

第六，加强作风建设。党中央已经明确，将 2018 年作为脱贫攻坚作风建设年。要坚持问题导向，集中力量解决脱贫领域"四个意识"不强、责任落实不到位、工作措施不精准、资金管理使用不规范、工作作风不扎实、考核评估不严格等突出问题。要建立长效机制，对脱贫领域的突出问题，一经举报，要追查到底。对查实的典型案件，要坚决予以曝光，严肃追究责任。对发现的作风问题，要举一反三，完善政策措施，加强制度建设，扎紧制度笼子。

第七，组织干部轮训。打好脱贫攻坚战，关键在人，在人的观念、能力、干劲。贫困地区最缺的是人才。近年来，我们向贫困地区选派了大批干部和人才，但从长远看，无论怎么加强外部人才支持，派去的人总是有限的，关键还是要靠本地干部队伍和人才。今年，要突出抓好各级扶贫干部学习培训工作，中央层面要重点对省级负责同志开展轮训，省、市、县都要加大干部培训力度，分级安排培训活动。各级培训方式要有所区别，突出重点。对县级以上领导干部，重点是提高思想认识，引导树立正确政绩观，掌握精准脱贫方法论，培养研究攻坚问题、解决攻坚难题能力。对基层干部，重点是提高实际能力，要多采用案例教学、现场教学等实战培训方式，培育懂扶贫、会帮扶、作风硬的扶贫干部队伍，增强精准扶贫精准脱贫工作能力。要吸引各类人才参与脱贫攻坚和农村发展，鼓励大学生、退伍军人、在外务工经商等本土人才返乡担任村干部和创新创业。要关心爱护基层一线扶贫干部，让有为者有位、吃苦者吃香、流汗流血牺牲者流芳，激励他们为打好脱贫攻坚战努力工作。

第八，注重激发内生动力。贫困群众既是脱贫攻坚的对象，更是脱贫致富的主体。要加强扶贫同扶志、扶智相结合，激发贫困群众积极性和主动性，激励和引导他们靠自己的努力改变命运，使脱贫具有可持续的内生动力。要改进帮扶方式，多采取以工代赈、生产奖补、劳务补助等方式，组织动员贫困群众参与帮扶项目实施，提倡多劳多得，不要包办代替和简单发钱发物。要加强教育引导，通过常态化宣讲和物质奖励、精神鼓励等形式，促进群众比学赶超，提振精气神。要发挥村规民约作用，推广扶贫理事会、道德评议会、红白理事会等做法，通过多种渠道，教育和引导贫困群众改变陈规陋习、树立文明新风。这也有利于减轻群众负担。要加强典型示范引领，总结推广脱贫典型，用身边人、身边事示范带动，营造勤劳致富、光荣脱贫氛围。

同志们！3年后如期打赢脱贫攻坚战，中华民族千百年来存在的绝对贫困问题，将在我们这一代人的手里历史性地得到解决。这是我们人生之大幸。让我们共同努力，一起来完成这项对中华民族、对整个人类都具有重大意义的伟业。我相信，只要全党全国各族人民齐心协力、顽强奋斗，脱贫攻坚战一定能够打好打赢。

注　释

〔1〕"两不愁三保障"，指不愁吃、不愁穿，义务教育、基本医疗和住房安全有保障。

着力解决"两不愁三保障"突出问题*

（2019 年 4 月 16 日）

到 2020 年稳定实现农村贫困人口不愁吃、不愁穿，义务教育、基本医疗、住房安全有保障，是贫困人口脱贫的基本要求和核心指标，直接关系攻坚战质量。总的看，"两不愁"基本解决了，"三保障"还存在不少薄弱环节。

在义务教育保障方面，全国有 60 多万义务教育阶段孩子辍学。乡镇寄宿制学校建设薄弱，一部分留守儿童上学困难。在基本医疗保障方面，一些贫困人口没有参加基本医疗保险，一些贫困人口常见病、慢性病得不到及时治疗，贫困县乡村医疗设施薄弱，有的贫困村没有卫生室或者没有合格村医。在住房安全保障方面，全国需要进行危房改造的 4 类重点对象〔1〕大约 160 万户，其中建档立卡贫困户约 80 万户。一些地方农房没有进行危房鉴定，或者鉴定不准。在饮水安全方面，还有大约 104 万贫困人口饮水安全问题没有解决，全国农村有 6000 万人饮水安全需要巩固提升。如果到了 2020 年这些问题还没有得到较好解决，就会影响脱贫攻坚成色。

---

* 这是习近平在解决"两不愁三保障"突出问题座谈会上讲话的一部分。

对以上问题，各地区各部门要高度重视，统一思想，抓好落实。解决"三保障"突出问题，要坚持中央统筹、省负总责、市县抓落实的体制机制。扶贫领导小组要加强统筹协调和督促指导，及时调度情况。教育部、住房城乡建设部、水利部、国家卫生健康委、国家医保局既是扶贫领导小组组成部门，也是"三保障"工作的主管部门，主要负责同志要亲自抓，分管同志具体抓。要根据部门职能，明确工作标准和支持政策，指导各地进行筛查解决。相关省区市要组织基层进行核查，摸清基本情况，统筹组织资源，制定实施方案，研究提出针对性措施。市县具体组织实施，逐项逐户对账销号，确保不留死角。

我多次强调，要坚持现行脱贫标准，既不拔高，也不降低。实现义务教育有保障主要是让贫困家庭义务教育阶段的孩子不失学辍学；实现基本医疗有保障主要是所有贫困人口都参加医疗保险制度，常见病、慢性病有地方看、看得起，得了大病、重病后基本生活过得去；住房安全有保障主要是让贫困人口不住危房；饮水安全有保障主要是让农村人口喝上放心水，统筹研究解决饮水安全问题。这是国家统一的基本标准，但各地情况不一样。比如，对住房安全有保障，南方住房要注重通风，北方住房要注重保暖；对饮水安全有保障，西北地区重点解决有水喝的问题，西南地区重点解决储水供水和水质达标问题。各地执行时要结合实际进行把握，不能一刀切。各地在解决"三保障"突出问题时做了不少探索，有些地方有意无意拔高了标准。对明显超出标准的，要予以纠正；对没有明显超标的，要保持政策稳定性、连续性，少"翻烧饼"。

解决"两不愁三保障"突出问题，摸清底数是基础，有的地方底数依然不是很清楚，这是不行的。有关部门要指导各地摸清底数，确保工作有的放矢。有关部门要加强数据比对衔接，不能一个部门一个数。行业主管部门要牵头制定工作方案，各省区市要制定实施方案，明确时间表、路线图，拿出过硬举措和办法，确保如期完成任务。解决"三保障"突出问题的政策、资金是够的，关键是抓好落实。要加大工作力度，聚焦突出问题，逐村逐户逐项查漏补缺、补齐短板。要宣传好政策和标准，统一思想认识，引导社会各方面准确理解，不能各说各的。

注　释

〔1〕4类重点对象，指建档立卡贫困户、低保户、农村分散供养特困人员和贫困残疾人家庭。

六、推动全面深化改革实现新突破

切实把思想统一到党的十九届
三中全会精神上来*

（2018 年 2 月 28 日）

这里，我结合全会提出的指导思想、总体思路、目标任务，就贯彻落实全会精神提几点要求。

第一，正确理解和把握坚持党中央权威和集中统一领导这个根本点。坚持和加强党的全面领导，既是深化党和国家机构改革的内在要求，也是深化党和国家机构改革的重要任务，是贯穿改革全过程的政治主题。党的十九大明确指出，保证全党服从中央，坚持党中央权威和集中统一领导，是党的政治建设的首要任务。党和国家大政方针的决定权在党中央，必须以实际行动维护党中央一锤定音、定于一尊的权威。党的任何组织和成员，无论在哪个领域、哪个层级、哪个单位，都要服从党中央集中统一领导。凡属部门和地方职权范围内的工作部署，都要以坚决贯彻党中央决策部署为前提，做到令行禁止。

"治国犹如栽树，本根不摇则枝叶茂荣。"[1] 我们治国理政的本根，就是中国共产党的领导和我国社会主义制度。在

---

* 这是习近平在中共十九届三中全会第二次全体会议上讲话的一部分。

这一点上，必须理直气壮、旗帜鲜明。党的领导必须是全面的、系统的、整体的，必须体现到经济建设、政治建设、文化建设、社会建设、生态文明建设和国防军队、祖国统一、外交工作、党的建设等各方面。哪个领域、哪个方面、哪个环节缺失了弱化了，都会削弱党的力量，损害党和国家事业。

我们强调坚持党中央权威和集中统一领导，不是说不要民主集中制了，不要发扬党内民主，把这两者对立起来是不对的。民主集中制是党的根本组织原则，党内民主是党的生命，发扬党内民主和实行集中统一领导是一致的，并不矛盾。我们党实行的民主集中制，是又有集中又有民主、又有纪律又有自由、又有统一意志又有个人心情舒畅生动活泼的制度，是民主和集中紧密结合的制度。党的十八大以来，党中央高度重视发展党内民主、集思广益。党的代表大会报告、党的全会文件、党的重要文件和重大决策、政府工作报告、重大改革发展举措、部门重要工作文件，都要在党内一定范围征求意见，有些还要反复征求意见，有时征求意见范围包括全部省区市，有时征求意见范围包括几十家中央和国家机关部门。党中央审议重大决策时都要求报告征求意见的情况，同意的要报告，不同意的也要报告。这些制度化、规范化的程序，党中央严格遵守。当然，听了各方面意见和建议，最后要作出决定，这个决定权就在党中央。在酝酿和讨论过程中，要充分发扬民主，让大家畅所欲言，但一旦党中央作出决定，各方就要坚决贯彻执行。在坚决执行党中央决策部署的前提下，有意见、有问题还可以通过党内程序反映，直至向党中央反映。我们这么大一个党、这么大一个国家，如果没有党中央定于一尊的权威，党中央决定了的事都不去照办，还是各说各的话、各做各的事，那就什么事情也办不成了。在充分发扬民主的基础上进行集中，坚持党中央权威和集中统一领导，集中全党智慧，体现全党共同意志，是我们党的一大创举，也是中国共产党领导和我国社会主义制度的优势所在。这样做，既有利于做到科学决策、民主决策、依法决策，避免发生重大失误甚至颠覆性错误；又有利于克服分散主义、本位主义，避免议而不决、决而不行，形成推进党和国家事业发展的强大合力。

党政关系既是重大理论问题，也是重大实践问题。改革开放以后，我们曾经讨论过党政分开问题，目的是解决效率不高、机构臃肿、人浮于事、作风拖拉等问题。应该说，在这个问题上，当时我们的理论认识和实践经验都不够，对如何解决好我们面临的国家治理体系和治理能力问题是探索性的。改革开放以来，无论我们对党政关系进行了怎样的调整，但有一条是不变的，就是邓小平同志所说的："我们要坚持党的领导，不能放弃这一条，但是党要善于领导"[2]。邓小平同志在谈到坚持党的领导时，还专门引用了列宁说的话："无产阶级专政是对旧社会的势力和传统进行的顽强斗争，流血的和不流血的，暴力的和和平的，军事的和经济的，教育的和行政的斗争。……没有铁一般的和在斗争中锻炼出来的党，没有为本阶级全体忠实的人所信赖的党，没有善于考察群众情绪和影响群众情绪的党，要顺利地进行这种斗争是不可能的。"[3]邓小平同志强调，列宁所说的这个真理现在仍然有效。

处理好党政关系，首先要坚持党的领导，在这个大前提下才是各有分工，而且无论怎么分工，出发点和落脚点都是坚持和完善党的领导。中国共产党是执政党，党的领导地位和执政地位是紧密联系在一起的。党的集中统一领导权力是不可分割的。不能简单讲党政分开或党政合一，而是要适应不同领域特点和基础条件，不断改进和完善党的领导方式和执政方式。这次深化党和国家机构改革，对在新时代加强党的全面领导、统筹设置党政机构、提高党和政府效能进行了深入思考，着力点就是要对加强党对一切工作的领导作出制度设计和安排，对一些领域设置过细、职能交叉重叠的党政机构进行整合，一些党中央决策议事协调机构的办事机构就设在政府部门，打破所谓的党政界限，同一件事情弄到一块去干，增强党的领导力，提高政府执行力，理顺党政机构关系，建立健全党中央对重大工作的决策协调机制。这是党中央总结以往正反两方面经验作出的重大决策。

地方各级党委加强对重大工作的领导，关键是要强化组织协调能力，确保党中央重大决策部署落到实处，具体的机构设置可以从实际出发，除涉及党中央集中统一领导和国家法制统一、政令统一、市场统一的党政机构职能外，其他机构职能可以不一一对应。还要注意区分轻重缓急，把对本地区改革发展稳定具有决定性意义的工作抓起来、管起来，不要眉毛胡子一把抓。

第二，正确理解和把握深化党和国家机构改革的目标。这次全会提出，深化党和国家机构改革，目标是构建系统完备、科学规范、运行高效的党和国家机构职能体系，形成总揽全局、协调各方的党的领导体系，职责明确、依法行政的政府治理体系，中国特色、世界一流的武装力量体系，联系广泛、服务群众的群团工作体系，推动人大、政府、政协、监察机关、审判机关、检察机关、人民团体、企事业单位、社会组织等在党的统一领导下协调行动、增强合力，全面提高国家治理能力和治理水平。

党和国家机构职能体系是中国特色社会主义制度的重要组成部分，是由党和国家管理活动各个环节、各个层面、各个领域的相互关系和内在联系构成的有机整体，既有机构层面的，也有职能层面的。要通过改革和完善党的领导体系、政府治理体系、武装力量体系、群团工作体系等，推动各类机构、各种职能相互衔接、相互融合，推动党和国家各项工作协调行动、高效运行，构建起适应新时代新任务要求的党和国家机构设置和职能配置基本框架。党总揽全局、协调各方的领导体系是居于统领地位的，是全覆盖、全贯穿的，人大、政府、政协、监察机关、审判机关、检察机关、人民团体、企事业单位、社会组织以及武装力量等在党的统一领导下，各就其位、各司其职、各尽其责、有序协同，保证中央和地方各级政令统一、运行顺畅、执行高效、充满活力。

这次深化党和国家机构改革，立足实现"两个一百年"奋斗目标，着眼统筹推进"五位一体"总体布局和协调推进"四个全面"战略布局，作出具有前瞻性、战略性的制度安排，力争把党和国家机构设置和职能配置基本框架建立起来，努力实现党和国家机构职能优化协同高效。优化就是要科学合理、权责一致，协同就是要有统有分、有主有次，高效就是要履职到位、流程通畅。这里面，需要把握和体现好以下几个关系。

要注重处理好统和分的关系。在深化党和国家机构改革中，统和分是有机统一的。统得好，可以使不同部门有序运转，避免各自为政，提升系统整体效能。分得好，可以激发各单元各子系统的主动性、积极性、创造性。这次深化党和国家机构改革，我们建立健全党对重大工作的领导体制机制，优化党中央决策议事协调机构，负责重大工作的顶层设计、总体布局、统筹协调、整体推进，加强和优化党对深化改革、依法治国、经济、农业农村、纪检监察、组织、宣传思想文化、国家安全、政法、统战、民族宗教、教育、科技、网信、外交、审计等工作的领导。作出这样的安排，目的是要使党对涉及党和国家事业全局的重大工作实施更为有效的统领和协调，加强统的层次和力度，更好行使有关职权，提高工作效能，保证党中央令行禁止和工作高效。党对重大工作的领导是总揽，而不是事无巨细都抓在手上。

要注重处理好局部和全局、当前和长远的关系。深化党和国家机构改革涉及党和国家事业全局，涉及经济社会发展各领域各方面。在这次深化党和国家机构改革中，有的部门要加强，有的部门要整合，有的部门要撤销，有的部门要改变隶属关系，等等。如果从局部、从现有工作格局和权限看，维持现状也能说出一大堆理由。但是，面对新形势新任务，着眼长远发展需要，如果仍然顺着既有思维考虑问题，觉得保持现状挺好，不需要改革了，这样不仅不能解决存在的突出问题，而且可能会误事。这次组建自然资源部、生态环境部、退役军人事务部、应急管理部、国家医疗保障局、国家国际发展合作署、国家移民管理局等，都是既考虑了解决当前最突出的问题，也考虑了顺应形势发展需要。这是立足党和国家事业全局作出的部署，既着眼于解决当前突出矛盾和问题，又为一些战略目标预置措施，以适应党和国家事业长远发展要求。

要注重处理好大和小的关系。解决部门职责交叉分散，对机构进行综合设置，实现职能有机统一，更好发挥机构效能和优势，是这次深化党和国家机构改革的一个重要考虑。这次改革以很大力度在相关领域解决部门职责分散交叉问题，坚持了大部门制改革方向。大部门制要稳步推进，但也不是所有职能部门都要大，有些部门是专项职能部门，有些部门是综合部门。综合部门需要的可以搞大部门制，但不是所有综合部门都要搞大部门制，不是所有相关职能都要往一个部门里装，关键是看怎样摆布符合实际、科学合理、更有效率。机构宜大则大，宜小则小。

要注重处理好优化和协同的关系。这次深化党和国家机构改革涉及党政军群各方面，涉及经济体制、政治体制、文化体制、社会体制、生态文明体制和党的建设制度，职能划转和机构调整紧密相连，改革的内在关联性和互动性很强。每一项改革既会对其他改革产生影响，又需要相关改革配合，这就要求我们在优化机构设置和职能配置的同时，更加注重各项改革协同推进，加强党政军群各方面改革配合联动，使各项改革相互促进、相得益彰，形成总体效应，提高各类机构效率。

　　第三，正确理解和把握坚持社会主义市场经济改革方向要求，使市场在资源配置中起决定性作用、更好发挥政府作用。改革开放以来的历次机构改革都围绕经济体制改革要求，不断推进政企分开、政资分开、政事分开、政社分开，有力推动了改革开放和社会主义现代化建设。当前，制约我国高质量发展的体制机制障碍还不少，经济体制改革潜力有待进一步释放。要在保持经济社会大局稳定的前提下加快改革步伐，着力构建市场机制有效、微观主体有活力、宏观调控有度的经济体制，为高质量发展提供制度保障。

　　这次深化党和国家机构改革，对宏观管理、市场监管领域的机构和职能进行了大幅调整优化，以充分发挥市场和政府各自优势，努力使市场作用和政府作用有机统一、相互补充、相互协调、相互促进，推动更高质量、更有效率、更加公平、更可持续的发展。这次改革强调要减少微观管理事务和具体审批事项，最大限度减少政府对市场资源的直接配置，最大限度减少政府对市场活动的直接干预，目的是通过改革实现产权有效激励、要素自由流动、价格反应灵活、竞争公平有序、企业优胜劣汰，让各类市场主体有更多活力和更大空间去发展经济、创造财富，实现资源配置效益最大化和效率最优化。

　　使市场在资源配置中起决定性作用，不是说政府就无所作为，而是必须有所为、有所不为。我国实行的是社会主义市场经济体制，要坚持发挥我国社会主义制度优越性，发挥党和政府积极作用，管好那些市场管不了或管不好的事情。在创新和完善宏观调控方面，这次改革对宏观部门调整较大，减少了微观管理事务和具体审批事项。宏观调控部门要把主要精力真正转到抓宏观上来，健全宏观调控体系，发挥国家发展规划的战略导向作用，健全财政、货币、产业、区域等经济政策协调机制，提高宏观调控的前瞻性、针对性、协同性。在加强市场监管方面，这次改革统筹考虑当前突出问题和未来发展需要，作出了市场监管体制改革顶层设计，组建国家市场监管总局，整合了工商、质监、食品药品监管部门的主要职责，对推进市场监管综合执法提出明确要求，集中管理反垄断统一执法和知识产权保护。这些举措将降低制度性交易成本，为经济社会发展提供更为强大的驱动力。

第四，正确理解和把握以人民为中心的发展思想，切实解决人民最关心最直接最现实的利益问题。让老百姓过上好日子，是我们一切工作的出发点和落脚点，是我们党坚持全心全意为人民服务根本宗旨的重要体现。深化党和国家机构改革必须顺应人民群众对美好生活的期待，践行以人民为中心的发展思想。

这次深化党和国家机构改革着眼于加强重点领域民生工作，立足建立健全更加公平、更可持续的社会保障制度和公共服务体系，在教育文化、卫生健康、医疗保障、退役军人服务、移民管理服务、生态环保、应急管理等人民群众普遍关心的领域加大机构调整和优化力度，组建了一批新机构，强化政府公共服务、社会管理职能，以更好保障和改善民生、维护公共安全。相关部门要牢固树立宗旨意识，增强使命感和责任感，以造福人民为最大政绩，想群众之所想，急群众之所急，办群众之所需，加快内部职责和业务整合，尽快形成工作合力，把为人民造福的事情办好办实。

执法是行政机关履行政府职能的重要方式。针对当前依然存在的执法不规范、不严格、不透明、不文明以及不作为、乱作为等突出问题，必须加快建立权责统一、权威高效的依法行政体制。这次深化党和国家机构改革把深化综合执法改革作为专项任务，在市场监管、生态环保、文化市场、交通运输、农业等领域整合组建执法队伍，大幅减少执法队伍类别，合理配置执法力量，着力解决多头多层重复执法问题，努力做到严格规范公正文明执法。各地区各部门要完善权责清单制度，加快推进机构、职能、权限、程序、责任法定化，强化对行政权力的制约和监督，做到依法设定权力、规范权力、制约权力、监督权力。

第五，正确理解和把握充分发挥中央和地方两个积极性。中央和地方关系历来是我国政治生活中一对举足轻重的关系。1956 年 4 月，毛泽东同志在《论十大关系》的重要报告中指出，"应当在巩固中央统一领导的前提下，扩大一点地方的权力，给地方更多的独立性，让地方办更多的事情。这对我们建设强大的社会主义国家比较有利。我们的国家这样大，人口这样多，情况这样复杂，有中央和地方两个积极性，比只有一个积极性好得多。"发挥好两个积极性，始终是我们在处理中央和地方关系时把握的根本原则。

深化地方党政机构改革，要维护党中央权威和集中统一领导，这是保证全国政令畅通的内在要求。我们是单一制国家，地方各级党委和政府首先要确保党中央决策部署落到实处。我们的国家性质和地方的职责特点决定了，省市县各级主要机构设置必须同中央保持基本对应，不能搞得五花八门。

同时，在上下对应设置的机构之外，各地可以在一些领域因地制宜设置机构，适应社会管理和公共服务需要，充分发挥地方积极性。近几年，一些部门干预地方机构设置，有的以项目、资金来控制，有的通过考核、检查来控制，还有的直接给书记和省长打招呼。这些部门的出发点是维护"条条"的完整性，也是为了把本系统工作做好，但不能不顾工作全局、妨害地方积极性。这里，我宣布，除了党中央授权的部门外，今后任何部门不得以任何形式干预地方机构设置。

机构限额是省市县设置机构的主要约束指标，是地方普遍关心的问题。改革要坚持从严管理、规范管理原则，充分考虑地方实际，把党委机构限额和政府机构限额统一计算，把省市县各级副厅级、副处级、副科级党政机构和承担行政职能的事业单位纳入限额管理，调整现行限额数量。各地区要落实机构限额管理要求，清理不规范设置的机构，根除挂牌机构实体化、"事业局"等问题。

这次改革在总结一些地方改革试点做法的基础上，提出了构建简约高效的基层管理体制的新要求。主要思路是，整合基层的审批、服务、执法等方面力量，统筹机构编制资源，整合相关职能设立综合性机构。尽可能把资源、服务、管理放到基层，保证基层事情基层办、基层权力给基层、基层事情有人办，努力实现让群众办事"只进一扇门"、"最多跑一次"。这次改革明确提出，上级机关要优化对基层的领导方式，既允许"一对多"，由一个基层机构承接多个上级机构的任务，也允许"多对一"，由基层不同机构向同一个上级机构请示汇报。

注　释

〔1〕见唐代吴兢《贞观政要·政体》。

〔2〕见邓小平《关于政治体制改革问题》(《邓小平文选》第 3 卷，人民出版社 1993 年版，第 179 页)。

〔3〕见列宁《共产主义运动中的"左派"幼稚病》(《列宁选集》第 4 卷，人民出版社 1972 年版，第 200 页)。

改革越到深处越要担当作为[*]

（2018 年 7 月 6 日—2019 年 11 月 26 日）

一

党的十九大以来，党中央在深化党的十八大以来改革成果的基础上，不失时机推进重大全局性改革，全面深化改革取得新的重大进展。继续推进改革，要把更多精力聚焦到重点难点问题上来，集中力量打攻坚战，激发制度活力，激活基层经验，激励干部作为，扎扎实实把全面深化改革推向深入。

（2018 年 7 月 6 日在中央全面深化改革委员会
第三次会议上的讲话要点）

二

改革重在落实，也难在落实。改革进行到今天，抓改革、抓落实的有利条件越来越多，改革的思想基础、实践基础、

---

* 这是习近平 2018 年 7 月 6 日至 2019 年 11 月 26 日期间有关改革越到深处越要担当作为论述的节录。

制度基础、民心基础更加坚实，要投入更多精力、下更大气力抓落实，加强领导，科学统筹，狠抓落实，把改革重点放到解决实际问题上来。

（2018年9月20日在中央全面深化改革委员会第四次会议上的讲话要点）

三

党的十一届三中全会是划时代的，开启了改革开放和社会主义现代化建设历史新时期。党的十八届三中全会也是划时代的，开启了全面深化改革、系统整体设计推进改革的新时代，开创了我国改革开放的全新局面。要对标到2020年在重要领域和关键环节改革上取得决定性成果，继续打硬仗，啃硬骨头，确保干一件成一件，为全面完成党的十八届三中全会部署的改革任务打下决定性基础。

（2019年1月23日在中央全面深化改革委员会第六次会议上的讲话要点）

四

当前，我国改革发展形势正处于深刻变化之中，外部不确定不稳定因素增多，改革发展面临许多新情况新问题。我们要保持战略定力，坚持问题导向，因势利导、统筹谋划、精准施策，在防范化解重大矛盾和突出问题上出实招硬招，推动改革更好服务经济社会发展大局。

（2019年5月29日在中央全面深化改革委员会第八次会议上的讲话要点）

五

全面深化改革是我们党守初心、担使命的重要体现。改革越到深处，越要担当作为、蹄疾步稳、奋勇前进，不能有任何停一停、歇一歇的懈怠。要紧密结合"不忘初心、牢记使命"主题教育，提高改革的思想自觉、政治自觉、行动自觉，迎难而上、攻坚克难，着力补短板、强弱项、激活力、抓落实，坚定不移破除利益固化的藩篱、破除妨碍发展的体制机制弊端。

（2019年7月24日在中央全面深化改革委员会第九次会议上的讲话要点）

六

落实党的十八届三中全会以来中央确定的各项改革任务，前期重点是夯基垒台、立柱架梁，中期重点在全面推进、积厚成势，现在要把着力点放到加强系统集成、协同高效上来，巩固和深化这些年来我们在解决体制性障碍、机制性梗阻、政策性创新方面取得的改革成果，推动各方面制度更加成熟更加定型。

（2019年9月9日在中央全面深化改革委员会第十次会议上的讲话要点）

七

党的十九届四中全会和党的十八届三中全会历史逻辑一脉相承、理论逻辑相互支撑、实践逻辑环环相扣，目标指向一以贯之，重大部署接续递进。党的十九届四中全会不仅系统集成了党的十八届三中全会以来全面深化改革的理论成果、制度成果、实践成果，而且对新时代全面深化改革勾勒出更加清晰的顶层设计。要以坚持和完善中国特色社会主义制度、推进国家治理体系和治理能力现代化为主轴，增强以改革推进国家制度和国家治理体系建设的自觉性，突出制度建设这条主线，继续全面深化改革，既要排查梳理已经部署各项改革任务的完成情况，又要把四中全会部署的重要举措及时纳入工作日程，抓紧就党中央明确的国家治理急需的制度、满足人民对美好生活新期待必备的制度进行研究和部署，实现改革举措的有机衔接、融会贯通，确保取得扎扎实实的成效。

（2019 年 11 月 26 日在中央全面深化改革委员会第十一次会议上的讲话要点）

改革开放四十年积累的宝贵经验*

（2018 年 12 月 18 日）

只有顺应历史潮流，积极应变，主动求变，才能与时代同行。"行之力则知愈进，知之深则行愈达。"[1] 改革开放 40 年积累的宝贵经验是党和人民弥足珍贵的精神财富，对新时代坚持和发展中国特色社会主义有着极为重要的指导意义，必须倍加珍惜、长期坚持，在实践中不断丰富和发展。

第一，必须坚持党对一切工作的领导，不断加强和改善党的领导。改革开放 40 年的实践启示我们：中国共产党领导是中国特色社会主义最本质的特征，是中国特色社会主义制度的最大优势。党政军民学，东西南北中，党是领导一切的。正是因为始终坚持党的集中统一领导，我们才能实现伟大历史转折、开启改革开放新时期和中华民族伟大复兴新征程，才能成功应对一系列重大风险挑战、克服无数艰难险阻，才能有力应变局、平风波、战洪水、防非典、抗地震、化危机，才能既不走封闭僵化的老路也不走改旗易帜的邪路，而是坚定不移走中国特色社会主义道路。坚持党的领导，必须不断改善党的领导，让党的领导更加适应实践、时代、人民的要

---

* 这是习近平在庆祝改革开放 40 周年大会上讲话的一部分。

求。在坚持党的领导这个决定党和国家前途命运的重大原则问题上，全党全国必须保持高度的思想自觉、政治自觉、行动自觉，丝毫不能动摇。

前进道路上，我们必须增强"四个意识"、坚定"四个自信"，坚决维护党中央权威和集中统一领导，把党的领导贯彻和体现到改革发展稳定、内政外交国防、治党治国治军等各个领域。改革开放每一步都不是轻而易举的，未来必定会面临这样那样的风险挑战，甚至会遇到难以想象的惊涛骇浪。我们党要总揽全局、协调各方，坚持科学执政、民主执政、依法执政，完善党的领导方式和执政方式，提高党的执政能力和领导水平，不断提高党把方向、谋大局、定政策、促改革的能力和定力，确保改革开放这艘航船沿着正确航向破浪前行。

第二，必须坚持以人民为中心，不断实现人民对美好生活的向往。改革开放40年的实践启示我们：为中国人民谋幸福，为中华民族谋复兴，是中国共产党人的初心和使命，也是改革开放的初心和使命。我们党来自人民、扎根人民、造福人民，全心全意为人民服务是党的根本宗旨，必须以最广大人民根本利益为我们一切工作的根本出发点和落脚点，坚持把人民拥护不拥护、赞成不赞成、高兴不高兴作为制定政策的依据，顺应民心、尊重民意、关注民情、致力民生，既通过提出并贯彻正确的理论和路线方针政策带领人民前进，又从人民实践创造和发展要求中获得前进动力，让人民共享改革开放成果，激励人民更加自觉地投身改革开放和社会主义现代化建设事业。

前进道路上，我们必须始终把人民对美好生活的向往作为我们的奋斗目标，践行党的根本宗旨，贯彻党的群众路线，尊重人民主体地位，尊重人民群众在实践活动中所表达的意愿、所创造的经验、所拥有的权利、所发挥的作用，充分激发蕴藏在人民群众中的创造伟力。我们要健全民主制度、拓宽民主渠道、丰富民主形式、完善法治保障，确保人民依法享有广泛充分、真实具体、有效管用的民主权利。我们要着力解决人民群众所需所急所盼，让人民共享经济、政治、文化、社会、生态等各方面发展成果，有更多、更直接、更实在的获得感、幸福感、安全感，不断促进人的全面发展、全体人民共同富裕。

第三，必须坚持马克思主义指导地位，不断推进实践基础上的理论创新。改革开放 40 年的实践启示我们：创新是改革开放的生命。实践发展永无止境，解放思想永无止境。恩格斯说："一切社会变迁和政治变革的终极原因，不应当到人们的头脑中，到人们对永恒的真理和正义的日益增进的认识中去寻找，而应当到生产方式和交换方式的变更中去寻找"[2]。我们坚持理论联系实际，及时回答时代之问、人民之问，廓清困扰和束缚实践发展的思想迷雾，不断推进马克思主义中国化时代化大众化，不断开辟马克思主义发展新境界。

前进道路上，我们必须坚持以马克思列宁主义、毛泽东思想、邓小平理论、"三个代表"重要思想、科学发展观、新时代中国特色社会主义思想为指导，坚持解放思想和实事求是有机统一。发展 21 世纪马克思主义、当代中国马克思主义，是当代中国共产党人责无旁贷的历史责任。我们要强化问题意识、时代意识、战略意识，用深邃的历史眼光、宽广的国际视野把握事物发展的本质和内在联系，紧密跟踪亿万人民的创造性实践，借鉴吸收人类一切优秀文明成果，不断回答时代和实践给我们提出的新的重大课题，让当代中国马克思主义放射出更加灿烂的真理光芒。

第四，必须坚持走中国特色社会主义道路，不断坚持和发展中国特色社会主义。改革开放 40 年的实践启示我们：方向决定前途，道路决定命运。我们要把命运掌握在自己手中，就要有志不改、道不变的坚定。改革开放 40 年来，我们党全部理论和实践的主题是坚持和发展中国特色社会主义。在中国这样一个有着 5000 多年文明史、13 亿多人口的大国推进改革发展，没有可以奉为金科玉律的教科书，也没有可以对中国人民颐指气使的教师爷。鲁迅[3]先生说过："什么是路？就是从没路的地方践踏出来的，从只有荆棘的地方开辟出来的。"[4]中国特色社会主义道路是当代中国大踏步赶上时代、引领时代发展的康庄大道，必须毫不动摇走下去。

前进道路上，我们必须坚持以新时代中国特色社会主义思想和党的十九大精神为指导，增强"四个自信"，牢牢把握改革开放的前进方向。改什么、怎么改必须以是否符合完善和发展中国特色社会主义制度、推进国家治理体系和治理能力现代化的总目标为根本尺度，该改的、能改的我们坚决改，不该改的、不能改的坚决不改。我们要坚持党的基本路线，把以经济建设为中心同坚持四项基本原则、坚持改革开放这两个基本点统一于新时代中国特色社会主义伟大实践，长期坚持，决不动摇。

第五，必须坚持完善和发展中国特色社会主义制度，不断发挥和增强我国制度优势。改革开放 40 年的实践启示我们：制度是关系党和国家事业发展的根本性、全局性、稳定性、长期性问题。我们扭住完善和发展中国特色社会主义制度这个关键，为解放和发展社会生产力、解放和增强社会活力、永葆党和国家生机活力提供了有力保证，为保持社会大局稳定、保证人民安居乐业、保障国家安全提供了有力保证，为放手让一切劳动、知识、技术、管理、资本等要素的活力竞相迸发，让一切创造社会财富的源泉充分涌流不断建立了充满活力的体制机制。

前进道路上，我们必须毫不动摇巩固和发展公有制经济，毫不动摇鼓励、支持、引导非公有制经济发展，充分发挥市场在资源配置中的决定性作用，更好发挥政府作用，激发各类市场主体活力。我们要坚持党的领导、人民当家作主、依法治国有机统一，坚持和完善人民代表大会制度、中国共产党领导的多党合作和政治协商制度、民族区域自治制度、基层群众自治制度，全面推进依法治国，巩固和发展最广泛的爱国统一战线，发展社会主义协商民主，用制度体系保证人民当家作主。我们要加强文化领域制度建设，举旗帜、聚民心、育新人、兴文化、展形象，积极培育和践行社会主义核心价值观，推动中华优秀传统文化创造性转化、创新性发展，传承革命文化、发展先进文化，努力创造光耀时代、光耀世界的中华文化。我们要加强社会治理制度建设，不断促进社会公平正义，保持社会安定有序。我们要加强生态文明制度建设，实行最严格的生态环境保护制度。我们要坚决破除一切妨碍发展的体制机制障碍和利益固化藩篱，加快形成系统完备、科学规范、运行有效的制度体系，推动中国特色社会主义制度更加成熟更加定型。

第六，必须坚持以发展为第一要务，不断增强我国综合国力。改革开放 40 年的实践启示我们：解放和发展社会生产力，增强社会主义国家的综合国力，是社会主义的本质要求和根本任务。只有牢牢扭住经济建设这个中心，毫不动摇坚持发展是硬道理、发展应该是科学发展和高质量发展的战略思想，推动经济社会持续健康发展，才能全面增强我国经济实力、科技实力、国防实力、综合国力，才能为坚持和发展中国特色社会主义、实现中华民族伟大复兴奠定雄厚物质基础。

前进道路上，我们必须围绕解决好人民日益增长的美好生活需要和不平衡不充分的发展之间的矛盾这个社会主要矛盾，坚决贯彻创新、协调、绿色、开放、共享的发展理念，统筹推进"五位一体"总体布局、协调推进"四个全面"战略布局，推动高质量发展，推动新型工业化、信息化、城镇化、农业现代化同步发展，加快建设现代化经济体系，努力实现更高质量、更有效率、更加公平、更可持续的发展。我们要坚持以供给侧结构性改革为主线，积极转变发展方式、优化经济结构、转换增长动力，积极扩大内需，实施区域协调发展战略，实施乡村振兴战略，坚决打好防范化解重大风险、精准脱贫、污染防治的攻坚战。我们要坚持创新是第一动力、人才是第一资源的理念，实施创新驱动发展战略，完善国家创新体系，加快关键核心技术自主创新，为经济社会发展打造新引擎。我们要加强生态文明建设，牢固树立绿水青山就是金山银山的理念，形成绿色发展方式和生活方式，把我们伟大祖国建设得更加美丽，让人民生活在天更蓝、山更绿、水更清的优美环境之中。

第七，必须坚持扩大开放，不断推动共建人类命运共同体。改革开放 40 年的实践启示我们：开放带来进步，封闭必然落后。中国的发展离不开世界，世界的繁荣也需要中国。我们统筹国内国际两个大局，坚持对外开放的基本国策，实行积极主动的开放政策，形成全方位、多层次、宽领域的全面开放新格局，为我国创造了良好国际环境、开拓了广阔发展空间。

前进道路上，我们必须高举和平、发展、合作、共赢的旗帜，恪守维护世界和平、促进共同发展的外交政策宗旨，推动建设相互尊重、公平正义、合作共赢的新型国际关系。我们要尊重各国人民自主选择发展道路的权利，维护国际公平正义，倡导国际关系民主化，反对把自己的意志强加于人，反对干涉别国内政，反对以强凌弱。我们要发挥负责任大国作用，支持广大发展中国家发展，积极参与全球治理体系改革和建设，共同为建设持久和平、普遍安全、共同繁荣、开放包容、清洁美丽的世界而奋斗。我们要支持开放、透明、包容、非歧视性的多边贸易体制，促进贸易投资自由化便利化，推动经济全球化朝着更加开放、包容、普惠、平衡、共赢的方向发展。我们要以共建"一带一路"为重点，同各方一道打造国际合作新平台，为世界共同发展增添新动力。中国决不会以牺牲别国利益为代价来发展自己，也决不放弃自己的正当权益。中国奉行防御性的国防政策，中国发展不对任何国家构成威胁。中国无论发展到什么程度都永远不称霸。

第八，必须坚持全面从严治党，不断提高党的创造力、凝聚力、战斗力。改革开放40年的实践启示我们：打铁必须自身硬。办好中国的事情，关键在党，关键在坚持党要管党、全面从严治党。我们党只有在领导改革开放和社会主义现代化建设伟大社会革命的同时，坚定不移推进党的伟大自我革命，敢于清除一切侵蚀党的健康肌体的病毒，使党不断自我净化、自我完善、自我革新、自我提高，不断增强党的政治领导力、思想引领力、群众组织力、社会号召力，才能确保党始终保持同人民群众的血肉联系。

前进道路上，我们必须按照新时代党的建设总要求，以政治建设为统领，不断推进党的建设新的伟大工程，不断增强全党团结统一和创造活力，不断增强全党执政本领，把党建设得更加坚强、更加有力。我们要坚持用时代发展要求审视自己，以强烈忧患意识警醒自己，以改革创新精神加强和完善自己，在应对风险挑战中锻炼提高，在解决党内存在的突出矛盾和问题中净化纯洁，不断提高管党治党水平。我们要坚持德才兼备、以德为先、任人唯贤，着力培养忠诚干净担当的高素质干部队伍和宏大的人才队伍。我们要以反腐败永远在路上的坚韧和执着，深化标本兼治，坚决清除一切腐败分子，保证干部清正、政府清廉、政治清明，为继续推进改革开放营造海晏河清的政治生态。

第九，必须坚持辩证唯物主义和历史唯物主义世界观和方法论，正确处理改革发展稳定关系。改革开放40年的实践启示我们：我国是一个大国，决不能在根本性问题上出现颠覆性错误。我们坚持加强党的领导和尊重人民首创精神相结合，坚持"摸着石头过河"和顶层设计相结合，坚持问题导向和目标导向相统一，坚持试点先行和全面推进相促进，既鼓励大胆试、大胆闯，又坚持实事求是、善作善成，确保了改革开放行稳致远。

前进道路上，我们要增强战略思维、辩证思维、创新思维、法治思维、底线思维，加强宏观思考和顶层设计，坚持问题导向，聚焦我国发展面临的突出矛盾和问题，深入调查研究，鼓励基层大胆探索，坚持改革决策和立法决策相衔接，不断提高改革决策的科学性。我们要拿出抓铁有痕、踏石留印的韧劲，以钉钉子精神抓好落实，确保各项重大改革举措落到实处。我们既要敢为天下先、敢闯敢试，又要积极稳妥、蹄疾步稳，把改革发展稳定统一起来，坚持方向不变、道路不偏、力度不减，推动新时代改革开放走得更稳、走得更远。

注　　释

〔1〕见南宋张栻《论语解·序》。

〔2〕见恩格斯《反杜林论》（《马克思恩格斯全集》第26卷，人民出版社2014年版，第284页）。

〔3〕鲁迅（1881—1936），浙江绍兴人。中国文学家、思想家、革命家，中国现代文学的奠基人。

〔4〕见鲁迅《生命的路》（《鲁迅全集》第1卷，人民文学出版社2005年版，第386页）。

七、形成全面开放新格局

中国开放的大门只会越开越大[*]

（2018 年 4 月 10 日）

　　去年 10 月召开的中共十九大宣告中国特色社会主义进入了新时代，制定了全面建设社会主义现代化强国的宏伟蓝图。中国特色社会主义进入新时代，掀开了实现中华民族伟大复兴的新篇章，开启了加强中国同世界交融发展的新画卷。

　　一个时代有一个时代的问题，一代人有一代人的使命。虽然我们已走过万水千山，但仍需要不断跋山涉水。在新时代，中国人民将继续自强不息、自我革新，坚定不移全面深化改革，逢山开路，遇水架桥，敢于向顽瘴痼疾开刀，勇于突破利益固化藩篱，将改革进行到底。中国人民将继续大胆创新、推动发展，坚定不移贯彻以人民为中心的发展思想，落实新发展理念，建设现代化经济体系，深化供给侧结构性改革，加快实施创新驱动发展战略、乡村振兴战略、区域协调发展战略，推进精准扶贫、精准脱贫，促进社会公平正义，不断增强人民获得感、幸福感、安全感。中国人民将继续扩大开放、加强合作，坚定不移奉行互利共赢的开放战略，坚持引进来和走出去并重，推动形成陆海内外联动、东西双向

＊ 这是习近平在博鳌亚洲论坛 2018 年年会开幕式上主旨演讲的一部分。

193

互济的开放格局，实行高水平的贸易和投资自由化便利化政策，探索建设中国特色自由贸易港。中国人民将继续与世界同行、为人类作出更大贡献，坚定不移走和平发展道路，积极发展全球伙伴关系，坚定支持多边主义，积极参与推动全球治理体系变革，推动建设新型国际关系，推动构建人类命运共同体。

无论中国发展到什么程度，我们都不会威胁谁，都不会颠覆现行国际体系，都不会谋求建立势力范围。中国始终是世界和平的建设者、全球发展的贡献者、国际秩序的维护者。

综合研判世界发展大势，经济全球化是不可逆转的时代潮流。正是基于这样的判断，我在中共十九大报告中强调，中国坚持对外开放的基本国策，坚持打开国门搞建设。我要明确告诉大家，中国开放的大门不会关闭，只会越开越大！

实践证明，过去40年中国经济发展是在开放条件下取得的，未来中国经济实现高质量发展也必须在更加开放条件下进行。这是中国基于发展需要作出的战略抉择，同时也是在以实际行动推动经济全球化造福世界各国人民。

在扩大开放方面，中国将采取以下重大举措。

第一，大幅度放宽市场准入。今年，我们将推出几项有标志意义的举措。在服务业特别是金融业方面，去年年底宣布的放宽银行、证券、保险行业外资股比限制的重大措施要确保落地，同时要加大开放力度，加快保险行业开放进程，放宽外资金融机构设立限制，扩大外资金融机构在华业务范围，拓宽中外金融市场合作领域。在制造业方面，目前已基本开放，保留限制的主要是汽车、船舶、飞机等少数行业，现在这些行业已经具备开放基础，下一步要尽快放宽外资股比限制特别是汽车行业外资限制。

第二，创造更有吸引力的投资环境。投资环境就像空气，空气清新才能吸引更多外资。过去，中国吸引外资主要靠优惠政策，现在要更多靠改善投资环境。我们将加强同国际经贸规则对接，增强透明度，强化产权保护，坚持依法办事，鼓励竞争、反对垄断。今年3月，我们组建了国家市场监督管理总局等新机构，对现有政府机构作出大幅度调整，坚决破除制约使市场在资源配置中起决定性作用、更好发挥政府作用的体制机制弊端。今年上半年，我们将完成修订外商投资负面清单工作，全面落实准入前国民待遇加负面清单管理制度。

第三，加强知识产权保护。这是完善产权保护制度最重要的内容，也是提高中国经济竞争力最大的激励。对此，外资企业有要求，中国企业更有要求。今年，我们将重新组建国家知识产权局，完善执法力量，加大执法力度，把违法成本显著提上去，把法律威慑作用充分发挥出来。我们鼓励中外企业开展正常技术交流合作，保护在华外资企业合法知识产权。同时，我们希望外国政府加强对中国知识产权的保护。

第四，主动扩大进口。内需是中国经济发展的基本动力，也是满足人民日益增长的美好生活需要的必然要求。中国不以追求贸易顺差为目标，真诚希望扩大进口，促进经常项目收支平衡。今年，我们将相当幅度降低汽车进口关税，同时降低部分其他产品进口关税，努力增加人民群众需求比较集中的特色优势产品进口，加快加入世界贸易组织《政府采购协定》进程。我们希望发达国家停止对正常合理的高技术产品贸易人为设限，放宽对华高技术产品出口管制。今年11月，中国将在上海举办首届中国国际进口博览会。这不是一般性的会展，而是我们主动开放市场的重大政策宣示和行动。欢迎各国朋友来华参加。

我想强调的是，我刚才宣布的这些对外开放重大举措，我们将尽快使之落地，宜早不宜迟，宜快不宜慢，努力让开放成果及早惠及中国企业和人民，及早惠及世界各国企业和人民。我相信，经过努力，中国金融业竞争力将明显提升，资本市场将持续健康发展，现代产业体系建设将加快推进，中国市场环境将大大改善，知识产权将得到有力保护，中国对外开放一定会打开一个全新的局面。

5年前，我提出了共建"一带一路"倡议。5年来，已经有80多个国家和国际组织同中国签署了合作协议。共建"一带一路"倡议源于中国，但机会和成果属于世界，中国不打地缘博弈小算盘，不搞封闭排他小圈子，不做凌驾于人的强买强卖。需要指出的是，"一带一路"建设是全新的事物，在合作中有些不同意见是完全正常的，只要各方秉持和遵循共商共建共享原则，就一定能增进合作、化解分歧，把"一带一路"打造成为顺应经济全球化潮流的最广泛国际合作平台，让共建"一带一路"更好造福各国人民。

稳步推进中国特色
自由贸易港建设*

（2018 年 4 月 13 日）

经济全球化是社会生产力发展的客观要求和科技进步的必然结果。经济全球化为世界经济增长提供了强劲动力，促进了商品和资本流动、科技和文明进步、各国人民交往，符合各国共同利益。当前，世界经济仍然面临诸多复杂挑战，新增长动能缺乏，增长分化加剧。把困扰世界的问题简单归咎于经济全球化，搞贸易和投资保护主义，想人为让世界经济退回到孤立的旧时代，不符合历史潮流。正确的选择是，充分利用一切机遇，合作应对一切挑战。

我在党的十九大报告中强调，中国开放的大门不会关闭，只会越开越大。这是我们对世界的庄重承诺。要坚持对外开放的基本国策，奉行互利共赢的开放战略，遵守和维护世界贸易规则体系，推动经济全球化朝着更加开放、包容、普惠、平衡、共赢的方向发展，让经济全球化进程更有活力、更加包容、更可持续，让不同国家、不同阶层、不同人群共享经

---

* 这是习近平在庆祝海南建省办经济特区 30 周年大会上讲话的一部分。

济全球化的好处。

在这里，我郑重宣布，党中央决定支持海南全岛建设自由贸易试验区，支持海南逐步探索、稳步推进中国特色自由贸易港建设，分步骤、分阶段建立自由贸易港政策和制度体系。这是党中央着眼于国际国内发展大局，深入研究、统筹考虑、科学谋划作出的重大决策，是彰显我国扩大对外开放、积极推动经济全球化决心的重大举措。

海南全岛建设自由贸易试验区，要以制度创新为核心，赋予更大改革自主权，支持海南大胆试、大胆闯、自主改，加快形成法治化、国际化、便利化的营商环境和公平开放统一高效的市场环境。要更大力度转变政府职能，深化简政放权、放管结合、优化服务改革，全面提升政府治理能力。要实行高水平的贸易和投资自由化便利化政策，对外资全面实行准入前国民待遇加负面清单管理制度，围绕种业、医疗、教育、体育、电信、互联网、文化、维修、金融、航运等重点领域，深化现代农业、高新技术产业、现代服务业对外开放，推动服务贸易加快发展，保护外商投资合法权益，推进航运逐步开放。

自由贸易港是当今世界最高水平的开放形态。海南建设自由贸易港要体现中国特色，符合中国国情，符合海南发展定位，学习借鉴国际自由贸易港的先进经营方式、管理方法。我们欢迎全世界投资者到海南投资兴业，积极参与海南自由贸易港建设，共享中国发展机遇、共享中国改革成果。

共建创新包容的开放型世界经济[*]

（2018 年 11 月 5 日）

尊敬的各位国家元首、政府首脑、王室代表，

尊敬的各位国际组织负责人，

尊敬的各代表团团长，

各位来宾，

女士们，先生们，朋友们：

2017 年 5 月，我宣布中国将从 2018 年起举办中国国际进口博览会。经过一年多筹备，在各方大力支持下，现在，首届中国国际进口博览会正式开幕了！

首先，我谨代表中国政府和中国人民，并以我个人的名义，对各位嘉宾的到来，表示热烈的欢迎！对来自五大洲的各方朋友，致以诚挚的问候和良好的祝愿！

中国国际进口博览会，是迄今为止世界上第一个以进口为主题的国家级展会，是国际贸易发展史上一大创举。举办中国国际进口博览会，是中国着眼于推动新一轮高水平对外开放作出的重大决策，是中国主动向世界开放市场的重大举措。这体现了中国支持多边贸易体制、推动发展自由贸易的

---

[*] 这是习近平在首届中国国际进口博览会开幕式上的主旨演讲。

一贯立场，是中国推动建设开放型世界经济、支持经济全球化的实际行动。

这届进口博览会以"新时代，共享未来"为主题，就是要欢迎各国朋友，把握新时代中国发展机遇，深化国际经贸合作，实现共同繁荣进步。共有172个国家、地区和国际组织参会，3600多家企业参展，展览总面积达30万平方米，超过40万名境内外采购商到会洽谈采购。

我衷心希望，参会参展的各国朋友都能广结良缘、满载而归！

女士们、先生们、朋友们！

当今世界正在经历新一轮大发展大变革大调整，各国经济社会发展联系日益密切，全球治理体系和国际秩序变革加速推进。同时，世界经济深刻调整，保护主义、单边主义抬头，经济全球化遭遇波折，多边主义和自由贸易体制受到冲击，不稳定不确定因素依然很多，风险挑战加剧。这就需要我们从纷繁复杂的局势中把握规律、认清大势，坚定开放合作信心，共同应对风险挑战。

世界上的有识之士都认识到，经济全球化是不可逆转的历史大势，为世界经济发展提供了强劲动力。说其是历史大势，就是其发展是不依人的意志为转移的。人类可以认识、顺应、运用历史规律，但无法阻止历史规律发生作用。历史大势必将浩荡前行。

回顾历史，开放合作是增强国际经贸活力的重要动力。立足当今，开放合作是推动世界经济稳定复苏的现实要求。放眼未来，开放合作是促进人类社会不断进步的时代要求。

大道至简，实干为要。面对世界经济格局的深刻变化，为了共同建设一个更加美好的世界，各国都应该拿出更大勇气，积极推动开放合作，实现共同发展。

——各国应该坚持开放融通，拓展互利合作空间。开放带来进步，封闭必然落后。国际贸易和投资等经贸往来，植根于各国优势互补、互通有无的需要。纵观国际经贸发展史，深刻验证了"相通则共进，相闭则各退"的规律。各国削减壁垒、扩大开放，国际经贸就能打通血脉；如果以邻为壑、孤立封闭，国际经贸就会气滞血瘀，世界经济也难以健康发展。各国应该坚持开放的政策取向，旗帜鲜明反对保护主义、单边主义，提升多边和双边开放水平，推动各国经济联动融通，共同建设开放型世界经济。各国应该加强宏观经济政策协调，减少负面外溢效应，合力促进世界经济增长。各国应该推动构建公正、合理、透明的国际经贸规则体系，推进贸易和投资自由化便利化，促进全球经济进一步开放、交流、融合。

——各国应该坚持创新引领，加快新旧动能转换。创新是第一动力。只有敢于创新、勇于变革，才能突破世界经济发展瓶颈。世界经济刚刚走出国际金融危机阴影，回升态势尚不稳固，迫切需要各国共同推动科技创新、培育新的增长点。造福人类是科技创新最强大的动力。在休戚与共的地球村，共享创新成果，是国际社会的一致呼声和现实选择。各国应该把握新一轮科技革命和产业变革带来的机遇，加强数字经济、人工智能、纳米技术等前沿领域合作，共同打造新技术、新产业、新业态、新模式。

　　——各国应该坚持包容普惠，推动各国共同发展。"一花独放不是春，百花齐放春满园。"追求幸福生活是各国人民共同愿望。人类社会要持续进步，各国就应该坚持要开放不要封闭，要合作不要对抗，要共赢不要独占。在经济全球化深入发展的今天，弱肉强食、赢者通吃是一条越走越窄的死胡同，包容普惠、互利共赢才是越走越宽的人间正道。各国应该超越差异和分歧，发挥各自优势，推动包容发展，携手应对全人类共同面临的风险和挑战，落实 2030 年可持续发展议程，减少全球发展不平衡，推动经济全球化朝着更加开放、包容、普惠、平衡、共赢的方向发展，让各国人民共享经济全球化和世界经济增长成果。

　　女士们、先生们、朋友们！

　　改革开放 40 年来，中国人民自力更生、发愤图强、砥砺前行，依靠自己的辛勤和汗水书写了国家和民族发展的壮丽史诗。同时，中国坚持打开国门搞建设，实现了从封闭半封闭到全方位开放的伟大历史转折。开放已经成为当代中国的鲜明标识。中国不断扩大对外开放，不仅发展了自己，也造福了世界。

　　今年 4 月，我在博鳌亚洲论坛年会开幕式上说过，过去40 年中国经济发展是在开放条件下取得的，未来中国经济实现高质量发展也必须在更加开放的条件下进行。我多次强调，中国开放的大门不会关闭，只会越开越大。中国推动更高水平开放的脚步不会停滞！中国推动建设开放型世界经济的脚步不会停滞！中国推动构建人类命运共同体的脚步不会停滞！

中国将坚定不移奉行互利共赢的开放战略,实行高水平的贸易和投资自由化便利化政策,推动形成陆海内外联动、东西双向互济的开放格局。中国将始终是全球共同开放的重要推动者,中国将始终是世界经济增长的稳定动力源,中国将始终是各国拓展商机的活力大市场,中国将始终是全球治理改革的积极贡献者!

为进一步扩大开放,中国将在以下几方面加大推进力度。

第一,激发进口潜力。中国主动扩大进口,不是权宜之计,而是面向世界、面向未来、促进共同发展的长远考量。中国将顺应国内消费升级趋势,采取更加积极有效的政策措施,促进居民收入增加、消费能力增强,培育中高端消费新增长点,持续释放国内市场潜力,扩大进口空间。中国将进一步降低关税,提升通关便利化水平,削减进口环节制度性成本,加快跨境电子商务等新业态新模式发展。中国有13亿多人口的大市场,中国真诚向各国开放市场,中国国际进口博览会不仅要年年办下去,而且要办出水平、办出成效、越办越好。

第二,持续放宽市场准入。4月份我宣布的放宽市场准入各项举措,目前已基本落地。中国已经进一步精简了外商投资准入负面清单,减少投资限制,提升投资自由化水平。中国正在稳步扩大金融业开放,持续推进服务业开放,深化农业、采矿业、制造业开放,加快电信、教育、医疗、文化等领域开放进程,特别是外国投资者关注、国内市场缺口较大的教育、医疗等领域也将放宽外资股比限制。预计未来15年,中国进口商品和服务将分别超过30万亿美元和10万亿美元。

第三，营造国际一流营商环境。中国将加快出台外商投资法规，完善公开、透明的涉外法律体系，全面深入实施准入前国民待遇加负面清单管理制度。中国将尊重国际营商惯例，对在中国境内注册的各类企业一视同仁、平等对待。中国将保护外资企业合法权益，坚决依法惩处侵犯外商合法权益特别是侵犯知识产权行为，提高知识产权审查质量和审查效率，引入惩罚性赔偿制度，显著提高违法成本。营商环境只有更好，没有最好。各国都应该努力改进自己的营商环境，解决自身存在的问题，不能总是粉饰自己、指责他人，不能像手电筒那样只照他人、不照自己。

第四，打造对外开放新高地。中国将支持自由贸易试验区深化改革创新，持续深化差别化探索，加大压力测试，发挥自由贸易试验区改革开放试验田作用。中国将抓紧研究提出海南分步骤、分阶段建设自由贸易港政策和制度体系，加快探索建设中国特色自由贸易港进程。这是中国扩大对外开放的重大举措，将带动形成更高层次改革开放新格局。

第五，推动多边和双边合作深入发展。中国一贯主张，坚定维护世界贸易组织规则，支持对世界贸易组织进行必要改革，共同捍卫多边贸易体制。中国愿推动早日达成区域全面经济伙伴关系协定，加快推进中欧投资协定谈判，加快中日韩自由贸易区谈判进程。中国将认真实施 2018 年中非合作论坛北京峰会提出的 "八大行动"[1]。中国支持二十国集团、亚太经合组织、上海合作组织、金砖国家等机制发挥更大作用，推动全球经济治理体系朝着更加公正合理的方向发展。中国将继续推进共建 "一带一路"，坚持共商共建共享，同相关国家一道推进重大项目建设，搭建更多贸易促进平台，鼓励更多有实力、信誉好的中国企业到沿线国家开展投资合作，深化生态、科技、文化、民生等各领域交流合作，为全球提供开放合作的国际平台。

女士们、先生们、朋友们！

当前，中国经济运行总体平稳、稳中有进。前三季度，中国国内生产总值增长 6.7%，其中第三季度增长 6.5%，符合预期目标。全年粮食产量可望保持在 1.2 万亿斤以上。城镇新增就业 1107 万人，提前完成全年目标。从经济增长、就业、物价、国际收支、企业利润、财政收入、劳动生产率等主要指标看，中国经济运行都处于合理区间，为实现全年目标任务打下了重要基础。同其他主要经济体相比，中国经济增长仍居世界前列。

对中国经济发展前景，大家完全可以抱着乐观态度。中国经济发展健康稳定的基本面没有改变，支撑高质量发展的生产要素条件没有改变，长期稳中向好的总体势头没有改变。中国宏观调控能力不断增强、全面深化改革不断释放发展动力。随着共建"一带一路"扎实推进，中国同"一带一路"沿线国家的投资和贸易合作加快推进。中国具有保持经济长期健康稳定发展的诸多有利条件。

当然，任何事物都有其两面，在当前国际国内经济形势下，中国经济发展也遇到了一些突出矛盾和问题，一些领域不确定性有所上升，一些企业经营困难增多，一些领域风险挑战增大。总体看，这些都是前进中遇到的问题，我们正在采取措施积极加以解决，成效已经或正在显现出来。

中国是世界第二大经济体，有 13 亿多人口的大市场，有 960 多万平方公里的国土，中国经济是一片大海，而不是一个小池塘。大海有风平浪静之时，也有风狂雨骤之时。没有风狂雨骤，那就不是大海了。狂风骤雨可以掀翻小池塘，但不能掀翻大海。经历了无数次狂风骤雨，大海依旧在那儿！经历了 5000 多年的艰难困苦，中国依旧在这儿！面向未来，中国将永远在这儿！

我相信，只要我们保持战略定力，全面深化改革开放，深化供给侧结构性改革，下大气力解决存在的突出矛盾和问题，中国经济就一定能加快转入高质量发展轨道，中国人民就一定能战胜前进道路上的一切困难挑战，中国就一定能迎来更加光明的发展前景。

女士们、先生们、朋友们！

一座城市有一座城市的品格。上海背靠长江水，面向太平洋，长期领中国开放风气之先。上海之所以发展得这么好，同其开放品格、开放优势、开放作为紧密相连。我曾经在上海工作过，切身感受到开放之于上海、上海开放之于中国的重要性。开放、创新、包容已成为上海最鲜明的品格。这种品格是新时代中国发展进步的生动写照。

为了更好发挥上海等地区在对外开放中的重要作用，我们决定，一是将增设中国上海自由贸易试验区的新片区，鼓励和支持上海在推进投资和贸易自由化便利化方面大胆创新探索，为全国积累更多可复制可推广经验。二是将在上海证券交易所设立科创板并试点注册制，支持上海国际金融中心和科技创新中心建设，不断完善资本市场基础制度。三是将支持长江三角洲区域一体化发展并上升为国家战略，着力落实新发展理念，构建现代化经济体系，推进更高起点的深化改革和更高层次的对外开放，同"一带一路"建设、京津冀协同发展、长江经济带发展、粤港澳大湾区建设相互配合，完善中国改革开放空间布局。

女士们、先生们、朋友们！

中国国际进口博览会由中国主办，世界贸易组织等多个国际组织和众多国家共同参与，不是中国的独唱，而是各国的大合唱。我希望各位嘉宾在虹桥国际经贸论坛上深入探讨全球经济治理体系改革新思路，共同维护自由贸易和多边贸易体制，共建创新包容的开放型世界经济，向着构建人类命运共同体目标不懈奋进，开创人类更加美好的未来！

谢谢大家。

注　释

〔1〕见本卷《共筑更加紧密的中非命运共同体》。

开放合作，命运与共[*]

（2019 年 11 月 5 日）

尊敬的马克龙总统，

尊敬的霍尔尼斯总理、米佐塔基斯总理、布尔纳比奇总理，

尊敬的各位议长，

尊敬的各位国际组织负责人，

尊敬的各代表团团长，

各位来宾，

女士们，先生们，朋友们：

在这多彩的深秋时节，很高兴同大家相聚在黄浦江畔。现在，我宣布，第二届中国国际进口博览会正式开幕！

首先，我谨代表中国政府和中国人民，并以我个人的名义，对远道而来的各位嘉宾，表示热烈的欢迎！向来自世界各地的新老朋友们，致以诚挚的问候和良好的祝愿！

一年前，我们在这里成功举办首届中国国际进口博览会。今天，更多朋友如约而至。本届中国国际进口博览会延续"新时代，共享未来"的主题。我相信，各位朋友都能乘兴而来、满意而归！

---

　　* 这是习近平在第二届中国国际进口博览会开幕式上的主旨演讲。

女士们、先生们、朋友们!

去年，我在首届进博会上宣布了中国扩大对外开放的 5 方面举措，对上海提出了 3 点开放要求。一年来，这些开放措施已经基本落实。其中，上海自由贸易试验区临港新片区已经正式设立，我们还在其他省份新设 6 个自由贸易试验区；上海证券交易所设立科创板并试点注册制已经正式实施；长三角区域一体化发展已经作为国家战略正式实施；外商投资法将于明年 1 月 1 日起实行；全面实施准入前国民待遇加负面清单管理制度已经出台；扩大进口促进消费、进一步降低关税等取得重大进展。去年，我在进博会期间举行的双边活动中同有关国家达成 98 项合作事项，其中 23 项已经办结，47 项取得积极进展，28 项正在加紧推进。

女士们、先生们、朋友们!

经济全球化是历史潮流。长江、尼罗河、亚马孙河、多瑙河昼夜不息、奔腾向前，尽管会出现一些回头浪，尽管会遇到很多险滩暗礁，但大江大河奔腾向前的势头是谁也阻挡不了的。

世界经济发展面临的难题，没有哪一个国家能独自解决。各国应该坚持人类优先的理念，而不应把一己之利凌驾于人类利益之上。我们要以更加开放的心态和举措，共同把全球市场的蛋糕做大、把全球共享的机制做实、把全球合作的方式做活，共同把经济全球化动力搞得越大越好、阻力搞得越小越好。

为此，我愿提出以下几点倡议。

第一，共建开放合作的世界经济。当今世界，全球价值链、供应链深入发展，你中有我、我中有你，各国经济融合是大势所趋。距离近了，交往多了，难免会有磕磕碰碰。面对矛盾和摩擦，协商合作才是正道。只要平等相待、互谅互让，就没有破解不了的难题。我们应该坚持以开放求发展，深化交流合作，坚持"拉手"而不是"松手"，坚持"拆墙"而不是"筑墙"，坚决反对保护主义、单边主义，不断削减贸易壁垒，推动全球价值链、供应链更加完善，共同培育市场需求。

第二，共建开放创新的世界经济。创新发展是引领世界经济持续发展的必然选择。当前，新一轮科技革命和产业变革正处在实现重大突破的历史关口。各国应该加强创新合作，推动科技同经济深度融合，加强创新成果共享，努力打破制约知识、技术、人才等创新要素流动的壁垒，支持企业自主开展技术交流合作，让创新源泉充分涌流。为了更好运用知识的创造以造福人类，我们应该共同加强知识产权保护，而不是搞知识封锁，制造甚至扩大科技鸿沟。

第三，共建开放共享的世界经济。我们应该谋求包容互惠的发展前景，共同维护以联合国宪章宗旨和原则为基础的国际秩序，坚持多边贸易体制的核心价值和基本原则，促进贸易和投资自由化便利化，推动经济全球化朝着更加开放、包容、普惠、平衡、共赢的方向发展。我们应该落实联合国2030年可持续发展议程，加大对最不发达国家支持力度，让发展成果惠及更多国家和民众。

女士们、先生们、朋友们！

站在新的历史起点，中国开放的大门只会越开越大。中国共产党刚刚举行了十九届四中全会，制定了关于坚持和完善中国特色社会主义制度、推进国家治理体系和治理能力现代化若干重大问题的决定，其中包括很多深化改革、扩大开放的重要举措。我们将坚持对外开放的基本国策，坚持以开放促改革、促发展、促创新，持续推进更高水平的对外开放。

第一，继续扩大市场开放。中国有近 14 亿人口，中等收入群体规模全球最大，市场规模巨大、潜力巨大，前景不可限量。中国老百姓有一句话，叫作"世界那么大，我想去看看"。在这里我要说，中国市场这么大，欢迎大家都来看看。中国将增强国内消费对经济发展的基础性作用，积极建设更加活跃的国内市场，为中国经济发展提供支撑，为世界经济增长扩大空间。中国将更加重视进口的作用，进一步降低关税和制度性成本，培育一批进口贸易促进创新示范区，扩大对各国高质量产品和服务的进口。中国将推动进口和出口、货物贸易和服务贸易、双边贸易和双向投资、贸易和产业协调发展，促进国际国内要素有序自由流动、资源高效配置、市场深度融合。

第二，继续完善开放格局。中国对外开放是全方位、全领域的，正在加快推动形成全面开放新格局。中国将继续鼓励自由贸易试验区大胆试、大胆闯，加快推进海南自由贸易港建设，打造开放新高地。中国将继续推动京津冀协同发展、长江经济带发展、长三角区域一体化发展、粤港澳大湾区建设，并将制定黄河流域生态保护和高质量发展新的国家战略，增强开放联动效应。

第三，继续优化营商环境。营商环境是企业生存发展的土壤。今年 10 月 24 日，世界银行发表《2020 营商环境报告》，中国营商环境排名由 46 位上升到 31 位，提升 15 位。上个月，中国公布了《优化营商环境条例》。今后，中国将继续针对制约经济发展的突出矛盾，在关键环节和重要领域加快改革步伐，以国家治理体系和治理能力现代化为高水平开放、高质量发展提供制度保障。中国将不断完善市场化、法治化、国际化的营商环境，放宽外资市场准入，继续缩减负面清单，完善投资促进和保护、信息报告等制度。中国将营造尊重知识价值的环境，完善知识产权保护法律体系，大力强化相关执法，增强知识产权民事和刑事司法保护力度。

第四，继续深化多双边合作。中国是国际合作的倡导者和多边主义的支持者。中国支持对世界贸易组织进行必要改革，让世界贸易组织在扩大开放、促进发展方面发挥更大作用，增强多边贸易体制的权威性和有效性。今天下午，中方将主办世贸组织小型部长会议。我们期待各方坦诚交换意见，共同采取行动，为完善全球经济治理贡献正能量。我高兴地得知，昨天区域全面经济伙伴关系协定 15 个成员国已经整体上结束谈判，希望协定能够早日签署生效。中国愿同更多国家商签高标准自由贸易协定，加快中欧投资协定、中日韩自由贸易协定、中国—海合会自由贸易协定谈判进程。中国将积极参与联合国、二十国集团、亚太经合组织、金砖国家等机制合作，共同推动经济全球化向前发展。

第五，继续推进共建"一带一路"。目前，中国已经同 137 个国家和 30 个国际组织签署 197 份共建"一带一路"合作文件。中国将秉持共商共建共享原则，坚持开放、绿色、廉洁理念，努力实现高标准、惠民生、可持续目标，推动共建"一带一路"高质量发展。

女士们、先生们、朋友们！

面向未来，中国将坚持新发展理念，继续实施创新驱动发展战略，着力培育和壮大新动能，不断推动转方式、调结构、增动力，推动经济高质量发展，为世界经济增长带来新的更多机遇。

我相信，中国经济发展前景一定会更加光明，也必然更加光明。从历史的长镜头来看，中国发展是属于全人类进步的伟大事业。中国将张开双臂，为各国提供更多市场机遇、投资机遇、增长机遇，实现共同发展。

女士们、先生们、朋友们！

中华文明历来主张天下大同、协和万邦。希望大家共同努力，不断为推动建设开放型世界经济、构建人类命运共同体作出贡献！

谢谢大家。

八、增强忧患意识，防范化解风险挑战

坚持党对国家安全
工作的绝对领导*

（2018 年 4 月 17 日）

要加强党对国家安全工作的集中统一领导，正确把握当前国家安全形势，全面贯彻落实总体国家安全观，努力开创新时代国家安全工作新局面，为实现"两个一百年"奋斗目标、实现中华民族伟大复兴的中国梦提供牢靠安全保障。

中央国家安全委员会成立 4 年来，坚持党的全面领导，按照总体国家安全观的要求，初步构建了国家安全体系主体框架，形成了国家安全理论体系，完善了国家安全战略体系，建立了国家安全工作协调机制，解决了许多长期想解决而没有解决的难题，办成了许多过去想办而没有办成的大事，国家安全工作得到全面加强，牢牢掌握了维护国家安全的全局性主动。

前进的道路不可能一帆风顺，越是前景光明，越是要增强忧患意识，做到居安思危，全面认识和有力应对一些重大风险挑战。要聚焦重点，抓纲带目，着力防范各类风险挑战内外联动、累积叠加，不断提高国家安全能力。

---

* 这是习近平在十九届中央国家安全委员会第一次会议上的讲话要点。

全面贯彻落实总体国家安全观，必须坚持统筹发展和安全两件大事，既要善于运用发展成果夯实国家安全的实力基础，又要善于塑造有利于经济社会发展的安全环境；坚持人民安全、政治安全、国家利益至上的有机统一，人民安全是国家安全的宗旨，政治安全是国家安全的根本，国家利益至上是国家安全的准则，实现人民安居乐业、党的长期执政、国家长治久安；坚持立足于防，又有效处置风险；坚持维护和塑造国家安全，塑造是更高层次更具前瞻性的维护，要发挥负责任大国作用，同世界各国一道，推动构建人类命运共同体；坚持科学统筹，始终把国家安全置于中国特色社会主义事业全局中来把握，充分调动各方面积极性，形成维护国家安全合力。

国家安全工作要适应新时代新要求，一手抓当前、一手谋长远，切实做好维护政治安全、健全国家安全制度体系、完善国家安全战略和政策、强化国家安全能力建设、防控重大风险、加强法治保障、增强国家安全意识等方面工作。

要坚持党对国家安全工作的绝对领导，实施更为有力的统领和协调。中央国家安全委员会要发挥好统筹国家安全事务的作用，抓好国家安全方针政策贯彻落实，完善国家安全工作机制，着力在提高把握全局、谋划发展的战略能力上下功夫，不断增强驾驭风险、迎接挑战的本领。要加强国家安全系统党的建设，坚持以政治建设为统领，教育引导国家安全部门和各级干部增强"四个意识"、坚定"四个自信"，坚决维护党中央权威和集中统一领导，建设一支忠诚可靠的国家安全队伍。

坚持底线思维，
着力防范化解重大风险[*]

（2019 年 1 月 21 日）

坚持以新时代中国特色社会主义思想为指导，全面贯彻落实党的十九大和十九届二中、三中全会精神，深刻认识和准确把握外部环境的深刻变化和我国改革发展稳定面临的新情况新问题新挑战，坚持底线思维，增强忧患意识，提高防控能力，着力防范化解重大风险，保持经济持续健康发展和社会大局稳定，为决胜全面建成小康社会、夺取新时代中国特色社会主义伟大胜利、实现中华民族伟大复兴的中国梦提供坚强保障。

当前，我国形势总体上是好的，党中央领导坚强有力，全党"四个意识"、"四个自信"、"两个维护"显著增强，意识形态领域态势积极健康向上，经济保持着稳中求进的态势，全国各族人民同心同德、斗志昂扬，社会大局保持稳定。

面对波谲云诡的国际形势、复杂敏感的周边环境、艰巨繁重的改革发展稳定任务，我们必须始终保持高度警惕，既

---

* 这是习近平在省部级主要领导干部坚持底线思维着力防范化解重大风险专题研讨班开班式上的讲话要点。

要高度警惕"黑天鹅"事件，也要防范"灰犀牛"事件；既要有防范风险的先手，也要有应对和化解风险挑战的高招；既要打好防范和抵御风险的有准备之战，也要打好化险为夷、转危为机的战略主动战。

各级党委和政府要坚决贯彻总体国家安全观，落实党中央关于维护政治安全的各项要求，确保我国政治安全。要持续巩固壮大主流舆论强势，加大舆论引导力度，加快建立网络综合治理体系，推进依法治网。要高度重视对青年一代的思想政治工作，完善思想政治工作体系，不断创新思想政治工作内容和形式，教育引导广大青年形成正确的世界观、人生观、价值观，增强中国特色社会主义道路、理论、制度、文化自信，确保青年一代成为社会主义建设者和接班人。

当前我国经济形势总体是好的，但经济发展面临的国际环境和国内条件都在发生深刻而复杂的变化，推进供给侧结构性改革过程中不可避免会遇到一些困难和挑战，经济运行稳中有变、变中有忧，我们既要保持战略定力，推动我国经济发展沿着正确方向前进；又要增强忧患意识，未雨绸缪，精准研判、妥善应对经济领域可能出现的重大风险。各地区各部门要平衡好稳增长和防风险的关系，把握好节奏和力度。要稳妥实施房地产市场平稳健康发展长效机制方案。要加强市场心理分析，做好政策出台对金融市场影响的评估，善于引导预期。要加强市场监测，加强监管协调，及时消除隐患。要切实解决中小微企业融资难融资贵问题，加大援企稳岗力度，落实好就业优先政策。要加大力度妥善处理"僵尸企业"处置中启动难、实施难、人员安置难等问题，加快推动市场出清，释放大量沉淀资源。各地区各部门要采取有效措施，做好稳就业、稳金融、稳外贸、稳外资、稳投资、稳预期工作，保持经济运行在合理区间。

科技领域安全是国家安全的重要组成部分。要加强体系建设和能力建设，完善国家创新体系，解决资源配置重复、科研力量分散、创新主体功能定位不清晰等突出问题，提高创新体系整体效能。要加快补短板，建立自主创新的制度机制优势。要加强重大创新领域战略研判和前瞻部署，抓紧布局国家实验室，重组国家重点实验室体系，建设重大创新基地和创新平台，完善产学研协同创新机制。要强化事关国家安全和经济社会发展全局的重大科技任务的统筹组织，强化国家战略科技力量建设。要加快科技安全预警监测体系建设，围绕人工智能、基因编辑、医疗诊断、自动驾驶、无人机、服务机器人等领域，加快推进相关立法工作。

维护社会大局稳定，要切实落实保安全、护稳定各项措施，下大气力解决好人民群众切身利益问题，全面做好就业、教育、社会保障、医药卫生、食品安全、安全生产、社会治安、住房市场调控等各方面工作，不断增加人民群众获得感、幸福感、安全感。要坚持保障合法权益和打击违法犯罪两手都要硬、都要快。对涉众型经济案件受损群体，要坚持把防范打击犯罪同化解风险、维护稳定统筹起来，做好控赃控人、资产返还、教育疏导等工作。要继续推进扫黑除恶专项斗争，紧盯涉黑涉恶重大案件、黑恶势力经济基础、背后"关系网"、"保护伞"不放，在打防并举、标本兼治上下功夫。要创新完善立体化、信息化社会治安防控体系，保持对刑事犯罪的高压震慑态势，增强人民群众安全感。要推进社会治理现代化，坚持和发展"枫桥经验"[1]，健全平安建设社会协同机制，从源头上提升维护社会稳定能力和水平。

当前，世界大变局加速深刻演变，全球动荡源和风险点增多，我国外部环境复杂严峻。我们要统筹国内国际两个大局、发展安全两件大事，既聚焦重点、又统揽全局，有效防范各类风险连锁联动。要加强海外利益保护，确保海外重大项目和人员机构安全。要完善共建"一带一路"安全保障体系，坚决维护主权、安全、发展利益，为我国改革发展稳定营造良好外部环境。

党的十八大以来，我们以自我革命精神推进全面从严治党，清除了党内存在的严重隐患，成效是显著的，但这并不意味着我们就可以高枕无忧了。党面临的长期执政考验、改革开放考验、市场经济考验、外部环境考验具有长期性和复杂性，党面临的精神懈怠危险、能力不足危险、脱离群众危险、消极腐败危险具有尖锐性和严峻性，这是根据实际情况作出的大判断。全党要增强"四个意识"、坚定"四个自信"、做到"两个维护"，自觉在思想上政治上行动上同党中央保持高度一致，自觉维护党的团结统一，严守党的政治纪律和政治规矩，始终保持同人民的血肉联系。中华民族正处在伟大复兴的关键时期，我们的改革发展正处在克难攻坚、闯关夺隘的重要阶段，迫切需要锐意进取、奋发有为、关键时顶得住的干部。党的十八大以来，我们取得了反腐败斗争压倒性胜利，但反腐败斗争还没有取得彻底胜利。反腐败斗争形势依然严峻复杂，零容忍的决心丝毫不能动摇，打击腐败的力度丝毫不能削减，必须以永远在路上的坚韧和执着，坚决打好反腐败斗争攻坚战、持久战。

防范化解重大风险，是各级党委、政府和领导干部的政治职责，大家要坚持守土有责、守土尽责，把防范化解重大风险工作做实做细做好。要强化风险意识，常观大势、常思大局，科学预见形势发展走势和隐藏其中的风险挑战，做到未雨绸缪。要提高风险化解能力，透过复杂现象把握本质，抓住要害、找准原因，果断决策，善于引导群众、组织群众，善于整合各方力量、科学排兵布阵，有效予以处理。领导干部要加强理论修养，深入学习马克思主义基本理论，学懂弄通做实新时代中国特色社会主义思想，掌握贯穿其中的辩证唯物主义的世界观和方法论，提高战略思维、历史思维、辩证思维、创新思维、法治思维、底线思维能力，善于从纷繁复杂的矛盾中把握规律，不断积累经验、增长才干。要完善风险防控机制，建立健全风险研判机制、决策风险评估机制、风险防控协同机制、风险防控责任机制，主动加强协调配合，坚持一级抓一级、层层抓落实。

防范化解重大风险，需要有充沛顽强的斗争精神。领导干部要敢于担当、敢于斗争，保持斗争精神、增强斗争本领，年轻干部要到重大斗争中去真刀真枪干。各级领导班子和领导干部要加强斗争历练，增强斗争本领，永葆斗争精神，以"踏平坎坷成大道，斗罢艰险又出发"的顽强意志，应对好每一场重大风险挑战，切实把改革发展稳定各项工作做实做好。

注　　释

〔1〕20世纪60年代初，浙江诸暨枫桥干部群众创造了"发动和依靠群众，坚持矛盾不上交，就地解决，实现捕人少，治安好"的"枫桥经验"。此后，"枫桥经验"在实践中不断丰富发展，特别是中共十八大以来形成了特色鲜明的新时代"枫桥经验"。其内涵是，坚持和贯彻党的群众路线，在党的领导下，充分发动群众、组织群众、依靠群众解决群众自己的事情，做到"小事不出村、大事不出镇、矛盾不上交"。

发扬斗争精神，增强斗争本领[*]

（2019 年 9 月 3 日）

广大干部特别是年轻干部要经受严格的思想淬炼、政治历练、实践锻炼，发扬斗争精神，增强斗争本领，为实现"两个一百年"奋斗目标、实现中华民族伟大复兴的中国梦而顽强奋斗。

马克思主义产生和发展、社会主义国家诞生和发展的历程充满着斗争的艰辛。建立中国共产党、成立中华人民共和国、实行改革开放、推进新时代中国特色社会主义事业，都是在斗争中诞生、在斗争中发展、在斗争中壮大的。当今世界正处于百年未有之大变局，我们党领导的伟大斗争、伟大工程、伟大事业、伟大梦想正在如火如荼进行，改革发展稳定任务艰巨繁重，我们面临着难得的历史机遇，也面临着一系列重大风险考验。胜利实现我们党确定的目标任务，必须发扬斗争精神，增强斗争本领。

中华民族伟大复兴，绝不是轻轻松松、敲锣打鼓就能实现的，实现伟大梦想必须进行伟大斗争。在前进道路上我们

＊ 这是习近平在 2019 年秋季学期中央党校（国家行政学院）中青年干部培训班开班式上的讲话要点。

225

面临的风险考验只会越来越复杂，甚至会遇到难以想象的惊涛骇浪。我们面临的各种斗争不是短期的而是长期的，至少要伴随我们实现第二个百年奋斗目标全过程。必须增强"四个意识"，坚定"四个自信"，做到"两个维护"，坚定斗争意志，当严峻形势和斗争任务摆在面前时，骨头要硬，敢于出击，敢战能胜。

共产党人的斗争是有方向、有立场、有原则的，大方向就是坚持中国共产党领导和我国社会主义制度不动摇。凡是危害中国共产党领导和我国社会主义制度的各种风险挑战，凡是危害我国主权、安全、发展利益的各种风险挑战，凡是危害我国核心利益和重大原则的各种风险挑战，凡是危害我国人民根本利益的各种风险挑战，凡是危害我国实现"两个一百年"奋斗目标、实现中华民族伟大复兴的各种风险挑战，只要来了，我们就必须进行坚决斗争，而且必须取得斗争胜利。我们的头脑要特别清醒、立场要特别坚定，牢牢把握正确斗争方向，做到在各种重大斗争考验面前"不畏浮云遮望眼"[1]，"乱云飞渡仍从容"[2]。

我们共产党人的斗争，从来都是奔着矛盾问题、风险挑战去的。当前和今后一个时期，我国发展进入各种风险挑战不断积累甚至集中显露的时期，面临的重大斗争不会少，经济、政治、文化、社会、生态文明建设和国防和军队建设、港澳台工作、外交工作、党的建设等方面都有，而且越来越复杂。领导干部要有草摇叶响知鹿过、松风一起知虎来、一叶易色而知天下秋的见微知著能力，对潜在的风险有科学预判，知道风险在哪里，表现形式是什么，发展趋势会怎样，该斗争的就要斗争。

斗争是一门艺术，要善于斗争。在各种重大斗争中，我们要坚持增强忧患意识和保持战略定力相统一、坚持战略判断和战术决断相统一、坚持斗争过程和斗争实效相统一。领导干部要守土有责、守土尽责，召之即来、来之能战、战之必胜。

要注重策略方法，讲求斗争艺术。要抓主要矛盾、抓矛盾的主要方面，坚持有理有利有节，合理选择斗争方式、把握斗争火候，在原则问题上寸步不让，在策略问题上灵活机动。要根据形势需要，把握时、度、效，及时调整斗争策略。要团结一切可以团结的力量，调动一切积极因素，在斗争中争取团结，在斗争中谋求合作，在斗争中争取共赢。

斗争精神、斗争本领，不是与生俱来的。领导干部要经受严格的思想淬炼、政治历练、实践锻炼，在复杂严峻的斗争中经风雨、见世面、壮筋骨，真正锻造成为烈火真金。要学懂弄通做实党的创新理论，掌握马克思主义立场观点方法，夯实敢于斗争、善于斗争的思想根基，理论上清醒，政治上才能坚定，斗争起来才有底气、才有力量。要坚持在重大斗争中磨砺，越是困难大、矛盾多的地方，越是形势严峻、情况复杂的时候，越能练胆魄、磨意志、长才干。领导干部要主动投身到各种斗争中去，在大是大非面前敢于亮剑，在矛盾冲突面前敢于迎难而上，在危机困难面前敢于挺身而出，在歪风邪气面前敢于坚决斗争。

社会是在矛盾运动中前进的，有矛盾就会有斗争。领导干部不论在哪个岗位、担任什么职务，都要勇于担当、攻坚克难，既当指挥员、又当战斗员，培养和保持顽强的斗争精神、坚韧的斗争意志、高超的斗争本领。我们在工作中遇到的斗争是多方面的，改革发展稳定、内政外交国防、治党治国治军都需要发扬斗争精神、提高斗争本领。全面从严治党、坚持马克思主义在意识形态领域的指导地位、全面深化改革、推进供给侧结构性改革、推动高质量发展、消除金融领域隐患、保障和改善民生、打赢脱贫攻坚战、治理生态环境、应对重大自然灾害、全面依法治国、处理群体性事件、打击黑恶势力、维护国家安全，等等，都要敢于斗争、善于斗争。领导干部要做敢于斗争、善于斗争的战士。

注　释

〔1〕见北宋王安石《登飞来峰》。

〔2〕见毛泽东《七绝·为李进同志题所摄庐山仙人洞照》（《毛泽东诗词集》，中央文献出版社 1996 年版，第 122 页）。

九、推动经济高质量发展

长期坚持、不断丰富发展新时代中国特色社会主义经济思想*

（2017 年 12 月 18 日）

党的十八大以来，党和国家事业取得了历史性成就、发生了历史性变革。经济发展也取得了历史性成就、发生了历史性变革，并为其他领域改革发展提供了重要物质条件。

党的十八大以后，国内外经济形势极其错综复杂，很多情况是改革开放以来没有碰到过的。国际金融危机深层次影响持续蔓延，世界经济复苏乏力，国际贸易低迷，保护主义普遍。国内经济下行压力不断加大，产能过剩矛盾突出，工业品价格连续下降，金融风险隐患增多。面对复杂形势，大家都在思考我国经济发展的方向和出路，看法不很一致，思路也不很统一。

当时，我们面临的主要问题是经济形势应该怎么看、经济工作应该怎么干？必须作出科学判断、作出正确决策。5 年来，中央政治局常委会、中央政治局、中央全面深化改革领导小组、中央财经领导小组共召开涉及经济问题的会议上百次，提出了一系列关系我国经济发展全局的重大判断和论断。

---

* 这是习近平在中央经济工作会议上讲话的一部分。

这个历程很不平凡，是一个实践——认识——再实践——再认识的过程，也是一个不断探索规律、深化认识、统一思想、正确决策的过程。实践是检验真理的唯一标准。实践证明，党中央对经济形势的判断、对经济工作的决策、对发展思路的调整是完全正确的，引导我国经济发展取得历史性成就、发生历史性变革。

一是经济实力再上新台阶。5 年来，我国经济年均增长7.1%，今年经济总量达到80多万亿元，占世界经济的比重达到15%，比 5 年前提高3.5 个百分点。我国对世界经济增长的贡献率年均超过 30%，超过美国、欧洲、日本贡献率总和，成为世界经济增长的主要动力源和稳定器，我国规模巨大的市场展现出空前的扩张力和吸引力。二是经济结构出现重大变革。推进供给侧结构性改革，推进"三去一降一补"[1]，着力化解过剩产能，推动市场出清，促进了供求平衡。新技术、新产品、新产业、新业态蓬勃发展，创新驱动力越来越大，新动能对经济的支撑作用明显增强。农业保持稳定，结构调整深化。经过努力，我国经济增长实现了从主要依靠工业带动转为工业和服务业共同带动、从主要依靠投资拉动转为消费和投资一起拉动，我国从出口大国转为出口和进口并重的大国。这些都是我们多年想实现而没有实现的重大结构性变革。三是经济更具活力和韧性。我们提出要使市场在资源配置中起决定性作用，更好发挥政府作用，深化经济体制改革，总体稳步渐进、局部大胆突破。中央全面深化改革领导小组审议通过属于经济体制改革领域的 105 个重大改革事项，经济体制改革全方位推进，在一些关键性、基础性改革上取得重大突破，极大解放了社会生产力。四是推动对外开放深入发展。我们倡导和推动共建"一带一路"，发起创办亚洲基础设施投资银行，设立丝路基金，倡导合作共赢理念，为我国发展拓宽了空间。对外贸易和利用外资保持稳定。人民币纳入国际货币基金组织特别提款权货币篮子，人民币国际化迈出重大步伐。我们高举贸易和投资自由化便利化的旗帜，积极引导经济全球化朝着正确方向发展，我国对全球经济发展的影响力、对全球经济治理的话语权大幅度提升。五是人民获得感、幸福感明显增强。5年城镇新增就业累计6500万人以上，居民收入增长总体快于经济增长，脱贫攻坚战取得决定性进展，贫困人口减少6600万人以上。各类教育质量不断提高，覆盖城乡居民的社会保障体系基本建立，人民健康和医疗卫生水平快速提升，基本公共服务均等化程度不断提高，形成了世界上人口最多的中等收入群体。六是生态环境状况明显好转。5年来，我们坚决推进生态文明建设，全党全国贯彻绿色发展理念的自觉性和主动性显著增强。大气、水、土壤污染防治行动取得明显成效，重点区域 $PM_{2.5}$ 平均浓度下降30%以上，能耗强度降低20.7%，森林面积和蓄积量分别增加1.63亿亩和19亿立方米。我们推进生态文明建设决心之大、力度之大、成效之大前所未有。

5年来，我国经济发展取得的历史性成就、发生的历史性变革，是党中央坚强领导的结果，更是全党全国各族人民共同奋斗的结果。

5年来，我们坚持观大势、谋全局、干实事，提出一系列新理念新思想新战略，主要有以下几个方面。

一是坚持加强党对经济工作的集中统一领导。我们提出，经济工作是党治国理政的中心工作，党中央必须对经济工作负总责、实施全面领导。党中央的领导不是清谈馆，不能议而不决，必须令行禁止。我们完善党中央领导经济工作的体制机制，加强党中央对发展大局大势的分析和把握，及时制定重大方针、重大战略，作出重大决策，部署重大工作，确保党对经济工作的领导落到实处，保证我国经济沿着正确方向发展。

二是坚持以人民为中心的发展思想。我们明确，人民对美好生活的向往就是我们的奋斗目标，发挥人民主体作用是推动发展的强大动力。我们持续抓保障和改善民生工作，强调更多从解决人民群众普遍关心的突出问题入手推进全面建成小康社会建设，把坚持以人民为中心的发展思想贯穿到"五位一体"总体布局和"四个全面"战略布局之中。我们提出精准扶贫、精准脱贫基本方略，全面部署坚决打赢脱贫攻坚战，让贫困人口同全国人民一道进入全面小康社会。

三是坚持适应把握引领经济发展新常态。我们认为，我国经济发展处于增长速度换挡期、结构调整阵痛期、前期刺激政策消化期"三期叠加"的阶段，我国经济发展进入了新常态，强调要贯彻新发展理念，推进供给侧结构性改革；研判经济形势要立足大局，看清长期趋势，把握经济规律，特别是强调要坚持正确政绩观，不简单以生产总值增长率论英雄，不要被短期经济指标的波动所左右。这一系列重大判断明确回答了我国经济形势怎么看、经济工作怎么干的问题，有力引导了全党全社会对经济形势的判断，统一了思想，稳定了市场预期。

四是坚持使市场在资源配置中起决定性作用，更好发挥政府作用。我们强调，改革是经济发展的强大动力，改革只有进行时，没有完成时，必须敢于啃硬骨头、闯难关、涉险滩，坚决扫除经济发展的体制机制障碍。我们把处理好政府和市场关系作为经济体制改革的关键，健全市场机制，破除垄断，发挥价格机制作用，增强市场主体活力，发挥政府在宏观调控、公共服务、市场监管、社会管理、环境保护中的作用，增强国有经济活力、控制力、影响力，激发非公有制经济活力和创造力，构建亲清新型政商关系，激发企业家精神，为经济发展注入了强大动力。

五是坚持适应我国经济发展主要矛盾变化完善宏观调控。我们提出，宏观调控必须适应发展阶段性特征和经济形势变化，该扩大需求时要扩大需求，该调整供给时要调整供给，相机抉择，开准药方。现阶段我国经济发展主要矛盾已转化成结构性问题，矛盾的主要方面在供给侧，主要表现在供给结构不能适应需求结构的变化。这时如果一味刺激需求只会积累更多风险、透支未来增长。我们抓住主要矛盾和矛盾的主要方面，及时调整宏观调控思路，把推进供给侧结构性改革作为经济工作的主线，为保持我国经济持续健康发展开出治本良药。

六是坚持问题导向部署经济发展新战略。我们认为，保持我国经济发展良好势头必须抓大事、谋长远。我们针对关系全局、事关长远的问题实施了一系列重大发展战略。提出以疏解北京非首都功能为重点的京津冀协同发展战略，以共抓大保护、不搞大开发为原则的长江经济带发展战略，以促进合作共赢为落脚点的"一带一路"建设。我们还提出粤港澳大湾区发展战略，提出以促进人的城镇化为核心、提高质量为导向的新型城镇化战略，提出强化激励实施创新驱动发展战略，提出谷物基本自给、口粮绝对安全的新粮食安全观，提出水资源水生态水环境水灾害统筹治理的治水新思路，提出推动能源消费、能源供给、能源技术、能源体制革命和加强能源国际合作的能源安全新战略，等等。这些重大战略已经并将继续对我国经济发展变革产生深远影响。

七是坚持正确工作策略和方法。我们认识到，推动经济持续健康发展，不仅要有正确思想和政策，而且要有正确工作策略和方法。我们坚持稳中求进工作总基调，正确处理经济发展中稳和进的关系，把握宏观调控的度，提高宏观调控的针对性和精准度。我们保持战略定力、坚持久久为功、坚持底线思维，充分考虑困难和问题，做好应对最坏情况的准备，发扬钉钉子精神，积小胜为大胜，一步一个脚印向前迈进，坚决防范各种风险特别是系统性风险。

总之，党的十八大以来，我们成功驾驭了我国经济发展大局，形成了以新发展理念为主要内容的新时代中国特色社会主义经济思想。这一思想，是 5 年来我们推动我国经济发展实践的理论结晶，是运用马克思主义基本原理对中国特色社会主义政治经济学的理性概括，是党和国家十分宝贵的精神财富，必须长期坚持、不断丰富发展，推动我国经济发展产生更深刻、更广泛的历史性变革。

注　释

〔1〕"三去一降一补"，指去产能、去库存、去杠杆、降成本、补短板。

我国经济已由高速增长阶段
转向高质量发展阶段*

（2017 年 12 月 18 日）

中国特色社会主义进入了新时代，我国经济发展也进入了新时代。新时代我国经济发展的特征，就是我在党的十九大报告中强调的，我国经济已由高速增长阶段转向高质量发展阶段。这是一个重大判断，我们必须深刻认识其重大现实意义和深远历史意义。

第一，这是保持经济持续健康发展的必然要求。我国正处于转变发展方式的关键阶段，劳动力成本上升、资源环境约束增大、粗放的发展方式难以为继，经济循环不畅问题十分突出。同时，世界新一轮科技革命和产业变革方兴未艾、多点突破。我们必须推动高质量发展，以适应科技新变化、人民新需要，形成优质高效多样化的供给体系，提供更多优质产品和服务。这样，供求才能在新的水平上实现均衡，我国经济才能持续健康发展。

第二，这是适应我国社会主要矛盾变化和全面建成小康社会、全面建设社会主义现代化国家的必然要求。我国社会

---

* 这是习近平在中央经济工作会议上讲话的一部分。

主要矛盾发生了重大变化，我国经济发展阶段也在发生历史性变化，不平衡不充分的发展就是发展质量不高的表现。解决我国社会的主要矛盾，必须推动高质量发展。我们要重视量的发展，但更要重视解决质的问题，在质的大幅提升中实现量的有效增长。

第三，这是遵循经济规律发展的必然要求。上世纪60年代以来，全球100多个中等收入经济体中只有十几个成功进入高收入经济体。那些取得成功的国家，就是在经历高速增长阶段后实现了经济发展从量的扩张转向质的提高。那些徘徊不前甚至倒退的国家，就是没有实现这种根本性转变。经济发展是一个螺旋式上升的过程，上升不是线性的，量积累到一定阶段，必须转向质的提升，我国经济发展也要遵循这一规律。

高质量发展，就是能够很好满足人民日益增长的美好生活需要的发展，是体现新发展理念的发展，是创新成为第一动力、协调成为内生特点、绿色成为普遍形态、开放成为必由之路、共享成为根本目的的发展。从供给看，高质量发展应该实现产业体系比较完整，生产组织方式网络化智能化，创新力、需求捕捉力、品牌影响力、核心竞争力强，产品和服务质量高。从需求看，高质量发展应该不断满足人民群众个性化、多样化、不断升级的需求，这种需求又引领供给体系和结构的变化，供给变革又不断催生新的需求。从投入产出看，高质量发展应该不断提高劳动效率、资本效率、土地效率、资源效率、环境效率，不断提升科技进步贡献率，不断提高全要素生产率。从分配看，高质量发展应该实现投资有回报、企业有利润、员工有收入、政府有税收，并且充分反映各自按市场评价的贡献。从宏观经济循环看，高质量发展应该实现生产、流通、分配、消费循环通畅，国民经济重大比例关系和空间布局比较合理，经济发展比较平稳，不出现大的起落。更明确地说，高质量发展，就是从"有没有"转向"好不好"。

推动高质量发展，就要建设现代化经济体系，这是我国发展的战略目标。实现这一战略目标，必须牢牢把握高质量发展的要求，坚持质量第一、效益优先；牢牢把握工作主线，坚定推进供给侧结构性改革；牢牢把握基本路径，推动质量变革、效率变革、动力变革；牢牢把握着力点，加快建设实体经济、科技创新、现代金融、人力资源协同发展的产业体系；牢牢把握制度保障，构建市场机制有效、微观主体有活力、宏观调控有度的经济体制。推动高质量发展是我们当前和今后一个时期确定发展思路、制定经济政策、实施宏观调控的根本要求，必须加快形成推动高质量发展的指标体系、政策体系、标准体系、统计体系、绩效评价、政绩考核，创建和完善制度环境，推动我国经济在实现高质量发展上不断取得新进展。

加快建设现代化经济体系[*]

（2018 年 1 月 30 日）

建设现代化经济体系是一篇大文章，既是一个重大理论命题，更是一个重大实践课题，需要从理论和实践的结合上进行深入探讨。建设现代化经济体系是我国发展的战略目标，也是转变经济发展方式、优化经济结构、转换经济增长动力的迫切要求。全党一定要深刻认识建设现代化经济体系的重要性和艰巨性，科学把握建设现代化经济体系的目标和重点，推动我国经济发展焕发新活力、迈上新台阶。

建设现代化经济体系，这是党中央从党和国家事业全局出发，着眼于实现"两个一百年"奋斗目标、顺应中国特色社会主义进入新时代的新要求作出的重大决策部署。国家强，经济体系必须强。只有形成现代化经济体系，才能更好顺应现代化发展潮流和赢得国际竞争主动，也才能为其他领域现代化提供有力支撑。我们要按照建设社会主义现代化强国的要求，加快建设现代化经济体系，确保社会主义现代化强国目标如期实现。

现代化经济体系，是由社会经济活动各个环节、各个层

---

* 这是习近平在主持中共十九届中央政治局第三次集体学习时的讲话要点。

面、各个领域的相互关系和内在联系构成的一个有机整体。要建设创新引领、协同发展的产业体系，实现实体经济、科技创新、现代金融、人力资源协同发展，使科技创新在实体经济发展中的贡献份额不断提高，现代金融服务实体经济的能力不断增强，人力资源支撑实体经济发展的作用不断优化。要建设统一开放、竞争有序的市场体系，实现市场准入畅通、市场开放有序、市场竞争充分、市场秩序规范，加快形成企业自主经营公平竞争、消费者自由选择自主消费、商品和要素自由流动平等交换的现代市场体系。要建设体现效率、促进公平的收入分配体系，实现收入分配合理、社会公平正义、全体人民共同富裕，推进基本公共服务均等化，逐步缩小收入分配差距。要建设彰显优势、协调联动的城乡区域发展体系，实现区域良性互动、城乡融合发展、陆海统筹整体优化，培育和发挥区域比较优势，加强区域优势互补，塑造区域协调发展新格局。要建设资源节约、环境友好的绿色发展体系，实现绿色循环低碳发展、人与自然和谐共生，牢固树立和践行绿水青山就是金山银山理念，形成人与自然和谐发展现代化建设新格局。要建设多元平衡、安全高效的全面开放体系，发展更高层次开放型经济，推动开放朝着优化结构、拓展深度、提高效益方向转变。要建设充分发挥市场作用、更好发挥政府作用的经济体制，实现市场机制有效、微观主体有活力、宏观调控有度。以上几个体系是统一整体，要一体建设、一体推进。我们建设的现代化经济体系，要借鉴发达国家有益做法，更要符合中国国情、具有中国特色。

建设现代化经济体系，需要扎实管用的政策举措和行动。

要突出抓好以下几方面工作。一是要大力发展实体经济，筑牢现代化经济体系的坚实基础。实体经济是一国经济的立身之本，是财富创造的根本源泉，是国家强盛的重要支柱。要深化供给侧结构性改革，加快发展先进制造业，推动互联网、大数据、人工智能同实体经济深度融合，推动资源要素向实体经济集聚、政策措施向实体经济倾斜、工作力量向实体经济加强，营造脚踏实地、勤劳创业、实业致富的发展环境和社会氛围。二是要加快实施创新驱动发展战略，强化现代化经济体系的战略支撑，加强国家创新体系建设，强化战略科技力量，推动科技创新和经济社会发展深度融合，塑造更多依靠创新驱动、更多发挥先发优势的引领型发展。三是要积极推动城乡区域协调发展，优化现代化经济体系的空间布局，实施好区域协调发展战略，推动京津冀协同发展和长江经济带发展，同时协调推进粤港澳大湾区发展。乡村振兴是一盘大棋，要把这盘大棋走好。四是要着力发展开放型经济，提高现代化经济体系的国际竞争力，更好利用全球资源和市场，继续积极推进"一带一路"框架下的国际交流合作。五是要深化经济体制改革，完善现代化经济体系的制度保障，加快完善社会主义市场经济体制，坚决破除各方面体制机制弊端，激发全社会创新创业活力。

加快建设海洋强国[*]

（2018 年 3 月 8 日—2019 年 10 月 15 日）

一

海洋是高质量发展战略要地。要加快建设世界一流的海洋港口、完善的现代海洋产业体系、绿色可持续的海洋生态环境，为海洋强国建设作出贡献。

（2018 年 3 月 8 日在参加十三届全国人大一次会议山东代表团审议时的讲话要点）

二

海洋经济发展前途无量。建设海洋强国，必须进一步关心海洋、认识海洋、经略海洋，加快海洋科技创新步伐。

（2018 年 6 月 12 日—14 日在山东考察时的讲话要点）

---

[*] 这是习近平 2018 年 3 月 8 日至 2019 年 10 月 15 日期间有关加快建设海洋强国论述的节录。

三

要加快海洋科技创新步伐，提高海洋资源开发能力，培育壮大海洋战略性新兴产业。要促进海上互联互通和各领域务实合作，积极发展"蓝色伙伴关系"。要高度重视海洋生态文明建设，加强海洋环境污染防治，保护海洋生物多样性，实现海洋资源有序开发利用，为子孙后代留下一片碧海蓝天。

（2019 年 10 月 15 日致 2019 中国海洋经济博览会的贺信）

努力成为世界主要
科学中心和创新高地[*]

（2018 年 5 月 28 日）

　　进入 21 世纪以来，全球科技创新进入空前密集活跃的时期，新一轮科技革命和产业变革正在重构全球创新版图、重塑全球经济结构。以人工智能、量子信息、移动通信、物联网、区块链为代表的新一代信息技术加速突破应用，以合成生物学、基因编辑、脑科学、再生医学等为代表的生命科学领域孕育新的变革，融合机器人、数字化、新材料的先进制造技术正在加速推进制造业向智能化、服务化、绿色化转型，以清洁高效可持续为目标的能源技术加速发展将引发全球能源变革，空间和海洋技术正在拓展人类生存发展新疆域。总之，信息、生命、制造、能源、空间、海洋等的原创突破为前沿技术、颠覆性技术提供了更多创新源泉，学科之间、科学和技术之间、技术之间、自然科学和人文社会科学之间日益呈现交叉融合趋势，科学技术从来没有像今天这样深刻影

---

　　* 这是习近平在中国科学院第十九次院士大会、中国工程院第十四次院士大会上讲话的一部分。

响着国家前途命运，从来没有像今天这样深刻影响着人民生活福祉。

当前，我国科技领域仍然存在一些亟待解决的突出问题，特别是同党的十九大提出的新任务新要求相比，我国科技在视野格局、创新能力、资源配置、体制政策等方面存在诸多不适应的地方。我国基础科学研究短板依然突出，企业对基础研究重视不够，重大原创性成果缺乏，底层基础技术、基础工艺能力不足，工业母机、高端芯片、基础软硬件、开发平台、基本算法、基础元器件、基础材料等瓶颈仍然突出，关键核心技术受制于人的局面没有得到根本性改变。我国技术研发聚焦产业发展瓶颈和需求不够，以全球视野谋划科技开放合作还不够，科技成果转化能力不强。我国人才发展体制机制还不完善，激发人才创新创造活力的激励机制还不健全，顶尖人才和团队比较缺乏。我国科技管理体制还不能完全适应建设世界科技强国的需要，科技体制改革许多重大决策落实还没有形成合力，科技创新政策与经济、产业政策的统筹衔接还不够，全社会鼓励创新、包容创新的机制和环境有待优化。

中国要强盛、要复兴，就一定要大力发展科学技术，努力成为世界主要科学中心和创新高地。我们比历史上任何时期都更接近中华民族伟大复兴的目标，我们比历史上任何时期都更需要建设世界科技强国！

现在，我们迎来了世界新一轮科技革命和产业变革同我国转变发展方式的历史性交汇期，既面临着千载难逢的历史机遇，又面临着差距拉大的严峻挑战。我们必须清醒认识到，有的历史性交汇期可能产生同频共振，有的历史性交汇期也可能擦肩而过。

形势逼人，挑战逼人，使命逼人。我国广大科技工作者要把握大势、抢占先机，直面问题、迎难而上，瞄准世界科技前沿，引领科技发展方向，肩负起历史赋予的重任，勇做新时代科技创新的排头兵。

第一，充分认识创新是第一动力，提供高质量科技供给，着力支撑现代化经济体系建设。《墨经》[1]中写道，"力，形之所以奋也"，就是说动力是使物体运动的原因。要以提高发展质量和效益为中心，以支撑供给侧结构性改革为主线，把提高供给体系质量作为主攻方向，推动经济发展质量变革、效率变革、动力变革，显著增强我国经济质量优势。要通过补短板、挖潜力、增优势，促进资源要素高效流动和资源优化配置，推动产业链再造和价值链提升，满足有效需求和潜在需求，实现供需匹配和动态均衡发展，改善市场发展预期，提振实体经济发展信心。

世界正在进入以信息产业为主导的经济发展时期。我们要把握数字化、网络化、智能化融合发展的契机，以信息化、智能化为杠杆培育新动能。要突出先导性和支柱性，优先培育和大力发展一批战略性新兴产业集群，构建产业体系新支柱。要推进互联网、大数据、人工智能同实体经济深度融合，做大做强数字经济。要以智能制造为主攻方向推动产业技术变革和优化升级，推动制造业产业模式和企业形态根本性转变，以"鼎新"带动"革故"，以增量带动存量，促进我国产业迈向全球价值链中高端。

第二，矢志不移自主创新，坚定创新信心，着力增强自主创新能力。只有自信的国家和民族，才能在通往未来的道路上行稳致远。树高叶茂，系于根深。自力更生是中华民族自立于世界民族之林的奋斗基点，自主创新是我们攀登世界科技高峰的必由之路。"吾心信其可行，则移山填海之难，终有成功之日；吾心信其不可行，则反掌折枝之易，亦无收效之期也。"[2] 创新从来都是九死一生，但我们必须有"亦余心之所善兮，虽九死其犹未悔"[3] 的豪情。我国广大科技工作者要有强烈的创新信心和决心，既不妄自菲薄，也不妄自尊大，勇于攻坚克难、追求卓越、赢得胜利，积极抢占科技竞争和未来发展制高点。

实践反复告诉我们，关键核心技术是要不来、买不来、讨不来的。只有把关键核心技术掌握在自己手中，才能从根本上保障国家经济安全、国防安全和其他安全。要增强"四个自信"，以关键共性技术、前沿引领技术、现代工程技术、颠覆性技术创新为突破口，敢于走前人没走过的路，努力实现关键核心技术自主可控，把创新主动权、发展主动权牢牢掌握在自己手中。

建设世界科技强国，得有标志性科技成就。要强化战略导向和目标引导，强化科技创新体系能力，加快构筑支撑高端引领的先发优势，加强对关系根本和全局的科学问题的研究部署，在关键领域、卡脖子的地方下大功夫，集合精锐力量，作出战略性安排，尽早取得突破，力争实现我国整体科技水平从跟跑向并行、领跑的战略性转变，在重要科技领域成为领跑者，在新兴前沿交叉领域成为开拓者，创造更多竞争优势。要把满足人民对美好生活的向往作为科技创新的落脚点，把惠民、利民、富民、改善民生作为科技创新的重要方向。

基础研究是整个科学体系的源头。要瞄准世界科技前沿，抓住大趋势，下好"先手棋"，打好基础、储备长远，甘于坐冷板凳，勇于做栽树人、挖井人，实现前瞻性基础研究、引领性原创成果重大突破，夯实世界科技强国建设的根基。要加大应用基础研究力度，以推动重大科技项目为抓手，打通"最后一公里"，拆除阻碍产业化的"篱笆墙"，疏通应用基础研究和产业化连接的快车道，促进创新链和产业链精准对接，加快科研成果从样品到产品再到商品的转化，把科技成果充分应用到现代化事业中去。

工程科技是推动人类进步的发动机，是产业革命、经济发展、社会进步的有力杠杆。广大工程科技工作者既要有工匠精神，又要有团结精神，围绕国家重大战略需求，瞄准经济建设和事关国家安全的重大工程科技问题，紧贴新时代社会民生现实需求和军民融合需求，加快自主创新成果转化应用，在前瞻性、战略性领域打好主动仗。

第三，全面深化科技体制改革，提升创新体系效能，着力激发创新活力。创新决胜未来，改革关乎国运。科技领域是最需要不断改革的领域。2014年6月9日，我在两院院士大会讲话中强调，推进自主创新，最紧迫的是要破除体制机制障碍，最大限度解放和激发科技作为第一生产力所蕴藏的巨大潜能。围绕这些重点任务，这些年来，我们大力推进科技体制改革，科技体制改革全面发力、多点突破、纵深发展，科技体制改革主体架构已经确立，重要领域和关键环节改革取得实质性突破。

2015年8月，党中央、国务院出台《深化科技体制改革实施方案》，部署了到2020年要完成的143条改革任务，目前已完成110多条改革任务。在科技领域存在的多年来一直想解决但没有能解决的难题方面，我们都取得了实质性突破。同时，科技体制改革还存在一些有待解决的突出问题，主要是国家创新体系整体效能还不强，科技创新资源分散、重复、低效的问题还没有从根本上得到解决，"项目多、帽子多、牌子多"等现象仍较突出，科技投入的产出效益不高，科技成果转移转化、实现产业化、创造市场价值的能力不足，科研院所改革、建立健全科技和金融结合机制、创新型人才培养等领域的进展滞后于总体进展，科研人员开展原创性科技创新的积极性还没有充分激发出来，等等。

今年是我国改革开放40周年。新时代全面深化改革决心不能动摇、勇气不能减弱。科技体制改革要敢于啃硬骨头，敢于涉险滩、闯难关，破除一切制约科技创新的思想障碍和制度藩篱，正所谓"穷则变，变则通，通则久"[4]。

要坚持科技创新和制度创新"双轮驱动"，以问题为导向，以需求为牵引，在实践载体、制度安排、政策保障、环境营造上下功夫，在创新主体、创新基础、创新资源、创新环境等方面持续用力，强化国家战略科技力量，提升国家创新体系整体效能。要优化和强化技术创新体系顶层设计，明确企业、高校、科研院所创新主体在创新链不同环节的功能定位，激发各类主体创新激情和活力。要加快转变政府科技管理职能，发挥好组织优势。

企业是创新的主体，是推动创新创造的生力军。正如恩格斯所说："社会一旦有技术上的需要，这种需要就会比十所大学更能把科学推向前进。"[5] 要推动企业成为技术创新决策、研发投入、科研组织和成果转化的主体，培育一批核心技术能力突出、集成创新能力强的创新型领军企业。要发挥市场对技术研发方向、路线选择、要素价格、各类创新要素配置的导向作用，让市场真正在创新资源配置中起决定性作用。要完善政策支持、要素投入、激励保障、服务监管等长效机制，带动新技术、新产品、新业态蓬勃发展。要加快创新成果转化应用，彻底打通关卡，破解实现技术突破、产品制造、市场模式、产业发展"一条龙"转化的瓶颈。

要高标准建设国家实验室，推动大科学计划、大科学工程、大科学中心、国际科技创新基地的统筹布局和优化。要加快建立科技咨询支撑行政决策的科技决策机制，注重发挥智库和专业研究机构作用，完善科技决策机制，提高科学决策能力。要加快构建军民融合发展体系，完善军民融合组织管理体系、工作运行体系、政策制度体系，清除"民参军"、"军转民"障碍。要加大知识产权保护执法力度，完善知识产权服务体系。

2016 年 5 月 30 日，我在全国科技创新大会、两院院士大会、中国科协第九次全国代表大会上的讲话中强调，要着力改革和创新科研经费使用和管理方式，让经费为人的创造性活动服务，而不能让人的创造性活动为经费服务；要改革科技评价制度，建立以科技创新质量、贡献、绩效为导向的分类评价体系，正确评价科技创新成果的科学价值、技术价值、经济价值、社会价值、文化价值。我们接连出台了几个重要改革方案，包括《关于深化中央财政科技计划（专项、基金等）管理改革的方案》、《关于进一步完善中央财政科研项目资金管理等政策的若干意见》、《关于实行以增加知识价值为导向分配政策的若干意见》、《关于分类推进人才评价机制改革的指导意见》、《关于深化科技奖励制度改革的方案》，得到广大科技工作者热烈欢迎。大家反映，这些改革还有需要改进的地方，有的还没有完全落地，有关部门要认真听取大家意见和建议，继续坚决推进，把人的创造性活动从不合理的经费管理、人才评价等体制中解放出来。

第四，深度参与全球科技治理，贡献中国智慧，着力推动构建人类命运共同体。科学技术是世界性的、时代性的，发展科学技术必须具有全球视野。不拒众流，方为江海。自主创新是开放环境下的创新，绝不能关起门来搞，而是要聚四海之气、借八方之力。要深化国际科技交流合作，在更高起点上推进自主创新，主动布局和积极利用国际创新资源，努力构建合作共赢的伙伴关系，共同应对未来发展、粮食安全、能源安全、人类健康、气候变化等人类共同挑战，在实现自身发展的同时惠及其他更多国家和人民，推动全球范围平衡发展。

要坚持以全球视野谋划和推动科技创新，全方位加强国际科技创新合作，积极主动融入全球科技创新网络，提高国家科技计划对外开放水平，积极参与和主导国际大科学计划和工程，鼓励我国科学家发起和组织国际科技合作计划。要把"一带一路"建成创新之路，合作建设面向沿线国家的科技创新联盟和科技创新基地，为各国共同发展创造机遇和平台。要最大限度用好全球创新资源，全面提升我国在全球创新格局中的位势，提高我国在全球科技治理中的影响力和规则制定能力。

第五，牢固确立人才引领发展的战略地位，全面聚集人才，着力夯实创新发展人才基础。功以才成，业由才广。世上一切事物中人是最可宝贵的，一切创新成果都是人做出来的。硬实力、软实力，归根到底要靠人才实力。全部科技史都证明，谁拥有了一流创新人才、拥有了一流科学家，谁就能在科技创新中占据优势。当前，我国高水平创新人才仍然不足，特别是科技领军人才匮乏。人才评价制度不合理，唯论文、唯职称、唯学历的现象仍然严重，名目繁多的评审评价让科技工作者应接不暇，人才"帽子"满天飞，人才管理制度还不适应科技创新要求、不符合科技创新规律。要创新人才评价机制，建立健全以创新能力、质量、贡献为导向的科技人才评价体系，形成并实施有利于科技人才潜心研究和创新的评价制度。要注重个人评价和团队评价相结合，尊重和认可团队所有参与者的实际贡献。要完善科技奖励制度，让优秀科技创新人才得到合理回报，释放各类人才创新活力。要通过改革，改变以静态评价结果给人才贴上"永久牌"标签的做法，改变片面将论文、专利、资金数量作为人才评价标准的做法，不能让繁文缛节把科学家的手脚捆死了，不能让无穷的报表和审批把科学家的精力耽误了！

创新之道，唯在得人。得人之要，必广其途以储之。要营造良好创新环境，加快形成有利于人才成长的培养机制、有利于人尽其才的使用机制、有利于竞相成长各展其能的激励机制、有利于各类人才脱颖而出的竞争机制，培植好人才成长的沃土，让人才根系更加发达，一茬接一茬茁壮成长。要尊重人才成长规律，解决人才队伍结构性矛盾，构建完备的人才梯次结构，培养造就一大批具有国际水平的战略科技人才、科技领军人才、青年科技人才和创新团队。要加强人才投入，优化人才政策，营造有利于创新创业的政策环境，构建有效的引才用才机制，形成天下英才聚神州、万类霜天竞自由的创新局面！

注　释

〔1〕《墨经》，战国后期墨家著作。

〔2〕见孙中山《建国方略》（《孙中山全集》第 1 卷，人民出版社 2015 年版，第 15 页）。

〔3〕见战国时期屈原《离骚》。

〔4〕见《周易·系辞下》。

〔5〕见恩格斯《致瓦尔特·博尔吉乌斯》（《马克思恩格斯选集》第 4 卷，人民出版社 2012 年版，第 648 页）。

把乡村振兴战略作为新时代
"三农"工作总抓手*

（2018 年 9 月 21 日）

乡村振兴战略是党的十九大提出的一项重大战略。我们以这个题目进行集体学习，目的是加深对这一重大战略的理解，明确思路，深化认识，切实把工作做好。

一、实施乡村振兴战略是关系全面建设社会主义现代化国家的全局性、历史性任务。

我一直强调，没有农业农村现代化，就没有整个国家现代化。在现代化进程中，如何处理好工农关系、城乡关系，在一定程度上决定着现代化的成败。从世界各国现代化历史看，有的国家没有处理好工农关系、城乡关系，农业发展跟不上，农村发展跟不上，农产品供应不足，不能有效吸纳农村劳动力，大量失业农民涌向城市贫民窟，乡村和乡村经济走向凋敝，工业化和城镇化走入困境，甚至造成社会动荡，最终陷入"中等收入陷阱"。这里面更深层次的问题是领导体

---

* 这是习近平在主持中共十九届中央政治局第八次集体学习时的讲话。

制和国家治理体制问题。我国作为中国共产党领导的社会主义国家，应该有能力、有条件处理好工农关系、城乡关系，顺利推进我国社会主义现代化进程。

当前，我国正处于正确处理工农关系、城乡关系的历史关口。新中国成立后，在当时的历史条件和国际环境下，我们自力更生，依靠农业农村支持，在一穷二白的基础上推进工业化，建立起比较完整的工业体系和国民经济体系。改革开放以来，我们依靠农村劳动力、土地、资金等要素，快速推进工业化、城镇化，城镇面貌发生了翻天覆地的变化。我国广大农民为推进工业化、城镇化作出了巨大贡献。在这个过程中，农业发展和农村建设也取得了显著成就，为我国改革开放和社会主义现代化建设打下了坚实基础。

长期以来，我们对工农关系、城乡关系的把握是完全正确的，也是富有成效的。这些年，我国农业连年丰产，农民连年增收，农村总体和谐稳定。特别是几亿农民工在城乡之间长时间、大范围有序有效转移，不仅没有带来社会动荡，而且成为经济社会发展的重要支撑。

同时，我们也要看到，同快速推进的工业化、城镇化相比，我国农业农村发展步伐还跟不上，"一条腿长、一条腿短"问题比较突出。我国发展最大的不平衡是城乡发展不平衡，最大的不充分是农村发展不充分。党的十八大以来，我们下决心调整工农关系、城乡关系，采取了一系列举措推动"工业反哺农业、城市支持农村"。党的十九大提出实施乡村振兴战略，就是为了从全局和战略高度来把握和处理工农关系、城乡关系。

在现代化进程中，城的比重上升，乡的比重下降，是客观规律，但在我国拥有近 14 亿人口的国情下，不管工业化、城镇化进展到哪一步，农业都要发展，乡村都不会消亡，城乡将长期共生并存，这也是客观规律。即便我国城镇化率达到 70%，农村仍将有 4 亿多人口。如果在现代化进程中把农村 4 亿多人落下，到头来"一边是繁荣的城市、一边是凋敝的农村"，这不符合我们党的执政宗旨，也不符合社会主义的本质要求。这样的现代化是不可能取得成功的！40 年前，我们通过农村改革拉开了改革开放大幕。40 年后的今天，我们应该通过振兴乡村，开启城乡融合发展和现代化建设新局面。

二、坚持把实施乡村振兴战略作为新时代"三农"工作总抓手。

我在党的十九大报告中对乡村振兴战略进行了概括，提出要坚持农业农村优先发展，按照产业兴旺、生态宜居、乡风文明、治理有效、生活富裕的总要求，建立健全城乡融合发展体制机制和政策体系，加快推进农业农村现代化。这其中，农业农村现代化是实施乡村振兴战略的总目标，坚持农业农村优先发展是总方针，产业兴旺、生态宜居、乡风文明、治理有效、生活富裕是总要求，建立健全城乡融合发展体制机制和政策体系是制度保障。

新时代"三农"工作必须围绕农业农村现代化这个总目标来推进。长期以来，为解决好吃饭问题，我们花了很大精力推进农业现代化，取得了长足进步。现在，全国主要农作物耕种收综合机械化水平已超过 65%，农业科技进步贡献率超过 57%，主要农产品人均占有量均超过世界平均水平，农产品供给极大丰富。相比较而言，农村在基础设施、公共服务、社会治理等方面差距相当大。农村现代化既包括"物"的现代化，也包括"人"的现代化，还包括乡村治理体系和治理能力的现代化。我们要坚持农业现代化和农村现代化一体设计、一并推进，实现农业大国向农业强国跨越。

坚持农业农村优先发展的总方针，就是要始终把解决好"三农"问题作为全党工作重中之重。我们一直强调，对"三农"要多予少取放活，但实际工作中"三农"工作"说起来重要、干起来次要、忙起来不要"的问题还比较突出。我们要扭转这种倾向，在资金投入、要素配置、公共服务、干部配备等方面采取有力举措，加快补齐农业农村发展短板，不断缩小城乡差距，让农业成为有奔头的产业，让农民成为有吸引力的职业，让农村成为安居乐业的家园。

产业兴旺、生态宜居、乡风文明、治理有效、生活富裕，"二十个字"的总要求，反映了乡村振兴战略的丰富内涵。本世纪初，我国刚刚实现总体小康，面临着全面建设小康社会的任务，我们党就提出了"生产发展、生活宽裕、乡风文明、村容整洁、管理民主"的社会主义新农村建设总要求，这在当时是符合实际的。现在，中国特色社会主义进入了新时代，社会主要矛盾、农业主要矛盾发生了很大变化，广大农民群众有更高的期待，需要对农业农村发展提出更高要求。产业兴旺，是解决农村一切问题的前提，从"生产发展"到"产业兴旺"，反映了农业农村经济适应市场需求变化、加快优化升级、促进产业融合的新要求。生态宜居，是乡村振兴的内在要求，从"村容整洁"到"生态宜居"，反映了农村生态文明建设质的提升，体现了广大农民群众对建设美丽家园的追求。乡风文明，是乡村振兴的紧迫任务，重点是弘扬社会主义核心价值观，保护和传承农村优秀传统文化，加强农村公共文化建设，开展移风易俗，改善农民精神风貌，提高乡村社会文明程度。治理有效，是乡村振兴的重要保障，从"管理民主"到"治理有效"，是要推进乡村治理能力和治理水平现代化，让农村既充满活力又和谐有序。生活富裕，是乡村振兴的主要目的，从"生活宽裕"到"生活富裕"，反映了广大农民群众日益增长的美好生活需要。

由此可见，乡村振兴是包括产业振兴、人才振兴、文化振兴、生态振兴、组织振兴的全面振兴，是"五位一体"总体布局、"四个全面"战略布局在"三农"工作的体现。我们要统筹推进农村经济建设、政治建设、文化建设、社会建设、生态文明建设和党的建设，促进农业全面升级、农村全面进步、农民全面发展。

三、坚持走中国特色乡村振兴之路。

实施乡村振兴战略，首先要按规律办事。在我们这样一个拥有近14亿人口的大国，实现乡村振兴是前无古人、后无来者的伟大创举，没有现成的、可照抄照搬的经验。我国乡村振兴道路怎么走，只能靠我们自己去探索。

我国人多地少矛盾十分突出，户均耕地规模仅相当于欧盟的四十分之一、美国的四百分之一。"人均一亩三分地、户均不过十亩田"，是我国许多地方农业的真实写照。这样的资源禀赋决定了我们不可能各地都像欧美那样搞大规模农业、大机械作业，多数地区要通过健全农业社会化服务体系，实现小规模农户和现代农业发展有机衔接。当前和今后一个时期，要突出抓好农民合作社和家庭农场两类农业经营主体发展，赋予双层经营体制新的内涵，不断提高农业经营效率。

我国农耕文明源远流长、博大精深，是中华优秀传统文化的根。我国很多村庄有几百年甚至上千年的历史，至今保持完整。很多风俗习惯、村规民约等具有深厚的优秀传统文化基因，至今仍然发挥着重要作用。要在实行自治和法治的同时，注重发挥好德治的作用，推动礼仪之邦、优秀传统文化和法治社会建设相辅相成。要继续进行这方面的探索和创新，并不断总结推广。

要把乡村振兴战略这篇大文章做好，必须走城乡融合发展之路。我们一开始就没有提城市化，而是提城镇化，目的就是促进城乡融合。要向改革要动力，加快建立健全城乡融合发展体制机制和政策体系。要健全多元投入保障机制，增加对农业农村基础设施建设投入，加快城乡基础设施互联互通，推动人才、土地、资本等要素在城乡间双向流动。要建立健全城乡基本公共服务均等化的体制机制，推动公共服务向农村延伸、社会事业向农村覆盖。要深化户籍制度改革，强化常住人口基本公共服务，维护进城落户农民的土地承包权、宅基地使用权、集体收益分配权，加快农业转移人口市民化。

打好脱贫攻坚战是实施乡村振兴战略的优先任务。贫困村和所在县乡当前的工作重点就是脱贫攻坚，目标不变、靶心不散、频道不换。2020年全面建成小康社会之后，我们将消除绝对贫困，但相对贫困仍将长期存在。到那时，现在针对绝对贫困的脱贫攻坚举措要逐步调整为针对相对贫困的日常性帮扶措施，并纳入乡村振兴战略架构下统筹安排。这个问题要及早谋划、早作打算。

四、为实施乡村振兴战略提供坚强政治保证。

实施乡村振兴战略，各级党委和党组织必须加强领导，汇聚起全党上下、社会各方的强大力量。要把好乡村振兴战略的政治方向，坚持农村土地集体所有制性质，发展新型集体经济，走共同富裕道路。要充分发挥好乡村党组织的作用，把乡村党组织建设好，把领导班子建设强，弱的村要靠好的党支部带领打开局面，富的村要靠好的党支部带领再上一层楼。人才振兴是乡村振兴的基础，要创新乡村人才工作体制机制，充分激发乡村现有人才活力，把更多城市人才引向乡村创新创业。

在实施乡村振兴战略中要注意处理好以下关系。

第一，长期目标和短期目标的关系。实施乡村振兴战略是一项长期而艰巨的任务，要遵循乡村建设规律，着眼长远谋定而后动，坚持科学规划、注重质量、从容建设，聚焦阶段任务，找准突破口，排出优先序，一件事情接着一件事情办，一年接着一年干，久久为功，积小胜为大成。要有足够的历史耐心，把可能出现的各种问题想在前面，切忌贪大求快、刮风搞运动，防止走弯路、翻烧饼。

第二，顶层设计和基层探索的关系。党中央已经明确了乡村振兴的顶层设计，各地要解决好落地问题，制定出符合自身实际的实施方案。编制村庄规划不能简单照搬城镇规划，更不能搞一个模子套到底。要科学把握乡村的差异性，因村制宜，精准施策，打造各具特色的现代版"富春山居图"。要发挥亿万农民的主体作用和首创精神，调动他们的积极性、主动性、创造性，并善于总结基层的实践创造，不断完善顶层设计。

第三，充分发挥市场决定性作用和更好发挥政府作用的关系。要进一步解放思想，推进新一轮农村改革，从农业农村发展深层次矛盾出发，聚焦农民和土地的关系、农民和集体的关系、农民和市民的关系，推进农村产权明晰化、农村要素市场化、农业支持高效化、乡村治理现代化，提高组织化程度，激活乡村振兴内生动力。要以市场需求为导向，深化农业供给侧结构性改革，不断提高农业综合效益和竞争力。要优化农村创新创业环境，放开搞活农村经济，培育乡村发展新动能。要发挥政府在规划引导、政策支持、市场监管、法治保障等方面的积极作用。推进农村改革不可能一蹴而就，还可能会经历阵痛，甚至付出一些代价，但在方向问题上不能出大的偏差。有一条是我一直强调的，就是农村改革不论怎么改，都不能把农村土地集体所有制改垮了、把耕地改少了、把粮食生产能力改弱了、把农民利益损害了。这些底线必须坚守，决不能犯颠覆性错误。

第四，增强群众获得感和适应发展阶段的关系。要围绕农民群众最关心最直接最现实的利益问题，加快补齐农村发展和民生短板，让亿万农民有更多实实在在的获得感、幸福感、安全感。要科学评估财政收支状况、集体经济实力和群众承受能力，合理确定投资规模、筹资渠道、负债水平，合理设定阶段性目标任务和工作重点，形成可持续发展的长效机制。要坚持尽力而为、量力而行，不能超越发展阶段，不能提脱离实际的目标，更不能搞形式主义和"形象工程"。

大力支持民营企业发展壮大[*]

（2018 年 11 月 1 日）

保持定力，增强信心，集中精力办好自己的事情，是我们应对各种风险挑战的关键。当前，我国经济运行总体平稳、稳中有进，主要指标保持在合理区间。同时，我国经济发展的不确定性明显上升，下行压力有所加大，企业经营困难增多。这些都是前进中必然遇到的问题。

面对困难挑战，我们要看到有利条件，增强对我国经济发展的必胜信心。一是我国拥有巨大的发展韧性、潜力和回旋余地，我国有 13 亿多人口的内需市场，正处于新型工业化、信息化、城镇化、农业现代化同步发展阶段，中等收入群体扩大孕育着大量消费升级需求，城乡区域发展不平衡蕴藏着可观发展空间。二是我国拥有较好的发展条件和物质基础，拥有全球最完整的产业体系和不断增强的科技创新能力，总储蓄率仍处于较高水平。三是我国人力资本丰富，有 9 亿多劳动力人口，其中超过 1.7 亿是受过高等教育或拥有专业技能的人才，每年毕业的大学生就有 800 多万，劳动力的比较优势仍然明显。四是我国国土面积辽阔，土地总量资源丰

---

[*] 这是习近平在民营企业座谈会上讲话的一部分。

263

富，集约用地潜力巨大，也为经济发展提供了很好的空间支撑。五是综合各方面因素分析，我国经济发展健康稳定的基本面没有改变，支撑高质量发展的生产要素条件没有改变，长期稳中向好的总体势头没有改变，同主要经济体相比，我国经济增长仍居世界前列。六是我国拥有独特的制度优势，我们有党的坚强领导，有集中力量办大事的政治优势，全面深化改革不断释放发展动力，宏观调控能力不断增强。

从外部环境看，世界经济整体呈现复苏回暖势头，和平与发展仍是时代潮流。今年前三季度我国进出口保持了稳定增长势头，同主要贸易伙伴进出口贸易总额均实现增长。随着共建"一带一路"扎实推进，我国同"一带一路"沿线国家的投资贸易合作加快推进，成为我们外部经济环境的新亮点。

总之，只要我们保持战略定力，坚持稳中求进工作总基调，以供给侧结构性改革为主线，全面深化改革开放，我国经济就一定能够加快转入高质量发展轨道，迎来更加光明的发展前景。

在我国经济发展进程中，我们要不断为民营经济营造更好发展环境，帮助民营经济解决发展中的困难，支持民营企业改革发展，变压力为动力，让民营经济创新源泉充分涌流，让民营经济创造活力充分迸发。为此，要抓好6个方面政策举措落实。

第一，减轻企业税费负担。要抓好供给侧结构性改革降成本行动各项工作，实质性降低企业负担。要加大减税力度。推进增值税等实质性减税，而且要简明易行好操作，增强企业获得感。对小微企业、科技型初创企业可以实施普惠性税收免除。要根据实际情况，降低社保缴费名义费率，稳定缴费方式，确保企业社保缴费实际负担有实质性下降。既要以最严格的标准防范逃避税，又要避免因为不当征税导致正常运行的企业停摆。要进一步清理、精简涉及民间投资管理的行政审批事项和涉企收费，规范中间环节、中介组织行为，减轻企业负担，加快推进涉企行政事业性收费零收费，降低企业成本。一些地方的好做法要加快在全国推广。

第二，解决民营企业融资难融资贵问题。要优先解决民营企业特别是中小企业融资难甚至融不到资问题，同时逐步降低融资成本。要改革和完善金融机构监管考核和内部激励机制，把银行业绩考核同支持民营经济发展挂钩，解决不敢贷、不愿贷的问题。要扩大金融市场准入，拓宽民营企业融资途径，发挥民营银行、小额贷款公司、风险投资、股权和债券等融资渠道作用。对有股权质押平仓风险的民营企业，有关方面和地方要抓紧研究采取特殊措施，帮助企业渡过难关，避免发生企业所有权转移等问题。对地方政府加以引导，对符合经济结构优化升级方向、有前景的民营企业进行必要财务救助。省级政府和计划单列市可以自筹资金组建政策性救助基金，综合运用多种手段，在严格防止违规举债、严格防范国有资产流失前提下，帮助区域内产业龙头、就业大户、战略新兴行业等关键重点民营企业纾困。要高度重视三角债问题，纠正一些政府部门、大企业利用优势地位以大欺小、拖欠民营企业款项的行为。

第三，营造公平竞争环境。要打破各种各样的"卷帘门"、"玻璃门"、"旋转门"，在市场准入、审批许可、经营运行、招投标、军民融合等方面，为民营企业打造公平竞争环境，给民营企业发展创造充足市场空间。要鼓励民营企业参与国有企业改革。要推进产业政策由差异化、选择性向普惠化、功能性转变，清理违反公平、开放、透明市场规则的政策文件，推进反垄断、反不正当竞争执法。

第四，完善政策执行方式。任何一项政策出台，不管初衷多么好，都要考虑可能产生的负面影响，考虑实际执行同政策初衷的差别，考虑同其他政策是不是有叠加效应，不断提高政策水平。各地区各部门要从实际出发，提高工作艺术和管理水平，加强政策协调性，细化、量化政策措施，制定相关配套举措，推动各项政策落地、落细、落实，让民营企业从政策中增强获得感。去产能、去杠杆要对各类所有制企业执行同样标准，不能戴着有色眼镜落实政策，不能不问青红皂白对民营企业断贷抽贷。要提高政府部门履职水平，按照国家宏观调控方向，在安监、环保等领域微观执法过程中避免简单化，坚持实事求是，一切从实际出发，执行政策不能搞"一刀切"。要结合改革督察工作，对中央全面深化改革委员会会议审议通过的产权保护、弘扬企业家精神、市场公平竞争审查等利好民营企业的改革方案专项督察，推动落实。

第五，构建亲清新型政商关系。各级党委和政府要把构建亲清新型政商关系的要求落到实处，把支持民营企业发展作为一项重要任务，花更多时间和精力关心民营企业发展、民营企业家成长，不能成为挂在嘴边的口号。我们要求领导干部同民营企业家打交道要守住底线、把好分寸，并不意味着领导干部可以对民营企业家的正当要求置若罔闻，对他们的合法权益不予保护，而是要积极主动为民营企业服务。各相关部门和地方的主要负责同志要经常听取民营企业反映和诉求，特别是在民营企业遇到困难和问题情况下更要积极作为、靠前服务，帮助解决实际困难。对支持和引导国有企业、民营企业特别是中小企业克服困难、创新发展方面的工作情况，要纳入干部考核考察范围。人民团体、工商联等组织要深入民营企业了解情况，积极反映企业生产经营遇到的困难和问题，支持企业改革创新。要加强舆论引导，正确宣传党和国家大政方针，对一些错误说法要及时澄清。

第六，保护企业家人身和财产安全。稳定预期，弘扬企业家精神，安全是基本保障。我们加大反腐败斗争力度，是落实党要管党、全面从严治党的要求，是为了惩治党内腐败分子，构建良好政治生态，坚决反对和纠正以权谋私、钱权交易、贪污贿赂、吃拿卡要、欺压百姓等违纪违法行为。这有利于为民营经济发展创造健康环境。纪检监察机关在履行职责过程中，有时需要企业经营者协助调查，这种情况下，要查清问题，也要保障其合法的人身和财产权益，保障企业合法经营。对一些民营企业历史上曾经有过的一些不规范行为，要以发展的眼光看问题，按照罪刑法定、疑罪从无的原则处理，让企业家卸下思想包袱，轻装前进。我多次强调要甄别纠正一批侵害企业产权的错案冤案，最近人民法院依法重审了几个典型案例，社会反映很好。

我说过，非公有制经济要健康发展，前提是非公有制经济人士要健康成长。希望广大民营经济人士加强自我学习、自我教育、自我提升。民营企业家要珍视自身的社会形象，

热爱祖国、热爱人民、热爱中国共产党，践行社会主义核心价值观，弘扬企业家精神，做爱国敬业、守法经营、创业创新、回报社会的典范。民营企业家要讲正气、走正道，做到聚精会神办企业、遵纪守法搞经营，在合法合规中提高企业竞争能力。守法经营，这是任何企业都必须遵守的原则，也是长远发展之道。要练好企业内功，特别是要提高经营能力、管理水平，完善法人治理结构，鼓励有条件的民营企业建立现代企业制度。新一代民营企业家要继承和发扬老一辈人艰苦奋斗、敢闯敢干、聚焦实业、做精主业的精神，努力把企业做强做优。民营企业还要拓展国际视野，增强创新能力和核心竞争力，形成更多具有全球竞争力的世界一流企业。

推动形成优势互补高质量
发展的区域经济布局[*]

（2019 年 8 月 26 日）

当前我国区域经济发展出现一些新情况新问题，要研究在国内外发展环境变化中，现有区域政策哪些要坚持、哪些应调整。要面向第二个百年目标，作些战略性考虑。

一、正确认识当前区域经济发展新形势。

我国幅员辽阔、人口众多，各地区自然资源禀赋差别之大在世界上是少有的，统筹区域发展从来都是一个重大问题。

新中国成立后，我国生产力布局经历过几次重大调整。"一五"时期，苏联援建的 156 项重点工程，有 70% 以上布局在北方，其中东北占了 54 项。后来，毛泽东同志在《论十大关系》中提出正确处理沿海工业和内地工业的关系，20 世纪 60 年代中期开展"三线"[1]建设。改革开放以后，我们实施了设立经济特区、开放沿海城市等一系列重大举措。20 世纪 90 年代中后期以来，我们在继续鼓励东部地区率先发展的同时，相继作出实施西部大开发、振兴东北地区等老工业基地、促进中部地区崛起等重大战略决策。党的十八大以来，

＊ 这是习近平在中央财经委员会第五次会议上讲话的一部分。

党中央提出了京津冀协同发展、长江经济带发展、共建"一带一路"、粤港澳大湾区建设、长三角一体化发展等新的区域发展战略。下一步，我们还要研究黄河流域生态保护和高质量发展问题。

当前，我国区域发展形势是好的，同时出现了一些值得关注的新情况新问题。一是区域经济发展分化态势明显。长三角、珠三角等地区已初步走上高质量发展轨道，一些北方省份增长放缓，全国经济重心进一步南移。2018年，北方地区经济总量占全国的比重为38.5%，比2012年下降4.3个百分点。各板块内部也出现明显分化，有的省份内部也有分化现象。二是发展动力极化现象日益突出。经济和人口向大城市及城市群集聚的趋势比较明显。北京、上海、广州、深圳等特大城市发展优势不断增强，杭州、南京、武汉、郑州、成都、西安等大城市发展势头较好，形成推动高质量发展的区域增长极。三是部分区域发展面临较大困难。东北地区、西北地区发展相对滞后。2012年至2018年，东北地区经济总量占全国的比重从8.7%下降到6.2%，常住人口减少137万，多数是年轻人和科技人才。一些城市特别是资源枯竭型城市、传统工矿区城市发展活力不足。

总的来看，我国经济发展的空间结构正在发生深刻变化，中心城市和城市群正在成为承载发展要素的主要空间形式。我们必须适应新形势，谋划区域协调发展新思路。

二、新形势下促进区域协调发展的思路。

新形势下促进区域协调发展，总的思路是：按照客观经济规律调整完善区域政策体系，发挥各地区比较优势，促进各类要素合理流动和高效集聚，增强创新发展动力，加快构建高质量发展的动力系统，增强中心城市和城市群等经济发展优势区域的经济和人口承载能力，增强其他地区在保障粮食安全、生态安全、边疆安全等方面的功能，形成优势互补、高质量发展的区域经济布局。

我国经济由高速增长阶段转向高质量发展阶段，对区域协调发展提出了新的要求。不能简单要求各地区在经济发展上达到同一水平，而是要根据各地区的条件，走合理分工、优化发展的路子。要形成几个能够带动全国高质量发展的新动力源，特别是京津冀、长三角、珠三角三大地区，以及一些重要城市群。不平衡是普遍的，要在发展中促进相对平衡。这是区域协调发展的辩证法。

第一，尊重客观规律。产业和人口向优势区域集中，形成以城市群为主要形态的增长动力源，进而带动经济总体效率提升，这是经济规律。要破除资源流动障碍，使市场在资源配置中起决定性作用，促进各类生产要素自由流动并向优势地区集中，提高资源配置效率。当然，北京、上海等特大城市要根据资源条件和功能定位合理管控人口规模。

第二，发挥比较优势。经济发展条件好的地区要承载更多产业和人口，发挥价值创造作用。生态功能强的地区要得到有效保护，创造更多生态产品。要考虑国家安全因素，增强边疆地区发展能力，使之有一定的人口和经济支撑，以促进民族团结和边疆稳定。

第三，完善空间治理。要完善和落实主体功能区战略，细化主体功能区划分，按照主体功能定位划分政策单元，对重点开发地区、生态脆弱地区、能源资源地区等制定差异化政策，分类精准施策，推动形成主体功能约束有效、国土开发有序的空间发展格局。

第四，保障民生底线。区域协调发展的基本要求是实现基本公共服务均等化，基础设施通达程度比较均衡。要完善土地、户籍、转移支付等配套政策，提高城市群承载能力，促进迁移人口稳定落户。促进迁移人口落户要克服形式主义，真抓实干，保证迁得出、落得下。要确保承担安全、生态等战略功能的区域基本公共服务均等化。

三、促进区域协调发展的主要举措。

要从多方面健全区域协调发展新机制，抓紧实施有关政策措施。

第一，形成全国统一开放、竞争有序的商品和要素市场。要实施全国统一的市场准入负面清单制度，消除歧视性、隐蔽性的区域市场壁垒，打破行政性垄断，坚决破除地方保护主义。除中央已有明确政策规定之外，全面放宽城市落户条件，完善配套政策，打破阻碍劳动力流动的不合理壁垒，促进人力资源优化配置。要健全市场一体化发展机制，深化区域合作机制，加强区域间基础设施、环保、产业等方面的合作。

第二，尽快实现养老保险全国统筹。养老保险全国统筹对维护全国统一大市场、促进企业间公平竞争和劳动力自由流动具有重要意义。要在确保 2020 年省级基金统收统支的基础上，加快养老保险全国统筹进度，在全国范围内实现制度统一和区域间互助共济。

第三，改革土地管理制度。要加快改革土地管理制度，建设用地资源向中心城市和重点城市群倾斜。在国土空间规划、农村土地确权颁证基本完成的前提下，城乡建设用地供应指标使用应更多由省级政府统筹负责。要使优势地区有更大发展空间。

第四，完善能源消费双控制度。能源消费总量和强度双控制度对节约能源资源、打好污染防治攻坚战发挥了积极作用。但是，目前有10多个省份提出难以完成"十三五"能耗总量指标。这个问题要认真研究，既要尽力而为，又要实事求是。对于能耗强度达标而发展较快的地区，能源消费总量控制要有适当弹性。

第五，全面建立生态补偿制度。要健全区际利益补偿机制，形成受益者付费、保护者得到合理补偿的良性局面。要健全纵向生态补偿机制，加大对森林、草原、湿地和重点生态功能区的转移支付力度。要推广新安江水环境补偿试点经验，鼓励流域上下游之间开展资金、产业、人才等多种补偿。要建立健全市场化、多元化生态补偿机制，在长江流域开展生态产品价值实现机制试点。

第六，完善财政转移支付制度。要完善财政体制，合理确定中央支出占整个支出的比重。要对重点生态功能区、农产品主产区、困难地区提供有效转移支付。基本公共服务要同常住人口建立挂钩机制，由常住地供给。要运用信息化手段建设便捷高效的公共服务平台，方便全国范围内人员流动。

四、关于推动东北全方位振兴。

东北地区是我国重要的工农业基地，维护国家国防安全、粮食安全、生态安全、能源安全、产业安全的战略地位十分重要。党的十八大以来，我先后到东北调研 5 次，2 次召开专题座谈会。下一步，特别是"十四五"时期，要有新的战略性举措，推动东北地区实现全面振兴。

东北地区建设现代化经济体系具备很好的基础条件，全面振兴不是把已经衰败的产业和企业硬扶持起来，而是要有效整合资源，主动调整经济结构，形成新的均衡发展的产业结构。要加强传统制造业技术改造，善于扬长补短，发展新技术、新业态、新模式，培育健康养老、旅游休闲、文化娱乐等新增长点。要促进资源枯竭地区转型发展，加快培育接续替代产业，延长产业链条。要加大创新投入，为产业多元化发展提供新动力。

东北地区国有经济比重较高，要以改革为突破口，加快国有企业改革，让老企业焕发新活力。要打造对外开放新前沿，多吸引跨国企业到东北投资。开放方面国家可以给一些政策，但更重要的还是靠东北地区自己转变观念、大胆去闯。要加快转变政府职能，大幅减少政府对资源的直接配置，强化事中事后监管，给市场发育创造条件。要支持和爱护本地和外来企业成长，弘扬优秀企业家精神。东北振兴的关键是人才，要研究更具吸引力的措施，使沈阳、大连、长春、哈尔滨等重要城市成为投资兴业的热土。要加强对领导干部的正向激励，树立鲜明用人导向，让敢担当、善作为的干部有舞台、受褒奖。

注　　释

〔1〕"三线"，指三线地区。20世纪60年代初期，中共中央和毛泽东提出从战备需要出发，根据战略位置的不同，将我国各地区分为一、二、三线。三线地区泛指全国的战略大后方。

十、积极发展
社会主义民主政治

为新时代坚持和发展中国特色社会主义提供宪法保障[*]

（2018 年 1 月 19 日）

  党的十八大以来，我多次讲，全面贯彻实施宪法是全面依法治国、建设社会主义法治国家的首要任务和基础性工作。我们把实施宪法摆在全面依法治国的突出位置，采取一系列有力措施加强宪法实施和监督工作，维护宪法法律权威。2014 年，贯彻党的十八届四中全会精神，全国人大常委会以立法形式把每年 12 月 4 日设立为国家宪法日，已连续开展 4 个国家宪法日活动，在全社会弘扬宪法精神。2015 年，全国人大常委会作出决定，规定各级人大及县级以上各级人大常委会选举或者决定任命的国家工作人员，以及各级人民政府、人民法院、人民检察院任命的国家工作人员，在就职时应该公开进行宪法宣誓，激励和教育国家工作人员忠于宪法、遵守宪法、维护宪法。2015 年，依据宪法规定，全国人大常委会通过关于特赦部分服刑罪犯的决定，国家主席发布特赦令，这是我国改革开放以来第一次实行特赦，具有重大政治意义和法治意义。2016 年，全国人大常委会根据宪法精神和有关

---

  [*] 这是习近平在中共十九届二中全会第二次全体会议上讲话的一部分。

法律原则，采取创制性办法及时妥善处理了辽宁拉票贿选案有关问题，坚决维护人民代表大会制度的权威和尊严。2016年，依据宪法和香港基本法赋予的权力，全国人大常委会主动释法，作出关于香港基本法第一百零四条的解释，一锤定音，充分表明中央贯彻"一国两制"方针的坚定决心和反对"港独"的坚定立场。2017年，全国人大常委会通过《中华人民共和国国歌法》，同之前已经施行的国旗法、国徽法一道，构成和落实了宪法规定的关于国家象征和标志的重要制度。不久前，全国人大常委会批准了内地与香港特别行政区关于在广深港高铁西九龙站设立口岸实施"一地两检"的合作安排，确认有关合作安排符合宪法和香港基本法，解决了在香港特别行政区行政区域范围内实施"一地两检"的合宪性、合法性依据问题。我们健全规范性文件备案审查制度，把各类法规、规章、司法解释和各类规范性文件纳入备案审查范围，建立健全党委、人大、政府、军队间备案审查衔接联动机制，加强备案审查制度和能力建设，实行有件必备、有备必审、有错必纠。

"观时而制法，因事而制礼。"[1] 党中央考虑启动这次宪法修改的一个重要因素，就是深化国家监察体制改革的需要。深化国家监察体制改革是党中央决策和推进的重大政治体制改革，需要在国家机构顶层设计上作出重要调整和完善，涉及宪法修改问题。党中央决定先进行深化国家监察体制改革试点，全国人大常委会2016年、2017年先后作出在北京市、山西省、浙江省开展试点工作的决定和在全国各地推开试点工作的决定；同时积极准备和推进国家监察立法工作。现在，宪法修改和国家监察立法工作都在抓紧进行，拟依照法定程序提请十三届全国人民代表大会审议。从推进国家监察体制改革的过程看，比较好地处理了深化改革和推进法治的关系，贯彻了凡属重大改革都要于法有据的要求，彰显了党坚持在宪法法律范围内活动的执政原则。

宪法集中体现了党和人民的统一意志和共同愿望，是国家意志的最高表现形式。"法者，国家所以布大信于天下。"[2]可以说，宪法是国家布最大的公信于天下。建章立法需要讲求科学精神，全面认识和自觉运用规律。马克思说："立法者应该把自己看作一个自然科学家。他不是在创造法律，不是在发明法律，而仅仅是在表述法律，他用有意识的实在法把精神关系的内在规律表现出来。"[3]立宪和修宪在任何一个国家都是最为重要的政治活动和立法活动，必须以极其严肃认真的科学态度来对待。毛泽东同志1954年主持起草新中国第一部宪法时就说过："搞宪法是搞科学。"[4]"宪法的起草是慎重的，每一条、每一个字都是认真搞了的"[5]。这一次宪法修改也同样如此。党中央决定对宪法进行适当修改是经过反复考虑、综合方方面面情况作出的，目的是在保持宪法连续性、稳定性、权威性的前提下，通过修改使我国宪法更好体现人民意志，更好体现中国特色社会主义制度的优势，更好适应提高中国共产党长期执政能力、推进全面依法治国、推进国家治理体系和治理能力现代化的要求，为新时代坚持和发展中国特色社会主义提供宪法保障。

从党内外征求意见的情况看，这次宪法修改在党内形成了高度共识、得到了普遍赞成，相信也必将在全体人民中形成高度共识、得到普遍赞成。这充分说明，党中央建议对现行宪法进行适当修改是完全正确和十分必要的，对保证我国宪法始终是一部符合国情、符合实际、符合时代发展要求的好宪法，推动我国宪法与时俱进和不断完善，具有十分重大的意义。

注　　释

〔1〕见《战国策·赵策二》。

〔2〕见唐代吴兢《贞观政要·论公平》。

〔3〕见马克思《论离婚法草案》(《马克思恩格斯全集》第1卷，人民出版社1995年版，第347页)。

〔4〕见毛泽东《关于中华人民共和国宪法草案》(《毛泽东文集》第6卷，人民出版社1999年版，第330页)。

〔5〕这句话出自毛泽东1954年9月14日主持召开中央人民政府委员会临时会议时的讲话(《毛泽东年谱(一九四九——一九七六)》第2卷，中央文献出版社2013年版，第281页)。

坚持以全面依法治国新理念
新思想新战略为指导，坚定不移
走中国特色社会主义法治道路[*]

（2018 年 8 月 24 日）

　　党的十八大以来，党中央对全面依法治国作出一系列重大决策、提出一系列重大举措。我们适应党和国家事业发展要求，完善立法体制，加强重点领域立法，中国特色社会主义法律体系日趋完善。我们坚持依宪治国，与时俱进修改宪法，设立国家宪法日，建立宪法宣誓制度，宪法实施和监督全面加强。我们推进法治政府建设，大幅减少行政审批事项，非行政许可审批彻底终结，建立政府权力清单、负面清单、责任清单，规范行政权力，推动严格规范公正文明执法。我们坚定不移推进法治领域改革，废止劳教制度，推进司法责任制、员额制和以审判为中心的刑事诉讼制度改革，依法纠正一批重大冤假错案件，司法质量、效率、公信力显著提高。我们坚持把全民普法和守法作为依法治国的基础性工作，实行国家机关"谁执法谁普法"普法责任制，将法治

---

　　* 这是习近平在中央全面依法治国委员会第一次会议上讲话的一部分。

教育纳入国民教育体系，全社会法治观念明显增强。我们推进法治队伍建设，发展壮大法律服务队伍，加强法学教育和法治人才培养。我们坚持依法执政，加强党内法规制度建设，推进国家监察体制改革，依法惩治腐败犯罪，全面从严治党成效卓著。

党的十八大以来，我们提出一系列全面依法治国新理念新思想新战略，明确了全面依法治国的指导思想、发展道路、工作布局、重点任务。概括起来，主要有以下十方面。

一是坚持加强党对依法治国的领导。党的领导是社会主义法治最根本的保证。全面依法治国决不是要削弱党的领导，而是要加强和改善党的领导，不断提高党领导依法治国的能力和水平，巩固党的执政地位。必须坚持实现党领导立法、保证执法、支持司法、带头守法，健全党领导全面依法治国的制度和工作机制，通过法定程序使党的主张成为国家意志、形成法律，通过法律保障党的政策有效实施，确保全面依法治国正确方向。

二是坚持人民主体地位。法治建设要为了人民、依靠人民、造福人民、保护人民。必须牢牢把握社会公平正义这一法治价值追求，努力让人民群众在每一项法律制度、每一个执法决定、每一宗司法案件中都感受到公平正义。要把体现人民利益、反映人民愿望、维护人民权益、增进人民福祉落实到依法治国全过程，保证人民在党的领导下通过各种途径和形式管理国家事务，管理经济和文化事业，管理社会事务。

三是坚持中国特色社会主义法治道路。全面推进依法治国必须走对路。要从中国国情和实际出发，走适合自己的法治道路，决不能照搬别国模式和做法，决不能走西方"宪政"、"三权鼎立"、"司法独立"的路子。

四是坚持建设中国特色社会主义法治体系。中国特色社会主义法治体系是中国特色社会主义制度的法律表现形式。必须抓住建设中国特色社会主义法治体系这个总抓手，努力形成完备的法律规范体系、高效的法治实施体系、严密的法治监督体系、有力的法治保障体系，形成完善的党内法规体系，不断开创全面依法治国新局面。

五是坚持依法治国、依法执政、依法行政共同推进，法治国家、法治政府、法治社会一体建设。全面依法治国是一个系统工程，必须统筹兼顾、把握重点、整体谋划，更加注重系统性、整体性、协同性。依法治国、依法执政、依法行政是一个有机整体，关键在于党要坚持依法执政、各级政府要坚持依法行政。法治国家、法治政府、法治社会三者各有侧重、相辅相成，法治国家是法治建设的目标，法治政府是建设法治国家的主体，法治社会是构筑法治国家的基础。要善于运用制度和法律治理国家，提高党科学执政、民主执政、依法执政水平。

六是坚持依宪治国、依宪执政。依法治国首先要坚持依宪治国，依法执政首先要坚持依宪执政。党领导人民制定宪法法律，领导人民实施宪法法律，党自身必须在宪法法律范围内活动。任何公民、社会组织和国家机关都必须以宪法法律为行为准则，依照宪法法律行使权利或权力，履行义务或职责，都不得有超越宪法法律的特权，一切违反宪法法律的行为都必须予以追究。

七是坚持全面推进科学立法、严格执法、公正司法、全民守法。解决好立法、执法、司法、守法等领域的突出矛盾和问题，必须坚定不移推进法治领域改革。要紧紧抓住全面依法治国的关键环节，完善立法体制，提高立法质量。要推进严格执法，理顺执法体制，完善行政执法程序，全面落实行政执法责任制。要支持司法机关依法独立行使职权，健全司法权力分工负责、相互配合、相互制约的制度安排。要加大全民普法力度，培育全社会办事依法、遇事找法、解决问题用法、化解矛盾靠法的法治环境。

八是坚持处理好全面依法治国的辩证关系。全面依法治国必须正确处理政治和法治、改革和法治、依法治国和以德治国、依法治国和依规治党的关系。社会主义法治必须坚持党的领导，党的领导必须依靠社会主义法治。"改革与法治如鸟之两翼、车之两轮"，要坚持在法治下推进改革，在改革中完善法治。要坚持依法治国和以德治国相结合，实现法治和德治相辅相成、相得益彰。要发挥依法治国和依规治党的互补性作用，确保党既依据宪法法律治国理政，又依据党内法规管党治党、从严治党。

九是坚持建设德才兼备的高素质法治工作队伍。全面推进依法治国，必须着力建设一支忠于党、忠于国家、忠于人民、忠于法律的社会主义法治工作队伍。要加强理想信念教育，深入开展社会主义核心价值观和社会主义法治理念教育，推进法治专门队伍正规化、专业化、职业化，提高职业素养和专业水平。要坚持立德树人，德法兼修，创新法治人才培养机制，努力培养造就一大批高素质法治人才及后备力量。

十是坚持抓住领导干部这个"关键少数"。领导干部具体行使党的执政权和国家立法权、行政权、监察权、司法权，是全面依法治国的关键。领导干部必须带头尊崇法治、敬畏法律，了解法律、掌握法律，遵纪守法、捍卫法治，厉行法治、依法办事，不断提高运用法治思维和法治方式深化改革、推动发展、化解矛盾、维护稳定的能力，做尊法学法守法用法的模范，以实际行动带动全社会尊法学法守法用法。

这些新理念新思想新战略，是马克思主义法治思想中国化的最新成果，是全面依法治国的根本遵循，必须长期坚持、不断丰富发展。

走符合国情的人权发展道路*

（2018 年 12 月 10 日）

《世界人权宣言》是人类文明发展史上具有重大意义的文献，对世界人权事业发展产生了深刻影响。中国人民愿同各国人民一道，秉持和平、发展、公平、正义、民主、自由的人类共同价值，维护人的尊严和权利，推动形成更加公正、合理、包容的全球人权治理，共同构建人类命运共同体，开创世界美好未来。

人民幸福生活是最大的人权。中国共产党从诞生那一天起，就把为人民谋幸福、为人类谋发展作为奋斗目标。中华人民共和国成立近 70 年特别是改革开放 40 年来，中华民族迎来了从站起来、富起来到强起来的伟大飞跃。中国发展成就归结到一点，就是亿万中国人民生活日益改善。

时代在发展，人权在进步。中国坚持把人权的普遍性原则和当代实际相结合，走符合国情的人权发展道路，奉行以人民为中心的人权理念，把生存权、发展权作为首要的基本人权，协调增进全体人民的经济、政治、社会、文化、环境权利，努力维护社会公平正义，促进人的全面发展。

---

* 这是习近平致纪念《世界人权宣言》发表 70 周年座谈会的贺信要点。

我国人权研究工作者要与时俱进、守正创新，为丰富人类文明多样性、推进世界人权事业发展作出更大贡献。

结合地方实际创造性做好立法监督等工作[*]

（2019 年 7 月）

县级以上地方人大设立常委会，是发展和完善人民代表大会制度的一个重要举措。40 年来，地方人大及其常委会坚持党的领导、人民当家作主、依法治国有机统一，履职尽责，开拓进取，为地方改革发展稳定工作作出了重要贡献。

新形势新任务对人大工作提出新的更高要求。地方人大及其常委会要按照党中央关于人大工作的要求，围绕地方党委贯彻落实党中央大政方针的决策部署，结合地方实际，创造性地做好立法、监督等工作，更好助力经济社会发展和改革攻坚任务。要自觉接受同级党委领导，密切同人民群众的联系，更好发挥人大代表作用，接地气、察民情、聚民智，用法治保障人民权益、增进民生福祉。要加强自身建设，提高依法履职能力和水平，增强工作整体实效。

---

[*] 这是习近平对地方人大及其常委会工作作出的指示要点。

把人民政协制度坚持好，
把人民政协事业发展好*

（2019 年 9 月 20 日）

人民政协是中国共产党把马克思列宁主义统一战线理论、政党理论、民主政治理论同中国实际相结合的伟大成果，是中国共产党领导各民主党派、无党派人士、人民团体和各族各界人士在政治制度上进行的伟大创造。70 年来，在中国共产党领导下，人民政协坚持团结和民主两大主题，服务党和国家中心任务，在建立新中国和社会主义革命、建设、改革各个历史时期发挥了十分重要的作用。

中国人民政治协商会议第一届全体会议，代行全国人民代表大会职权，为新中国诞生作了全面准备。会议通过了具有临时宪法性质的中国人民政治协商会议共同纲领和中国人民政治协商会议组织法、中华人民共和国中央人民政府组织法，作出关于国都、国旗、国歌、纪年的决议，选举产生政协全国委员会和中央人民政府委员会。这也标志着人民政协

＊ 这是习近平在中央政协工作会议暨庆祝中国人民政治协商会议成立 70 周年大会上讲话的一部分。

制度正式确立。新中国成立后，人民政协为恢复和发展国民经济、巩固新生人民政权、完成社会主义革命、确立社会主义基本制度、推进社会主义建设作出了积极贡献。1954 年全国人民代表大会召开后，人民政协继续在国家政治生活和社会生活中开展了卓有成效的工作。

1978 年党的十一届三中全会召开，人民政协事业发展进入了新时期。党中央进一步明确人民政协的性质、任务、主题、职能，推动人民政协性质和作用载入宪法，把中国共产党领导的多党合作和政治协商制度确立为我国的一项基本政治制度。人民政协认真贯彻党的理论和路线方针政策，努力调动一切积极因素，团结一切可以团结的力量，为推进改革开放和社会主义现代化建设作出了重要贡献。

中国特色社会主义进入新时代，党中央对人民政协工作作出一系列重大部署。人民政协认真贯彻新时代中国特色社会主义思想，坚持人民政协性质定位，紧扣统筹推进"五位一体"总体布局、协调推进"四个全面"战略布局，积极投身实现"两个一百年"奋斗目标、实现中华民族伟大复兴中国梦的伟大实践，为党和国家事业发展凝心聚力，开拓了人民政协工作新局面。

党的十八大以来，我们总结经验，对人民政协工作提出了一系列新要求，主要有以下几个方面。

一是加强党对人民政协工作的领导。中国共产党的领导是包括各民主党派、各团体、各民族、各阶层、各界人士在内的全体中国人民的共同选择，是成立政协时的初心所在，是人民政协事业发展进步的根本保证。要把坚持党的领导贯穿到政协全部工作之中，切实落实党中央对人民政协工作的各项要求。

二是准确把握人民政协性质定位。人民政协作为统一战线的组织、多党合作和政治协商的机构、人民民主的重要实现形式，是社会主义协商民主的重要渠道和专门协商机构，是国家治理体系的重要组成部分，是具有中国特色的制度安排。人民政协要坚持性质定位，坚定不移走中国特色社会主义政治发展道路。

三是发挥好人民政协专门协商机构作用。协商民主是实现党的领导的重要方式，是我国社会主义民主政治的特有形式和独特优势。要发挥好人民政协专门协商机构作用，把协商民主贯穿履行职能全过程，坚持发扬民主和增进团结相互贯通、建言资政和凝聚共识双向发力，积极围绕贯彻落实党和国家重要决策部署情况开展民主监督。

四是坚持和完善我国新型政党制度。中国共产党领导的多党合作和政治协商制度是我国的一项基本政治制度，是从中国土壤中生长出来的新型政党制度，人民政协要为民主党派和无党派人士在政协更好发挥作用创造条件。

五是广泛凝聚人心和力量。人民政协要发挥统一战线组织功能，坚持大团结大联合，坚持一致性和多样性统一，不断巩固共同思想政治基础，加强思想政治引领，广泛凝聚共识，努力寻求最大公约数、画出最大同心圆，汇聚起实现民族复兴的磅礴力量。

六是聚焦党和国家中心任务履职尽责。人民政协要以实现第一个百年奋斗目标、向第二个百年奋斗目标迈进为履职方向，以促进解决好发展不平衡不充分的问题为工作重点，紧紧围绕大局，瞄准抓重点、补短板、强弱项的重要问题，深入协商集中议政，强化监督助推落实。

七是坚持人民政协为人民。人民政协要把不断满足人民对美好生活的需要、促进民生改善作为重要着力点，倾听群众呼声，反映群众愿望，抓住民生领域实际问题做好工作，协助党和政府增进人民福祉。

八是以改革创新精神推进履职能力建设。人民政协要坚持改革创新，着力增强政治把握能力、调查研究能力、联系群众能力、合作共事能力。要加强委员队伍建设，教育引导委员懂政协、会协商、善议政，守纪律、讲规矩、重品行。

70 年的实践证明，人民政协制度具有多方面的独特优势。马克思、恩格斯说过："民主是什么呢？它必须具备一定的意义，否则它就不能存在。因此全部问题就在于确定民主的真正意义。"[1] 实现民主政治的形式是丰富多彩的，不能拘泥于刻板的模式。实践充分证明，中国式民主在中国行得通、很管用。新形势下，我们必须把人民政协制度坚持好、把人民政协事业发展好，增强开展统一战线工作的责任担当，把更多的人团结在党的周围。

当今世界正在经历百年未有之大变局，实现中华民族伟大复兴正处于关键时期。越是接近目标，越是形势复杂，越是任务艰巨，越要发挥中国共产党领导的政治优势和中国特色社会主义的制度优势，把各方面智慧和力量凝聚起来，形成海内外中华儿女心往一处想、劲往一处使的强大合力。

在新时代，加强和改进人民政协工作的总体要求是：以新时代中国特色社会主义思想为指导，增强"四个意识"、坚定"四个自信"、做到"两个维护"，把坚持和发展中国特色社会主义作为巩固共同思想政治基础的主轴，把服务实现"两个一百年"奋斗目标作为工作主线，把加强思想政治引领、广泛凝聚共识作为中心环节，坚持团结和民主两大主题，提高政治协商、民主监督、参政议政水平，更好凝聚共识，担负起把党中央决策部署和对人民政协工作要求落实下去、把海内外中华儿女智慧和力量凝聚起来的政治责任，为决胜全面建成小康社会、进而全面建设社会主义现代化强国作出贡献。

当前和今后一个时期，人民政协尤其要抓好以下工作。

第一，发挥人民政协专门协商机构作用。我说过，在中国社会主义制度下，有事好商量、众人的事情由众人商量，找到全社会意愿和要求的最大公约数，是人民民主的真谛。协商民主是党领导人民有效治理国家、保证人民当家作主的重要制度设计，同选举民主相互补充、相得益彰。人民政协在协商中促进广泛团结、推进多党合作、实践人民民主，既秉承历史传统，又反映时代特征，充分体现了我国社会主义民主有事多商量、遇事多商量、做事多商量的特点和优势。

能听意见、敢听意见特别是勇于接受批评、改进工作，是有信心、有力量的表现。发展社会主义协商民主，要把民主集中制的优势运用好，发扬"团结——批评——团结"的优良传统，广开言路，集思广益，促进不同思想观点的充分表达和深入交流，做到相互尊重、平等协商而不强加于人，遵循规则、有序协商而不各说各话，体谅包容、真诚协商而不偏激偏执，形成既畅所欲言、各抒己见，又理性有度、合法依章的良好协商氛围。对各种意见和批评，只要坚持党的基本理论、基本路线、基本方略，就要让大家讲，哪怕刺耳、尖锐一些，我们也要采取闻过则喜的态度，做到有则改之、无则加勉。

发挥人民政协专门协商机构作用，需要完善制度机制。要坚持党委会同政府、政协制定年度协商计划制度，完善协商于决策之前和决策实施之中的落实机制，对明确规定需要政协协商的事项必须经协商后提交决策实施，对协商的参加范围、讨论原则、基本程序、交流方式等作出规定。

第二，加强思想政治引领、广泛凝聚共识。毛泽东同志说过，所谓政治，就是把拥护我们的人搞得多多的，把反对我们的人搞得少少的。我们党领导革命、建设、改革取得成功靠的就是这个。在新的时代条件下，我们要继续前进，就必须增进全国各族人民的大团结，调动一切可以调动的积极因素。

要把大家团结起来，思想引领、凝聚共识就必不可少。人民政协要通过有效工作，努力成为坚持和加强党对各项工作领导的重要阵地、用党的创新理论团结教育引导各族各界代表人士的重要平台、在共同思想政治基础上化解矛盾和凝聚共识的重要渠道。要引导参加人民政协的各党派团体和各族各界人士深入学习党的创新理论，学习时事政策，学习中共党史、新中国史和统一战线历史、人民政协历史，树立正确的历史观和大局观。

加强思想政治引领，要正确处理一致性和多样性的关系。一致性是共同思想政治基础的一致，多样性是利益多元、思想多样的反映，要在尊重多样性中寻求一致性，不要搞成"清一色"。要及时了解统一战线内部思想动态，把在一些敏感点、风险点、关切点上强化思想政治引领同经常性思想政治工作结合起来，求同存异、聚同化异，推动各党派团体和各族各界人士实现思想上的共同进步。人民政协要广泛联系和动员各界群众，协助党和政府做好协调关系、理顺情绪、化解矛盾的工作。要鼓励和支持委员深入基层、深入界别群众，及时反映群众意见和建议，深入宣传党和国家方针政策。

实现中华民族伟大复兴的中国梦，需要广泛汇聚团结奋斗的正能量。要发挥人民政协作为实行新型政党制度重要政治形式和组织形式的作用，对各民主党派以本党派名义在政协发表意见、提出建议作出机制性安排。要健全同党外知识分子、非公有制经济人士、新的社会阶层人士的沟通联络机制。要全面贯彻党的民族政策和宗教政策，推动各民族交往交流交融，引导宗教与社会主义社会相适应。要全面准确贯彻"一国两制"、"港人治港"、"澳人治澳"、高度自治的方针，引导港澳委员支持特别行政区政府和行政长官依法施政，发展壮大爱国爱港爱澳力量。要坚持一个中国原则和"九二共识"，拓展同台湾岛内有关党派团体、社会组织、各界人士的交流交往，助推深化海峡两岸融合发展，坚决反对任何形式的"台独"分裂活动。要广泛团结海外侨胞，吸收侨胞代表参加政协活动。要积极开展对外交往，为推动构建人类命运共同体提供正能量。

第三，强化委员责任担当。政协委员作为各党派团体和各族各界代表人士，由各方面郑重协商产生，代表各界群众参与国是、履行职责。这是荣誉，更是责任。广大政协委员要坚持为国履职、为民尽责的情怀，把事业放在心上，把责任扛在肩上，认真履行委员职责。

政协委员来自方方面面，对一些问题的看法和认识不一定相同，但政治立场不能含糊、政治原则不能动摇。要学习贯彻党的基本理论、基本路线、基本方略，不断增进对中国共产党和中国特色社会主义的政治认同、思想认同、理论认同、情感认同。要不断提高思想水平和认识能力，广泛学习各方面知识，准确把握政协履职方式方法，深入调查研究，积极建言献策，全面增强履职本领。要发挥桥梁纽带作用，在界别群众中多做雪中送炭、扶贫济困的工作，多做春风化雨、解疑释惑的工作，多做理顺情绪、化解矛盾的工作。要自觉遵守宪法法律和政协章程，积极践行社会主义核心价值观，锤炼道德品行，严格廉洁自律，以模范行动展现新时代政协委员的风采。

注　　释

〔**1**〕见马克思、恩格斯《〈新莱茵报。政治经济评论〉第 4 期上发表的书评》（《马克思恩格斯全集》第 10 卷，人民出版社 1998 年版，第 315 页）。

铸牢中华民族共同体意识[*]

（2019 年 9 月 27 日）

中国特色社会主义进入新时代，中华民族迎来了历史上最好的发展时期。同时，面对复杂的国内外形势，我们更要团结一致、凝聚力量，确保中国发展的巨轮胜利前进。

各族人民亲如一家，是中华民族伟大复兴必定要实现的根本保证。实现中华民族伟大复兴的中国梦，就要以铸牢中华民族共同体意识为主线，把民族团结进步事业作为基础性事业抓紧抓好。我们要全面贯彻党的民族理论和民族政策，坚持共同团结奋斗、共同繁荣发展，促进各民族像石榴籽一样紧紧拥抱在一起，推动中华民族走向包容性更强、凝聚力更大的命运共同体。

第一，坚持党的领导，团结带领各族人民坚定走中国特色社会主义道路。实践证明，只有中国共产党才能实现中华民族的大团结，只有中国特色社会主义才能凝聚各民族、发展各民族、繁荣各民族。我们要坚持党的领导，不忘初心、牢记使命，坚持走中国特色解决民族问题的正确道路，坚持

---

[*] 这是习近平在全国民族团结进步表彰大会上讲话的一部分。

和完善民族区域自治制度，加强党的民族理论和民族政策学习以及民族团结教育，以铸牢中华民族共同体意识为主线做好各项工作，把各族干部群众的思想和行动统一到党中央决策部署上来，不断增强各族群众对伟大祖国、中华民族、中华文化、中国共产党、中国特色社会主义的认同。

第二，把各族人民对美好生活的向往作为奋斗目标，确保少数民族和民族地区同全国一道实现全面小康和现代化。中华民族是一个大家庭，一家人都要过上好日子。没有民族地区的全面小康和现代化，就没有全国的全面小康和现代化。我们要加快少数民族和民族地区发展，推进基本公共服务均等化，提高把"绿水青山"转变为"金山银山"的能力，让改革发展成果更多更公平惠及各族人民，不断增强各族人民的获得感、幸福感、安全感。要完善差别化的区域政策，优化转移支付和对口支援机制，实施好促进民族地区和人口较少民族发展、兴边富民行动等规划，谋划好"十四五"时期少数民族和民族地区发展，让各族人民共创美好未来、共享中华民族新的光荣和梦想。

第三，以社会主义核心价值观为引领，构建各民族共有精神家园。文化是一个民族的魂魄，文化认同是民族团结的根脉。各民族在文化上要相互尊重、相互欣赏，相互学习、相互借鉴。在各族群众中加强社会主义核心价值观教育，牢固树立正确的祖国观、民族观、文化观、历史观，对构筑各民族共有精神家园、铸牢中华民族共同体意识至关重要。要以此为引领，推动各民族文化的传承保护和创新交融，树立和突出各民族共享的中华文化符号和中华民族形象，增强各族群众对中华文化的认同。要搞好民族地区各级各类教育，全面加强国家通用语言文字教育，不断提高各族群众科学文化素质。要把加强青少年的爱国主义教育摆在更加突出的位置，把爱我中华的种子埋入每个孩子的心灵深处。要牢牢把握舆论主动权和主导权，让互联网成为构筑各民族共有精神家园、铸牢中华民族共同体意识的最大增量。

第四，高举中华民族大团结的旗帜，促进各民族交往交流交融。70年来特别是改革开放以来，各民族在社会生活中紧密联系的广度和深度前所未有，我国大散居、小聚居、交错杂居的民族人口分布格局不断深化，呈现出大流动、大融居的新特点。我们要顺应这种形势，出台有利于构建互嵌式社会结构的政策举措和体制机制，完善少数民族流动人口服务管理体系，促进各民族共建美好家园、共创美好未来。要把民族团结进步创建全面深入持久开展起来，创新方式载体，推动进机关、进企业、进社区、进乡镇、进学校、进连队、进宗教活动场所等。大汉族主义和地方民族主义都是民族团结的大敌，要坚决反对。

第五，依法治理民族事务，确保各族公民在法律面前人人平等。要全面贯彻落实民族区域自治法，健全民族工作法律法规体系，依法保障各民族合法权益。要坚持一视同仁、一断于法，依法妥善处理涉民族因素的案事件，保证各族公民平等享有权利、平等履行义务，确保民族事务治理在法治轨道上运行。对各种渗透颠覆破坏活动、暴力恐怖活动、民族分裂活动、宗教极端活动，要严密防范、坚决打击。

做好新形势下民族工作，必须加强党对民族工作的领导。

各级党委要把民族工作摆上重要议事日程，把懂不懂民族工作、会不会搞民族团结作为考察领导干部的重要内容。要加强民族领域基础理论问题和重大现实问题研究，创新中国特色社会主义民族理论政策的话语体系，提升在国际上的影响力和感召力。要夯实基层基础，推动党政机关、企事业单位、民主党派、人民团体一起做好民族工作。要重视民族工作干部队伍建设，大力培养选拔少数民族干部和各类人才，支持民族工作部门更好履职尽责。

实现中华民族伟大复兴，需要各民族手挽着手、肩并着肩，共同努力奋斗。让我们更加紧密地团结在党中央周围，团结一心，开拓进取，为推进我国民族团结进步事业，为实现"两个一百年"奋斗目标、实现中华民族伟大复兴的中国梦而继续奋斗！

十一、铸就中华文化新辉煌

自主创新推进网络强国建设*

（2018年4月20日）

信息化为中华民族带来了千载难逢的机遇。我们必须敏锐抓住信息化发展的历史机遇，加强网上正面宣传，维护网络安全，推动信息领域核心技术突破，发挥信息化对经济社会发展的引领作用，加强网信领域军民融合，主动参与网络空间国际治理进程，自主创新推进网络强国建设，为决胜全面建成小康社会、夺取新时代中国特色社会主义伟大胜利、实现中华民族伟大复兴的中国梦作出新的贡献。

党的十八大以来，党中央重视互联网、发展互联网、治理互联网，统筹协调涉及政治、经济、文化、社会、军事等领域信息化和网络安全重大问题，作出一系列重大决策、提出一系列重大举措，推动网信事业取得历史性成就。这些成就充分说明，党的十八大以来党中央关于加强党对网信工作集中统一领导的决策和对网信工作作出的一系列战略部署是完全正确的。我们不断推进理论创新和实践创新，不仅走出一条中国特色治网之道，而且提出一系列新思想新观点新论断，形成了网络强国战略思想。

---

* 这是习近平在全国网络安全和信息化工作会议上的讲话要点。

　　要提高网络综合治理能力，形成党委领导、政府管理、企业履责、社会监督、网民自律等多主体参与，经济、法律、技术等多种手段相结合的综合治网格局。要加强网上正面宣传，旗帜鲜明坚持正确政治方向、舆论导向、价值取向，用新时代中国特色社会主义思想和党的十九大精神团结、凝聚亿万网民，深入开展理想信念教育，深化新时代中国特色社会主义和中国梦宣传教育，积极培育和践行社会主义核心价值观，推进网上宣传理念、内容、形式、方法、手段等创新，把握好时度效，构建网上网下同心圆，更好凝聚社会共识，巩固全党全国人民团结奋斗的共同思想基础。要压实互联网企业的主体责任，决不能让互联网成为传播有害信息、造谣生事的平台。要加强互联网行业自律，调动网民积极性，动员各方面力量参与治理。

　　没有网络安全就没有国家安全，就没有经济社会稳定运行，广大人民群众利益也难以得到保障。要树立正确的网络安全观，加强信息基础设施网络安全防护，加强网络安全信息统筹机制、手段、平台建设，加强网络安全事件应急指挥能力建设，积极发展网络安全产业，做到关口前移，防患于未然。要落实关键信息基础设施防护责任，行业、企业作为关键信息基础设施运营者承担主体防护责任，主管部门履行好监管责任。要依法严厉打击网络黑客、电信网络诈骗、侵犯公民个人隐私等违法犯罪行为，切断网络犯罪利益链条，持续形成高压态势，维护人民群众合法权益。要深入开展网络安全知识技能宣传普及，提高广大人民群众网络安全意识和防护技能。

核心技术是国之重器。要下定决心、保持恒心、找准重心，加速推动信息领域核心技术突破。要抓产业体系建设，在技术、产业、政策上共同发力。要遵循技术发展规律，做好体系化技术布局，优中选优、重点突破。要加强集中统一领导，完善金融、财税、国际贸易、人才、知识产权保护等制度环境，优化市场环境，更好释放各类创新主体创新活力。要培育公平的市场环境，强化知识产权保护，反对垄断和不正当竞争。要打通基础研究和技术创新衔接的绿色通道，力争以基础研究带动应用技术群体突破。

网信事业代表着新的生产力和新的发展方向，应该在践行新发展理念上先行一步，围绕建设现代化经济体系、实现高质量发展，加快信息化发展，整体带动和提升新型工业化、城镇化、农业现代化发展。要发展数字经济，加快推动数字产业化，依靠信息技术创新驱动，不断催生新产业新业态新模式，用新动能推动新发展。要推动产业数字化，利用互联网新技术新应用对传统产业进行全方位、全角度、全链条的改造，提高全要素生产率，释放数字对经济发展的放大、叠加、倍增作用。要推动互联网、大数据、人工智能和实体经济深度融合，加快制造业、农业、服务业数字化、网络化、智能化。要坚定不移支持网信企业做大做强，加强规范引导，促进其健康有序发展。企业发展要坚持经济效益和社会效益相统一，更好承担起社会责任和道德责任。要运用信息化手段推进政务公开、党务公开，加快推进电子政务，构建全流程一体化在线服务平台，更好解决企业和群众反映强烈的办事难、办事慢、办事繁的问题。网信事业发展必须贯彻以人民为中心的发展思想，把增进人民福祉作为信息化发展的出发点和落脚点，让人民群众在信息化发展中有更多获得感、幸福感、安全感。

网信军民融合是军民融合的重点领域和前沿领域，也是军民融合最具活力和潜力的领域。要抓住当前信息技术变革和新军事变革的历史机遇，深刻理解生产力和战斗力、市场和战场的内在关系，把握网信军民融合的工作机理和规律，推动形成全要素、多领域、高效益的军民深度融合发展的格局。

推进全球互联网治理体系变革是大势所趋、人心所向。国际网络空间治理应该坚持多边参与、多方参与，发挥政府、国际组织、互联网企业、技术社群、民间机构、公民个人等各种主体作用。既要推动联合国框架内的网络治理，也要更好发挥各类非国家行为体的积极作用。要以"一带一路"建设等为契机，加强同沿线国家特别是发展中国家在网络基础设施建设、数字经济、网络安全等方面的合作，建设 21 世纪数字丝绸之路。

要加强党中央对网信工作的集中统一领导，确保网信事业始终沿着正确方向前进。各地区各部门要高度重视网信工作，将其纳入重点工作计划和重要议事日程，及时解决新情况新问题。要充分发挥工青妇等群团组织优势，发挥好企业、科研院校、智库等作用，汇聚全社会力量齐心协力推动网信工作。各级领导干部特别是高级干部要主动适应信息化要求、强化互联网思维，不断提高对互联网规律的把握能力、对网络舆论的引导能力、对信息化发展的驾驭能力、对网络安全的保障能力。各级党政机关和领导干部要提高通过互联网组织群众、宣传群众、引导群众、服务群众的本领。要推动依法管网、依法办网、依法上网，确保互联网在法治轨道上健康运行。要研究制定网信领域人才发展整体规划，推动人才发展体制机制改革，让人才的创造活力竞相进发、聪明才智充分涌流。要不断增强"四个意识"，坚持把党的政治建设摆在首位，加大力度建好队伍、全面从严管好队伍，选好配好各级网信领导干部，为网信事业发展提供坚强的组织和队伍保障。

自觉承担起新形势下
宣传思想工作的使命任务[*]

（2018 年 8 月 21 日）

完成新形势下宣传思想工作的使命任务，必须以新时代中国特色社会主义思想和党的十九大精神为指导，增强"四个意识"、坚定"四个自信"，自觉承担起举旗帜、聚民心、育新人、兴文化、展形象的使命任务，坚持正确政治方向，在基础性、战略性工作上下功夫，在关键处、要害处下功夫，在工作质量和水平上下功夫，推动宣传思想工作不断强起来，促进全体人民在理想信念、价值理念、道德观念上紧紧团结在一起，为服务党和国家事业全局作出更大贡献。

党的十八大以来，我们把宣传思想工作摆在全局工作的重要位置，作出一系列重大决策，实施一系列重大举措。在党中央坚强领导下，宣传思想战线积极作为、开拓进取，党的理论创新全面推进，中国特色社会主义和中国梦深入人心，社会主义核心价值观和中华优秀传统文化广泛弘扬，主流思想舆论不断巩固壮大，文化自信得到彰显，国家文化软实力

和中华文化影响力大幅提升，全党全社会思想上的团结统一更加巩固。实践证明，党中央关于宣传思想工作的决策部署是完全正确的，宣传思想战线广大干部是完全值得信赖的。

在实践中，我们不断深化对宣传思想工作的规律性认识，提出了一系列新思想新观点新论断，这就是坚持党对意识形态工作的领导权，坚持思想工作"两个巩固"[1]的根本任务，坚持用新时代中国特色社会主义思想武装全党、教育人民，坚持培育和践行社会主义核心价值观，坚持文化自信是更基础、更广泛、更深厚的自信，是更基本、更深沉、更持久的力量，坚持提高新闻舆论传播力、引导力、影响力、公信力，坚持以人民为中心的创作导向，坚持营造风清气正的网络空间，坚持讲好中国故事、传播好中国声音。这些重要思想，是做好宣传思想工作的根本遵循，必须长期坚持、不断发展。

中国特色社会主义进入新时代，必须把统一思想、凝聚力量作为宣传思想工作的中心环节。当前，我国发展形势总的很好，我们党要团结带领人民实现党的十九大确定的战略目标，夺取中国特色社会主义新胜利，更加需要坚定自信、鼓舞斗志，更加需要同心同德、团结奋斗。我们必须把人民对美好生活的向往作为我们的奋斗目标，既解决实际问题又解决思想问题，更好强信心、聚民心、暖人心、筑同心。我们必须既积极主动阐释好中国道路、中国特色，又有效维护我国政治安全和文化安全。我们必须坚持以立为本、立破并举，不断增强社会主义意识形态的凝聚力和引领力。我们必须科学认识网络传播规律，提高用网治网水平，使互联网这个最大变量变成事业发展的最大增量。

　　做好新形势下宣传思想工作，必须自觉承担起举旗帜、聚民心、育新人、兴文化、展形象的使命任务。举旗帜，就是要高举马克思主义、中国特色社会主义的旗帜，坚持不懈用新时代中国特色社会主义思想武装全党、教育人民、推动工作，在学懂弄通做实上下功夫，推动当代中国马克思主义、21世纪马克思主义深入人心、落地生根。聚民心，就是要牢牢把握正确舆论导向，唱响主旋律，壮大正能量，做大做强主流思想舆论，把全党全国人民士气鼓舞起来、精神振奋起来，朝着党中央确定的宏伟目标团结一心向前进。育新人，就是要坚持立德树人、以文化人，建设社会主义精神文明、培育和践行社会主义核心价值观，提高人民思想觉悟、道德水准、文明素养，培养能够担当民族复兴大任的时代新人。兴文化，就是要坚持中国特色社会主义文化发展道路，推动中华优秀传统文化创造性转化、创新性发展，继承革命文化，发展社会主义先进文化，激发全民族文化创新创造活力，建设社会主义文化强国。展形象，就是要推进国际传播能力建设，讲好中国故事、传播好中国声音，向世界展现真实、立体、全面的中国，提高国家文化软实力和中华文化影响力。

　　建设具有强大凝聚力和引领力的社会主义意识形态，是全党特别是宣传思想战线必须担负起的一个战略任务。要做好做强马克思主义宣传教育工作，特别是要在学懂弄通做实新时代中国特色社会主义思想上下功夫。要把坚定"四个自信"作为建设社会主义意识形态的关键，坚持马克思主义在我国哲学社会科学领域的指导地位，建设具有中国特色、中国风格、中国气派的哲学社会科学。要把握正确舆论导向，提高新闻舆论传播力、引导力、影响力、公信力，巩固壮大主流思想舆论。要加强传播手段和话语方式创新，让党的创新理论"飞入寻常百姓家"[2]。要扎实抓好县级融媒体中心建设，更好引导群众、服务群众。要旗帜鲜明坚持真理，立场坚定批驳谬误。要压实压紧各级党委（党组）责任，做到任务落实不马虎、阵地管理不懈怠、责任追究不含糊。

宣传思想工作是做人的工作的，要把培养担当民族复兴大任的时代新人作为重要职责。重中之重是要以坚定的理想信念筑牢精神之基，坚定对马克思主义的信仰，对社会主义和共产主义的信念，对中国特色社会主义道路、理论、制度、文化的自信。要强化教育引导、实践养成、制度保障，把社会主义核心价值观融入社会发展各方面，引导全体人民自觉践行。要抓住青少年价值观形成和确定的关键时期，引导青少年扣好人生第一粒扣子。要广泛开展先进模范学习宣传活动，营造崇尚英雄、学习英雄、捍卫英雄、关爱英雄的浓厚氛围。要大力弘扬时代新风，加强思想道德建设，深入实施公民道德建设工程，加强和改进思想政治工作，推进新时代文明实践中心建设，不断提升人民思想觉悟、道德水准、文明素养和全社会文明程度。要弘扬新风正气，推进移风易俗，培育文明乡风、良好家风、淳朴民风，焕发乡村文明新气象。

要引导广大文化文艺工作者深入生活、扎根人民，把提高质量作为文艺作品的生命线，用心用情用功抒写伟大时代，不断推出讴歌党、讴歌祖国、讴歌人民、讴歌英雄的精品力作，书写中华民族新史诗。要坚持把社会效益放在首位，引导文艺工作者树立正确的历史观、民族观、国家观、文化观，自觉讲品位、讲格调、讲责任，自觉遵守国家法律法规，加强道德品质修养，坚决抵制低俗庸俗媚俗，用健康向上的文艺作品和做人处事陶冶情操、启迪心智、引领风尚。要推出更多健康优质的网络文艺作品。要推动公共文化服务标准化、均等化，坚持政府主导、社会参与、重心下移、共建共享，完善公共文化服务体系，提高基本公共文化服务的覆盖面和适用性。要推动文化产业高质量发展，健全现代文化产业体系和市场体系，推动各类文化市场主体发展壮大，培育新型文化业态和文化消费模式，以高质量文化供给增强人们的文化获得感、幸福感。要坚定不移将文化体制改革引向深入，不断激发文化创新创造活力。

要不断提升中华文化影响力，把握大势、区分对象、精准施策，主动宣介新时代中国特色社会主义思想，主动讲好中国共产党治国理政的故事、中国人民奋斗圆梦的故事、中国坚持和平发展合作共赢的故事，让世界更好了解中国。中华优秀传统文化是中华民族的文化根脉，其蕴含的思想观念、人文精神、道德规范，不仅是我们中国人思想和精神的内核，对解决人类问题也有重要价值。要把优秀传统文化的精神标识提炼出来、展示出来，把优秀传统文化中具有当代价值、世界意义的文化精髓提炼出来、展示出来。要完善国际传播工作格局，创新宣传理念、创新运行机制，汇聚更多资源力量。

要加强党对宣传思想工作的全面领导，旗帜鲜明坚持党管宣传、党管意识形态。要以党的政治建设为统领，牢固树立"四个意识"，坚决维护党中央权威和集中统一领导，牢牢把握正确政治方向。要加强作风建设，坚决纠正"四风"特别是形式主义、官僚主义。宣传思想干部要不断掌握新知识、熟悉新领域、开拓新视野，增强本领能力，加强调查研究，不断增强脚力、眼力、脑力、笔力，努力打造一支政治过硬、本领高强、求实创新、能打胜仗的宣传思想工作队伍。

注　释

〔1〕"两个巩固"，指巩固马克思主义在意识形态领域的指导地位，巩固全党全国人民团结奋斗的共同思想基础。

〔2〕见唐代刘禹锡《乌衣巷》。

加快推动媒体融合发展*

（2019 年 1 月 25 日）

伴随着信息社会不断发展，新兴媒体影响越来越大。我国网民达到 8.02 亿，其中手机网民占比 98.3%。新闻客户端和各类社交媒体成为很多干部群众特别是年轻人的第一信息源，而且每个人都可能成为信息源。有人说，以前是"人找信息"，现在是"信息找人"。所以，推动媒体融合发展、建设全媒体就成为我们面临的一项紧迫课题。

我们推动媒体融合发展，是要做大做强主流舆论，巩固全党全国人民团结奋斗的共同思想基础，为实现"两个一百年"奋斗目标、实现中华民族伟大复兴的中国梦提供强大精神力量和舆论支持。

一、深刻认识全媒体时代的挑战和机遇。

大家读历史都知道，《吕氏春秋》[1] 里讲："尧有欲谏之鼓，舜有诽谤之木。"[2] "谏鼓"、"谤木"就是为了收集舆论。陈胜、吴广起义[3] 时让人在帛上用朱砂写了"陈胜王"3 个字塞到鱼肚子里，还让人学狐狸叫"大楚兴，陈胜王"，一来

---

* 这是习近平在主持中共十九届中央政治局第十二次集体学习时讲话的一部分。

二去人们就相信了。这说明古人就很懂得发挥舆论的作用。

我多次说过，没有网络安全就没有国家安全；过不了互联网这一关，就过不了长期执政这一关。全媒体不断发展，出现了全程媒体、全息媒体、全员媒体、全效媒体，信息无处不在、无所不及、无人不用，导致舆论生态、媒体格局、传播方式发生深刻变化，新闻舆论工作面临新的挑战。

宣传思想工作要把握大势，做到因势而谋、应势而动、顺势而为。我们要加快推动媒体融合发展，使主流媒体具有强大传播力、引导力、影响力、公信力，形成网上网下同心圆，使全体人民在理想信念、价值理念、道德观念上紧紧团结在一起，让正能量更强劲、主旋律更高昂。

二、全面把握媒体融合发展的趋势和规律。

党的十八大以来，我们坚持导向为魂、移动为先、内容为王、创新为要，在体制机制、政策措施、流程管理、人才技术等方面加快融合步伐，建立融合传播矩阵，打造融合产品，取得了积极成效。我们要立足形势发展，坚定不移推动媒体深度融合。

传统媒体和新兴媒体不是取代关系，而是迭代关系；不是谁主谁次，而是此长彼长；不是谁强谁弱，而是优势互补。从目前情况看，我国媒体融合发展整体优势还没有充分发挥出来。要坚持一体化发展方向，加快从相加阶段迈向相融阶段，通过流程优化、平台再造，实现各种媒介资源、生产要素有效整合，实现信息内容、技术应用、平台终端、管理手段共融互通，催化融合质变，放大一体效能，打造一批具有强大影响力、竞争力的新型主流媒体。

我多次说过，人在哪儿，宣传思想工作的重点就在哪儿，网络空间已经成为人们生产生活的新空间，那就也应该成为我们党凝聚共识的新空间。移动互联网已经成为信息传播主渠道。随着5G、大数据、云计算、物联网、人工智能等技术不断发展，移动媒体将进入加速发展新阶段。要坚持移动优先策略，建设好自己的移动传播平台，管好用好商业化、社会化的互联网平台，让主流媒体借助移动传播，牢牢占据舆论引导、思想引领、文化传承、服务人民的传播制高点。

从全球范围看，媒体智能化进入快速发展阶段。我们要增强紧迫感和使命感，推动关键核心技术自主创新不断实现突破，探索将人工智能运用在新闻采集、生产、分发、接收、反馈中，用主流价值导向驾驭"算法"，全面提高舆论引导能力。

推动媒体融合发展，要统筹处理好传统媒体和新兴媒体、中央媒体和地方媒体、主流媒体和商业平台、大众化媒体和专业性媒体的关系，不能搞"一刀切"、"一个样"。要形成资源集约、结构合理、差异发展、协同高效的全媒体传播体系。

没有规矩不成方圆。无论什么形式的媒体，无论网上还是网下，无论大屏还是小屏，都没有法外之地、舆论飞地。主管部门要履行好监管责任，依法加强新兴媒体管理，使我们的网络空间更加清朗。

三、推动媒体融合向纵深发展。

信息化为我们带来了难得的机遇。我们要运用信息革命成果，加快构建融为一体、合而为一的全媒体传播格局。

我多次说过，正能量是总要求，管得住是硬道理，现在还要加一条，用得好是真本事。媒体融合发展不仅仅是新闻单位的事，要把我们掌握的社会思想文化公共资源、社会治理大数据、政策制定权的制度优势转化为巩固壮大主流思想舆论的综合优势。要抓紧做好顶层设计，打造新型传播平台，建成新型主流媒体，扩大主流价值影响力版图，让党的声音传得更开、传得更广、传得更深入。

网络是一把双刃剑，一张图、一段视频经由全媒体几个小时就能形成爆发式传播，对舆论场造成很大影响。这种影响力，用好了造福国家和人民，用不好就可能带来难以预见的危害。要旗帜鲜明坚持正确的政治方向、舆论导向、价值取向。在信息生产领域，也要进行供给侧结构性改革，通过理念、内容、形式、方法、手段等创新，使正面宣传质量和水平有一个明显提高。

准确、权威的信息不及时传播，虚假、歪曲的信息就会搞乱人心；积极、正确的思想舆论不发展壮大，消极、错误的言论观点就会肆虐泛滥。这方面，主流媒体守土有责，更要守土尽责，及时提供更多真实客观、观点鲜明的信息内容，牢牢掌握舆论场主动权和主导权。主流媒体要敢于引导、善于疏导，原则问题要旗帜鲜明、立场坚定，一点都不能含糊。

要使全媒体传播在法治轨道上运行，对传统媒体和新兴媒体实行一个标准、一体管理。主流媒体要准确及时发布新闻消息，为其他合规的媒体提供新闻信息来源。要全面提升技术治网能力和水平，规范数据资源利用，防范大数据等新技术带来的风险。

我们要把握国际传播领域移动化、社交化、可视化的趋势，在构建对外传播话语体系上下功夫，在乐于接受和易于理解上下功夫，让更多国外受众听得懂、听得进、听得明白，不断提升对外传播效果。

现在，国际上理性客观看待中国的人越来越多，为中国点赞的人也越来越多。我们走的是正路、行的是大道，这是主流媒体的历史机遇，必须增强底气、鼓起士气，坚持不懈讲好中国故事，形成同我国综合国力相适应的国际话语权。

总之，媒体融合发展是一篇大文章。面对全球一张网，需要全国一盘棋。各级党委和政府要从政策、资金、人才等方面加大对媒体融合发展的支持力度。各级宣传管理部门要改革创新管理机制，配套落实政策措施，推动媒体融合朝着正确方向发展。各级领导干部要增强同媒体打交道的能力，不断提高治国理政能力和水平。

注　释

〔1〕《吕氏春秋》，战国时期秦相吕不韦组织门客编写的著作。

〔2〕见《吕氏春秋·自知》。

〔3〕陈胜、吴广起义，指陈胜、吴广领导的秦末农民起义。公元前209年，陈胜、吴广往戍地途中在蕲县大泽乡（今安徽宿州东南）率领同行戍卒900人起义，反抗秦朝的残暴统治。

一个国家、一个民族
不能没有灵魂*

（2019 年 3 月 4 日）

　　2018 年是极不平凡的一年。在实现"两个一百年"奋斗目标的道路上，我们满怀信心、坚定前行，很辛苦、也很充实，有付出、更有收获。中共中央团结带领全党全国各族人民，坚持稳中求进工作总基调，我国经济增长保持在合理区间，社会大局保持稳定，人民群众获得感、幸福感、安全感持续增强，实现了贯彻落实中共十九大精神开门红。我们隆重庆祝改革开放 40 周年，这是一个伟大的历史时期，在中国几千年的历史上，改革开放 40 年、中华人民共和国成立 70 年，这都是伟大的。总结改革开放伟大成就、宝贵经验，坚定不移全面深化改革开放，全党全国各族人民推进改革开放的决心信心更加坚定。这些成绩来之不易，是中共中央坚强领导的结果，是全国各族人民团结奋斗的结果，也凝结着包括在座各位同志在内的广大政协委员的心血和智慧。

---

* 这是习近平在参加全国政协十三届二次会议文化艺术界、社会科学界委员联组会时的讲话。

党中央一直高度重视文化文艺事业、哲学社会科学事业。2014 年 10 月、2016 年 5 月，我分别主持召开文艺工作座谈会、哲学社会科学工作座谈会并作了讲话。几年来，文化艺术界、社会科学界增强"四个意识"、坚定"四个自信"、做到"两个维护"，紧紧围绕举旗帜、聚民心、育新人、兴文化、展形象的使命任务，在正本清源上展现新担当，在守正创新上实现新作为，马克思主义指导地位更加巩固，为人民创作的导向更加鲜明，文化文艺创作生产质量不断提升，中国特色哲学社会科学建设加快推进，取得了显著成绩。正本清源、守正创新，一个国家、一个民族不能没有灵魂，作为精神事业，文化文艺、哲学社会科学当然就是一个灵魂的创作，一是不能没有，一是不能混乱。

文化艺术界、社会科学界的政协委员做了大量工作，围绕培育和践行社会主义核心价值观、坚定文化自信讲好中国故事、推动社会主义文艺繁荣发展、完善公共文化服务体系、营造风清气正网络空间等协商议政。2018 年，就弘扬劳模精神和工匠精神、加强红色资源保护和利用、推动文化创意产业发展等调研建言，对促进科学决策、有效施政发挥了重要作用。

总的看，过去几年，文化艺术界、社会科学界明方向、正导向，转作风、树新风，出精品、育人才，事业发展欣欣向荣，队伍面貌焕然一新。

文化文艺工作、哲学社会科学工作在党和国家全局工作中居于十分重要的地位，在新时代坚持和发展中国特色社会主义中具有十分重要的作用。在去年召开的全国宣传思想工作会议上，我对做好新形势下文化文艺工作、哲学社会科学工作提出了要求。借这个机会，再讲几点意见。

第一，希望大家坚持与时代同步伐。古人讲："文章合为时而著，歌诗合为事而作。"[1] 所谓"为时"、"为事"，就是要发时代之先声，在时代发展中有所作为。去年，我们隆重庆祝改革开放 40 周年，表彰了 100 名改革先锋，其中就有许多作家艺术家、社会科学家，像李谷一、李雪健、施光南、蒋子龙、谢晋、路遥、樊锦诗、厉以宁、林毅夫、王家福、胡福明、许崇德、杜润生、郑德荣等，他们都是紧跟时代、奉献时代的优秀代表。

中国特色社会主义进入了新时代，新时代呼唤着杰出的文学家、艺术家、理论家，文艺创作、学术创新拥有无比广阔的空间。希望大家坚定文化自信，把握时代脉搏，聆听时代声音，承担记录新时代、书写新时代、讴歌新时代的使命，勇于回答时代课题，从当代中国的伟大创造中发现创作的主题、捕捉创新的灵感，深刻反映我们这个时代的历史巨变，描绘我们这个时代的精神图谱，为时代画像、为时代立传、为时代明德。

第二，希望大家坚持以人民为中心。人民是历史的创造者。一切成就都归功于人民，一切荣耀都归属于人民。面向未来，要战胜前进道路上的种种风险挑战，顺利实现中共十九大描绘的宏伟蓝图，必须紧紧依靠人民。正所谓"大鹏之动，非一羽之轻也；骐骥之速，非一足之力也"[2]。中国要飞得高、跑得快，就得汇集和激发近 14 亿人民的磅礴力量。

文学艺术创造、哲学社会科学研究首先要搞清楚为谁创作、为谁立言的问题，这是一个根本问题。人民是创作的源头活水，只有扎根人民，创作才能获得取之不尽、用之不竭的源泉。文化文艺工作者要跳出"身边的小小的悲欢"[3]，走进实践深处，观照人民生活，表达人民心声，用心用情用功抒写人民、描绘人民、歌唱人民。哲学社会科学工作者要走出象牙塔，多到实地调查研究，了解百姓生活状况、把握群众思想脉搏，着眼群众需要解疑释惑、阐明道理，把学问写进群众心坎里。哲学社会科学包括文化文艺不接地气不行，要解释现实的社会问题，开什么处方治什么病，首先要把是什么病搞清楚。要把好脉，中国身体怎么样，如果有病是什么病，用什么药来治，对这心里要透亮透亮的。号脉都号不清楚，那治什么病？

第三，希望大家坚持以精品奉献人民。大师、大家，不是说有大派头，而是说要有大作品。我们提到老子、孔子、孟子，想到的是《道德经》、《论语》、《孟子》[4]；提起陶渊明、李白、杜甫[5]，想到的是他们的千古名篇；说到柏拉图、莎士比亚、亚当·斯密[6]，想到的也是他们的《理想国》、《哈姆雷特》、《国富论》。如果不把心思和精力放在创作精品上，只想着走捷径、搞速成，是成不了大师、成不了大家的。我在文艺工作座谈会上也说过，没有优秀作品，其他事情搞得再热闹、再花哨，那也只是表面文章、过眼烟云。

一切有价值、有意义的文艺创作和学术研究，都应该反映现实、观照现实，都应该有利于解决现实问题、回答现实课题。希望大家立足中国现实，植根中国大地，把当代中国发展进步和当代中国人精彩生活表现好展示好，把中国精神、中国价值、中国力量阐释好。原创性是好作品的标志。文艺创作要以扎根本土、深植时代为基础，在观念和手段结合上、内容和形式融合上进行深度创新，提高作品的精神高度、文化内涵、艺术价值。哲学社会科学研究要立足中国特色社会主义伟大实践，提出具有自主性、独创性的理论观点，构建中国特色学科体系、学术体系、话语体系。去年，我在全国宣传思想工作会议上强调要增强"脚力、眼力、脑力、笔力"，这也是创作精品力作的前提和基础。希望文化艺术界、社会科学界的委员带好头、作表率。除了天赋以外，确实要去积累、去挖掘，很多事情都是在细节，演电影、写小说都是细节，细节感人，细节要真实，而真实要去挖掘。

第四，希望大家坚持用明德引领风尚。《左传》[7]讲"太上有立德，其次有立功，其次有立言"[8]，立德是最高的境界。文化文艺工作者、哲学社会科学工作者都肩负着启迪思想、陶冶情操、温润心灵的重要职责，承担着以文化人、以文育人、以文培元的使命。大家社会影响力大，理应以高远志向、良好品德、高尚情操为社会作出表率。

明明德，首先要明大德、立大德。新时代的文化文艺工作者、哲学社会科学工作者明大德、立大德，就要有信仰、有情怀、有担当，树立高远的理想追求和深沉的家国情怀，把个人的艺术追求、学术理想同国家前途、民族命运紧紧结合在一起，同人民福祉紧紧结合在一起，努力做对国家、对民族、对人民有贡献的艺术家和学问家。要坚守高尚职业道德，多下苦功、多练真功，做到勤业精业。要自觉践行社会主义核心价值观，在市场经济大潮面前自尊自重、自珍自爱，讲品位、讲格调、讲责任，抵制低俗庸俗媚俗。良好职业道德体现在执着坚守上，要有"望尽天涯路"的追求，耐得住"昨夜西风凋碧树"的清冷和"独上高楼"的寂寞，[9]最后达到"蓦然回首，那人却在，灯火阑珊处"[10]的领悟。

　　今年是新中国成立70周年。70年砥砺奋进，我们的国家发生了天翻地覆的变化，中华民族迎来了从站起来、富起来到强起来的伟大飞跃。无论是在中华民族历史上，还是在世界历史上，这都是一部感天动地的奋斗史诗。希望大家深刻反映70年来党和人民的奋斗实践，深刻解读新中国70年历史性变革中所蕴藏的内在逻辑，讲清楚历史性成就背后的中国特色社会主义道路、理论、制度、文化优势，更好用中国理论解读中国实践，为党和人民继续前进提供强大精神激励。

　　去年底，我在全国政协新年茶话会上强调，人心是最大的政治，共识是奋进的动力。实现"两个一百年"奋斗目标、实现中华民族伟大复兴的中国梦，需要汇聚全民族的智慧和力量，需要广泛凝聚共识、不断增进团结。我们要准确把握人民政协的性质定位，聚焦党和国家中心任务履职尽责，加强和改进政协民主监督工作，广泛凝聚实现中华民族伟大复兴的正能量。希望各位政协委员不断提高自身素质和能力，在方方面面都发挥带头作用，做到不负重托、不辱使命。

注　　释

〔**1**〕见唐代白居易《与元九书》。

〔**2**〕见东汉王符《潜夫论·释难》。

〔3〕见鲁迅《〈中国新文学大系〉小说二集序》(《鲁迅全集》第6卷，人民文学出版社2005年版，第250页)。

〔4〕《道德经》，又称《老子》，相传为春秋时期老子所著，中国古代重要哲学著作。《论语》，中国儒家经典之一，是孔子的弟子记录孔子言行的著作，其中间有孔子弟子的对话。《孟子》，中国儒家经典之一，是战国时期孟子的言论汇编，为孟子与其弟子共同编纂而成。

〔5〕陶渊明（365—427），浔阳柴桑（今江西九江西南）人，东晋诗人。李白（701—762），祖籍陇西成纪（今甘肃静宁西南），生于绵州昌隆（今四川江油南），一说生于碎叶（唐属安西都护府，今吉尔吉斯斯坦北部托克马克附近），唐代诗人。杜甫（712—770），生于河南巩县（今巩义市），唐代诗人。

〔6〕柏拉图（前427—前347），古希腊哲学家。莎士比亚（1564—1616），英国诗人、剧作家。亚当·斯密（1723—1790），英国经济学家。

〔7〕《左传》，又称《左氏春秋》，相传为春秋时期左丘明所著，中国儒家经典之一。

〔8〕见《左传·襄公二十四年》。

〔9〕参见北宋晏殊《鹊踏枝·槛菊愁烟兰泣露》。原文是："昨夜西风凋碧树。独上高楼，望尽天涯路。"

〔10〕见南宋辛弃疾《青玉案·元夕》。

用新时代中国特色
社会主义思想铸魂育人 *

（2019 年 3 月 18 日）

办好思想政治理论课，最根本的是要全面贯彻党的教育方针，解决好培养什么人、怎样培养人、为谁培养人这个根本问题。新时代贯彻党的教育方针，要坚持马克思主义指导地位，贯彻新时代中国特色社会主义思想，坚持社会主义办学方向，落实立德树人的根本任务，坚持教育为人民服务、为中国共产党治国理政服务、为巩固和发展中国特色社会主义制度服务、为改革开放和社会主义现代化建设服务，扎根中国大地办教育，同生产劳动和社会实践相结合，加快推进教育现代化、建设教育强国、办好人民满意的教育，努力培养担当民族复兴大任的时代新人，培养德智体美劳全面发展的社会主义建设者和接班人。

青少年是祖国的未来、民族的希望。我们党立志于中华民族千秋伟业，必须培养一代又一代拥护中国共产党领导和我国社会主义制度、立志为中国特色社会主义事业奋斗终身

---

* 这是习近平在学校思想政治理论课教师座谈会上的讲话要点。

的有用人才。在这个根本问题上，必须旗帜鲜明、毫不含糊。这就要求我们把下一代教育好、培养好，从学校抓起、从娃娃抓起。在大中小学循序渐进、螺旋上升地开设思想政治理论课非常必要，是培养一代又一代社会主义建设者和接班人的重要保障。

思想政治理论课是落实立德树人根本任务的关键课程。青少年阶段是人生的"拔节孕穗期"，最需要精心引导和栽培。我们办中国特色社会主义教育，就是要理直气壮开好思政课，用新时代中国特色社会主义思想铸魂育人，引导学生增强中国特色社会主义道路自信、理论自信、制度自信、文化自信，厚植爱国主义情怀，把爱国情、强国志、报国行自觉融入坚持和发展中国特色社会主义事业、建设社会主义现代化强国、实现中华民族伟大复兴的奋斗之中。思政课作用不可替代，思政课教师队伍责任重大。

党中央对教育工作高度重视。我们对思想政治工作高度重视，始终坚持马克思主义指导地位，大力推进中国特色社会主义学科体系建设，为思政课建设提供了根本保证。我们对共产党执政规律、社会主义建设规律、人类社会发展规律的认识和把握不断深入，开辟了中国特色社会主义理论和实践发展新境界，中国特色社会主义取得举世瞩目的成就，中国特色社会主义道路自信、理论自信、制度自信、文化自信不断增强，为思政课建设提供了有力支撑。中华民族几千年来形成了博大精深的优秀传统文化，我们党带领人民在革命、建设、改革过程中锻造的革命文化和社会主义先进文化，为思政课建设提供了深厚力量。思政课建设长期以来形成的一系列规律性认识和成功经验，为思政课建设守正创新提供了重要基础。有了这些基础和条件，有了我们这支可信、可敬、可靠，乐为、敢为、有为的思政课教师队伍，我们完全有信心有能力把思政课办得越来越好。

办好思想政治理论课关键在教师，关键在发挥教师的积极性、主动性、创造性。思政课教师，要给学生心灵埋下真善美的种子，引导学生扣好人生第一粒扣子。第一，政治要强，让有信仰的人讲信仰，善于从政治上看问题，在大是大非面前保持政治清醒。第二，情怀要深，保持家国情怀，心里装着国家和民族，在党和人民的伟大实践中关注时代、关注社会，汲取养分、丰富思想。第三，思维要新，学会辩证唯物主义和历史唯物主义，创新课堂教学，给学生深刻的学习体验，引导学生树立正确的理想信念、学会正确的思维方法。第四，视野要广，有知识视野、国际视野、历史视野，通过生动、深入、具体的纵横比较，把一些道理讲明白、讲清楚。第五，自律要严，做到课上课下一致、网上网下一致，自觉弘扬主旋律，积极传递正能量。第六，人格要正，有人格，才有吸引力。亲其师，才能信其道。要有堂堂正正的人格，用高尚的人格感染学生、赢得学生，用真理的力量感召学生，以深厚的理论功底赢得学生，自觉做为学为人的表率，做让学生喜爱的人。

推动思想政治理论课改革创新，要不断增强思政课的思想性、理论性和亲和力、针对性。要坚持政治性和学理性相统一，以透彻的学理分析回应学生，以彻底的思想理论说服学生，用真理的强大力量引导学生。要坚持价值性和知识性相统一，寓价值观引导于知识传授之中。要坚持建设性和批判性相统一，传导主流意识形态，直面各种错误观点和思潮。要坚持理论性和实践性相统一，用科学理论培养人，重视思政课的实践性，把思政小课堂同社会大课堂结合起来，教育引导学生立鸿鹄志，做奋斗者。要坚持统一性和多样性相统一，落实教学目标、课程设置、教材使用、教学管理等方面的统一要求，又因地制宜、因时制宜、因材施教。要坚持主导性和主体性相统一，思政课教学离不开教师的主导，同时要加大对学生的认知规律和接受特点的研究，发挥学生主体性作用。要坚持灌输性和启发性相统一，注重启发性教育，引导学生发现问题、分析问题、思考问题，在不断启发中让学生水到渠成得出结论。要坚持显性教育和隐性教育相统一，挖掘其他课程和教学方式中蕴含的思想政治教育资源，实现全员全程全方位育人。

办好中国的事情，关键在党。各级党委要把思想政治理论课建设摆上重要议程，抓住制约思政课建设的突出问题，在工作格局、队伍建设、支持保障等方面采取有效措施。要建立党委统一领导、党政齐抓共管、有关部门各负其责、全社会协同配合的工作格局，推动形成全党全社会努力办好思政课、教师认真讲好思政课、学生积极学好思政课的良好氛围。学校党委要坚持把从严管理和科学治理结合起来。学校党委书记、校长要带头走进课堂，带头推动思政课建设，带头联系思政课教师。要配齐建强思政课专职教师队伍，建设专职为主、专兼结合、数量充足、素质优良的思政课教师队伍。要把统筹推进大中小学思政课一体化建设作为一项重要工程，推动思政课建设内涵式发展。要完善课程体系，解决好各类课程和思政课相互配合的问题，鼓励教学名师到思政课堂上讲课。各地区各部门负责同志要积极到学校去讲思政课。

发扬五四精神，不负伟大时代[*]

（2019 年 4 月 30 日）

今天，在中国共产党领导下，我们开辟了中国特色社会主义道路，形成了中国特色社会主义理论体系，建立了中国特色社会主义制度，发展了中国特色社会主义文化，推动中国特色社会主义进入了新时代。中国人民拥有了前所未有的道路自信、理论自信、制度自信、文化自信，中华民族伟大复兴展现出前所未有的光明前景！

新时代中国青年运动的主题，新时代中国青年运动的方向，新时代中国青年的使命，就是坚持中国共产党领导，同人民一道，为实现"两个一百年"奋斗目标、实现中华民族伟大复兴的中国梦而奋斗。

青年是整个社会力量中最积极、最有生气的力量，国家的希望在青年，民族的未来在青年。今天，新时代中国青年处在中华民族发展的最好时期，既面临着难得的建功立业的人生际遇，也面临着"天将降大任于斯人"[1]的时代使命。新时代中国青年要继续发扬五四精神，以实现中华民族伟大复兴为己任，不辜负党的期望、人民期待、民族重托，不辜

---

* 这是习近平在纪念五四运动 100 周年大会上讲话的一部分。

负我们这个伟大时代。

第一，新时代中国青年要树立远大理想。青年的理想信念关乎国家未来。青年理想远大、信念坚定，是一个国家、一个民族无坚不摧的前进动力。青年志存高远，就能激发奋进潜力，青春岁月就不会像无舵之舟漂泊不定。正所谓"立志而圣则圣矣，立志而贤则贤矣"〔2〕。青年的人生目标会有不同，职业选择也有差异，但只有把自己的小我融入祖国的大我、人民的大我之中，与时代同步伐、与人民共命运，才能更好实现人生价值、升华人生境界。离开了祖国需要、人民利益，任何孤芳自赏都会陷入越走越窄的狭小天地。

新时代中国青年要树立对马克思主义的信仰、对中国特色社会主义的信念、对中华民族伟大复兴中国梦的信心，到人民群众中去，到新时代新天地中去，让理想信念在创业奋斗中升华，让青春在创新创造中闪光！

第二，新时代中国青年要热爱伟大祖国。孙中山先生说，做人最大的事情，"就是要知道怎么样爱国"〔3〕。一个人不爱国，甚至欺骗祖国、背叛祖国，那在自己的国家、在世界上都是很丢脸的，也是没有立足之地的。对每一个中国人来说，爱国是本分，也是职责，是心之所系、情之所归。对新时代中国青年来说，热爱祖国是立身之本、成才之基。当代中国，爱国主义的本质就是坚持爱国和爱党、爱社会主义高度统一。

新时代中国青年要听党话、跟党走，胸怀忧国忧民之心、爱国爱民之情，不断奉献祖国、奉献人民，以一生的真情投入、一辈子的顽强奋斗来体现爱国主义情怀，让爱国主义的伟大旗帜始终在心中高高飘扬！

第三，新时代中国青年要担当时代责任。时代呼唤担当，民族振兴是青年的责任。鲁迅先生说，青年"所多的是生力，遇见深林，可以辟成平地的，遇见旷野，可以栽种树木的，遇见沙漠，可以开掘井泉的"[4]。在实现中华民族伟大复兴的新征程上，应对重大挑战、抵御重大风险、克服重大阻力、解决重大矛盾，迫切需要迎难而上、挺身而出的担当精神。只要青年都勇挑重担、勇克难关、勇斗风险，中国特色社会主义就能充满活力、充满后劲、充满希望。青年要保持初生牛犊不怕虎、越是艰险越向前的刚健勇毅，勇立时代潮头，争做时代先锋。一切视探索尝试为畏途、一切把负重前行当吃亏、一切"躲进小楼成一统"[5]逃避责任的思想和行为，都是要不得的，都是成不了事的，也是难以真正获得人生快乐的。

新时代中国青年要珍惜这个时代、担负时代使命，在担当中历练，在尽责中成长，让青春在新时代改革开放的广阔天地中绽放，让人生在实现中国梦的奋进追逐中展现出勇敢奔跑的英姿，努力成为德智体美劳全面发展的社会主义建设者和接班人！

第四，新时代中国青年要勇于砥砺奋斗。奋斗是青春最亮丽的底色。"自信人生二百年，会当水击三千里。"[6]民族复兴的使命要靠奋斗来实现，人生理想的风帆要靠奋斗来扬起。没有广大人民特别是一代代青年前赴后继、艰苦卓绝的接续奋斗，就没有中国特色社会主义新时代的今天，更不会有实现中华民族伟大复兴的明天。千百年来，中华民族历经苦难，但没有任何一次苦难能够打垮我们，最后都推动了我们民族精神、意志、力量的一次次升华。今天，我们的生活条件好了，但奋斗精神一点都不能少，中国青年永久奋斗的好传统一点都不能丢。在实现中华民族伟大复兴的新征程上，必然会有艰巨繁重的任务，必然会有艰难险阻甚至惊涛骇浪，特别需要我们发扬艰苦奋斗精神。奋斗不只是响亮的口号，而是要在做好每一件小事、完成每一项任务、履行每一项职责中见精神。奋斗的道路不会一帆风顺，往往荆棘丛生、充满坎坷。强者，总是从挫折中不断奋起、永不气馁。

新时代中国青年要勇做走在时代前列的奋进者、开拓者、奉献者，毫不畏惧面对一切艰难险阻，在劈波斩浪中开拓前进，在披荆斩棘中开辟天地，在攻坚克难中创造业绩，用青春和汗水创造出让世界刮目相看的新奇迹！

第五，新时代中国青年要练就过硬本领。青年是苦练本领、增长才干的黄金时期。"青春虚度无所成，白首衔悲亦何及。"〔7〕当今时代，知识更新不断加快，社会分工日益细化，新技术新模式新业态层出不穷。这既为青年施展才华、竞展风采提供了广阔舞台，也对青年能力素质提出了新的更高要求。不论是成就自己的人生理想，还是担当时代的神圣使命，青年都要珍惜韶华、不负青春，努力学习掌握科学知识，提高内在素质，锤炼过硬本领，使自己的思维视野、思想观念、认识水平跟上越来越快的时代发展。

新时代中国青年要增强学习紧迫感，如饥似渴、孜孜不倦学习，努力学习马克思主义立场观点方法，努力掌握科学文化知识和专业技能，努力提高人文素养，在学习中增长知识、锤炼品格，在工作中增长才干、练就本领，以真才实学服务人民，以创新创造贡献国家！

第六，新时代中国青年要锤炼品德修为。人无德不立，品德是为人之本。止于至善，是中华民族始终不变的人格追求。我们要建设的社会主义现代化强国，不仅要在物质上强，更要在精神上强。精神上强，才是更持久、更深沉、更有力量的。青年要把正确的道德认知、自觉的道德养成、积极的道德实践紧密结合起来，不断修身立德，打牢道德根基，在人生道路上走得更正、走得更远。面对复杂的世界大变局，要明辨是非、恪守正道，不人云亦云、盲目跟风。面对外部诱惑，要保持定力、严守规矩，用勤劳的双手和诚实的劳动创造美好生活，拒绝投机取巧、远离自作聪明。面对美好岁月，要有饮水思源、懂得回报的感恩之心，感恩党和国家，感恩社会和人民。要在奋斗中摸爬滚打，体察世间冷暖、民众忧乐、现实矛盾，从中找到人生真谛、生命价值、事业方向。

新时代中国青年要自觉树立和践行社会主义核心价值观，善于从中华民族传统美德中汲取道德滋养，从英雄人物和时代楷模的身上感受道德风范，从自身内省中提升道德修为，明大德、守公德、严私德，自觉抵制拜金主义、享乐主义、极端个人主义、历史虚无主义等错误思想，追求更有高度、更有境界、更有品位的人生，让清风正气、蓬勃朝气遍布全社会！

注　　释

〔1〕见《孟子·告子下》。

〔2〕见明代王守仁《教条示龙场诸生》。

〔3〕见孙中山《在广东第一女子师范学校校庆纪念会的演说》（《孙中山全集》第 7 卷，人民出版社 2015 年版，第 597 页）。

〔4〕见鲁迅《导师》（《鲁迅全集》第 3 卷，人民文学出版社 2005 年版，第 59 页）。

〔5〕见鲁迅《自嘲》（《鲁迅全集》第 7 卷，人民文学出版社 2005 年版，第 151 页）。

〔6〕见毛泽东《对〈毛主席诗词〉若干词句的解释》（《毛泽东文集》第 8 卷，人民出版社 1999 年版，第 364 页）。

〔7〕见唐代权德舆《放歌行》。

十二、提高保障和
　　改善民生水平

坚持不懈推进"厕所革命"[*]

（2017 年 11 月）

两年多来，旅游系统坚持不懈推进"厕所革命"，体现了真抓实干、努力解决实际问题的工作态度和作风。旅游业是新兴产业，方兴未艾，要像抓"厕所革命"一样，不断加强各类软硬件建设，推动旅游业大发展。

厕所问题不是小事情，是城乡文明建设的重要方面，不但景区、城市要抓，农村也要抓，要把这项工作作为乡村振兴战略的一项具体工作来推进，努力补齐这块影响群众生活品质的短板。

---

* 这是习近平就旅游系统推进"厕所革命"工作取得成效作出的指示要点。

让人民群众有更多获得感、幸福感、安全感[*]

（2017 年 12 月—2019 年 11 月 3 日）

一

近年来，"四好农村路"建设取得了实实在在的成效，为农村特别是贫困地区带去了人气、财气，也为党在基层凝聚了民心。

交通运输部等有关部门和各地区要认真贯彻落实党的十九大精神，从实施乡村振兴战略、打赢脱贫攻坚战的高度，进一步深化对建设农村公路重要意义的认识，聚焦突出问题，完善政策机制，既要把农村公路建好，更要管好、护好、运营好，为广大农民致富奔小康、为加快推进农业农村现代化提供更好保障。

（2017 年 12 月对"四好农村路"建设作出的指示要点）

二

要始终把人民利益摆在至高无上的地位，加快推进民生领域体制机制改革，尽力而为、量力而行，着力提高保障和改善民生水平，不断完善公共服务体系，不断促进社会公平正义，推动公共资源向基层延伸、向农村覆盖、向困难群体倾斜，着力解决人民群众关心的现实利益问题。

（2018年4月13日在庆祝海南建省办经济特区30周年大会上的讲话）

三

棚户区改造事关千千万万群众安居乐业。我们的城市不能一边是高楼大厦，一边是脏乱差的棚户区。目前全国棚户区改造任务还很艰巨。只要是有利于老百姓的事，我们就要努力去办，而且要千方百计办好。

（2018年4月24日—28日在湖北考察时的讲话要点）

四

确保药品安全是各级党委和政府义不容辞之责，要始终把人民群众的身体健康放在首位，以猛药去疴、刮骨疗毒的决心，完善我国疫苗管理体制，坚决守住安全底线，全力保障群众切身利益和社会安全稳定大局。

（2018 年 7 月对吉林长春长生生物疫苗案件作出的指示要点）

五

我国学生近视呈现高发、低龄化趋势，严重影响孩子们的身心健康，这是一个关系国家和民族未来的大问题，必须高度重视，不能任其发展。

有关方面要结合深化教育改革，拿出有效的综合防治方案，并督促各地区、各有关部门抓好落实。全社会都要行动起来，共同呵护好孩子的眼睛，让他们拥有一个光明的未来。

（2018 年 8 月就有关报刊刊载的《中国学生近视高发亟待干预》一文作出的指示要点）

六

"快递小哥"工作很辛苦，起早贪黑、风雨无阻，越是节假日越忙碌，像勤劳的小蜜蜂，是最辛勤的劳动者，为大家生活带来了便利。要坚持就业优先战略，把解决人民群众就业问题放在更加突出的位置，努力创造更多就业岗位。

（2019 年 2 月 1 日春节前夕在北京看望慰问基层干部群众时的讲话要点）

七

古人讲，"夫孝，德之本也"[1]。自古以来，中国人就提倡孝老爱亲，倡导老吾老以及人之老、幼吾幼以及人之幼。我国已经进入老龄化社会。让老年人老有所养、老有所依、老有所乐、老有所安，关系社会和谐稳定。我们要在全社会大力提倡尊敬老人、关爱老人、赡养老人，大力发展老龄事业，让所有老年人都能有一个幸福美满的晚年。

（2019年2月3日在二〇一九年春节团拜会上的讲话）

八

民政工作关系民生、连着民心，是社会建设的兜底性、基础性工作。各级党委和政府要坚持以人民为中心，加强对民政工作的领导，增强基层民政服务能力，推动民政事业持续健康发展。各级民政部门要加强党的建设，坚持改革创新，聚焦脱贫攻坚，聚焦特殊群体，聚焦群众关切，更好履行基本民生保障、基层社会治理、基本社会服务等职责，为全面建成小康社会、全面建设社会主义现代化国家作出新的贡献。

（2019年4月对民政工作作出的指示要点）

九

实行垃圾分类，关系广大人民群众生活环境，关系节约使用资源，也是社会文明水平的一个重要体现。

推行垃圾分类，关键是要加强科学管理、形成长效机制、推动习惯养成。要加强引导、因地制宜、持续推进，把工作做细做实，持之以恒抓下去。要开展广泛的教育引导工作，让广大人民群众认识到实行垃圾分类的重要性和必要性，通过有效的督促引导，让更多人行动起来，培养垃圾分类的好习惯，全社会人人动手，一起来为改善生活环境作努力，一起来为绿色发展、可持续发展作贡献。

（2019 年 6 月对垃圾分类工作作出的指示要点）

✚

要抓住人民最关心最直接最现实的利益问题，扭住突出民生难题，一件事情接着一件事情办，一年接着一年干，争取早见成效，让人民群众有更多获得感、幸福感、安全感。要履行好党和政府的责任，鼓励和支持企业、群团组织、社会组织积极参与，发挥群众主体作用，调动群众积极性、主动性、创造性，探索建立可持续的运作机制。

（2019 年 11 月 2 日—3 日在上海考察时的讲话要点）

注　释

〔1〕见《孝经·开宗明义章》。

坚决破除制约教育事业
发展的体制机制障碍[*]

（2018 年 9 月 10 日）

目前，我们的教育总体上符合我国国情、适应经济社会发展需要，但也存在一些突出问题和短板，特别是教育的压力普遍前移，学前教育、基础教育普遍存在超前教育、过度教育现象，既有损学生身心健康成长，也加重家庭经济和精力负担；高等教育经历了量的快速扩张，质的提升矛盾越来越突出；教育重知识、轻素质状况尚未得到根本扭转，教风、学风亟待进一步净化；党对教育领域的领导和党的建设、思想政治工作亟待加强。解决这些问题，迫切需要深化教育体制改革。

党的十八大以来，我国教育体制机制改革取得显著成效，但教育改革点多面广线长，需要做的事情很多。去年，中央印发了《关于深化教育体制机制改革的意见》，总的要求是，遵循教育规律、人才成长规律，着力形成充满活力、富有效率、更加开放、有利于高质量发展的教育体制机制。

＊ 这是习近平在全国教育大会上讲话的一部分。

我们要坚持我国教育现代化的社会主义方向，坚持教育公益性原则，把教育公平作为国家基本教育政策，大力推进教育体制改革创新。要加快建成伴随每个人一生的教育，让学习成为每个人的生活习惯和生活方式，实现人人皆学、处处能学、时时可学。要加快建成平等面向每个人的教育，努力使每个人不分性别、不分城乡、不分地域、不分贫富、不分民族都能接受良好教育。要加快建成适合每个人的教育，努力使不同性格禀赋、不同兴趣特长、不同素质潜力的学生都能接受符合自己成长需要的教育。要加快建成更加开放灵活的教育，努力使教育选择更多样、成长道路更宽广，使学业提升通道、职业晋升通道、社会上升通道更加畅通。

第一，健全立德树人落实机制，扭转不科学的教育评价导向。有什么样的评价指挥棒，就有什么样的办学导向。现在，教育最突出的问题是中小学生太苦太累，办学中的一些做法太短视太功利，更严重的是大家都知道这种状况是不对的，但又在沿着这条路走，越陷越深，越深越陷！素质教育提出20多年了，取得了一定进展，但总的看各地区成效不够平衡。说到底，是立德树人的要求没有完全落实到体制机制上，教育的指挥棒在中小学实际上是考试分数和升学率，在高校主要是科研论文，关于德育、素质教育的应有地位和科学评价体系没有真正确立起来。这是一个必须解决的老大难问题。要坚决克服唯分数、唯升学、唯文凭、唯论文、唯帽子的顽瘴痼疾，从根本上解决教育评价指挥棒问题，扭转教育功利化倾向。要全面落实立德树人根本任务，推进育人方式、办学模式、管理体制、保障机制改革，建立促进学生身心健康、全面发展的长效机制。

要支持有条件的高校创一流，但不能把高校人为分为三六九等，而是要鼓励高校办出特色，在不同学科不同方面争创一流。考试招生制度的指挥棒要改，真正实现学生成长、国家选才、社会公平的有机统一。对学校、教师、学生、教育工作的评价体系要改，坚决改变简单以考分排名评老师、以考试成绩评学生、以升学率评学校的导向和做法。直接以升学率奖优罚劣的做法要改，把升学率与工程项目、经费分配、评优评先等挂钩的潜规则也要改。高考改革牵一发而动全身，各级党委和政府要做到亲自把关、亲自协调、亲自督查，加大统筹协调力度，确保这项备受关注的高风险改革平稳落地。

一些校外培训机构违背教育规律和学生成长发展规律，开展以"应试"为导向的培训，增加了学生课外负担，增加了家庭经济负担，甚至扰乱了学校正常教育教学秩序，社会反响强烈。良心的行业不能变成逐利的产业。对校外培训机构要依法管起来，让校外教育培训回归育人正常轨道。

第二，深化办学体制和教育管理改革，充分激发教育事业发展生机活力。我国有着全世界最大的教育体系，同时情况也非常复杂，城乡区域发展不平衡，人民群众教育需求也存在很大差异。要运行好、发展好这样庞大而复杂的教育事业，必须针对学校自我约束和自我发展机制不健全、政府管理越位缺位错位不到位、社会参与不足等问题，深化办学体制和教育管理改革，推进教育领域治理能力和水平现代化。

现在，基层反映，对学校管得还是多、还是细，活力出不来，该政府出面为学校排忧解难的服务又不到位。对学校人财物的管理涉及多个部门，有些是延续多年的老政策、老办法，这个问题要系统解决。办学有规律，学校有主业，各级党委和政府要减少不必要的检查评比，不能动辄让学校停课出人出场地办活动，更不能把招商、拆迁等"摊派"给学校。对社会上各种各样的大学排行榜，可以参考，但绝不能被排名牵着鼻子走。学校是办学主体，要尽可能把资源配置、经费使用、考评管理等放给学校，保证学校事情学校办。

深化教育体制改革，目的是提高教育质量。要着眼于"教好"，围绕教师、教材、教法推进改革，探索形式多样、行之有效的教学方式方法，切实在素质教育上取得真正的突破。要着眼于"学好"，围绕立德立志、增智健体、成才用才推进改革，促进学前教育普惠发展、义务教育城乡一体化发展、普通高中多样化有特色发展、高等教育内涵式发展，提高职业教育质量，打好教育脱贫攻坚战，提升民族教育、特殊教育、继续教育水平，为每个人成长成才创造条件。要着眼于"管好"，坚持依法治教、依法办学、依法治校，完善办学制度，强化从严治校机制，不断健全教育管理制度体系。

第三，提升教育服务经济社会发展能力。要根据建设社会主义现代化强国的需要，调整优化高校区域布局、学科结构、专业设置，改进高等教育管理方式，促进高等学校科学定位、差异化发展，把创新创业教育贯穿人才培养全过程，建立健全学科专业动态调整机制，加快一流大学和一流学科建设，推进产学研协同创新，积极投身实施创新驱动发展战略，着重培养创新型、复合型、应用型人才。要高度重视职业教育，大力推进产教融合，健全德技并修、工学结合的育人机制，源源不断为各行各业培养亿万高素质的产业生力军，让职业院校毕业生在职业发展上也有广阔空间。要出台灵活有效的优惠政策，厚植企业承担职业教育责任的文化环境，推动职业院校和行业企业形成命运共同体。

第四，扩大教育开放，提升我国教育世界影响力。不拒细流，方为江海。推进教育现代化，要坚持对外开放不动摇，加强同世界各国的互容、互鉴、互通。要聚焦世界科技前沿和国内薄弱、空白、紧缺学科专业，同世界一流资源开展高水平合作办学，把质量高、符合需要的引进来。要打造更具国际竞争力的留学教育，将我国建成全球主要留学中心和世界杰出青年向往的留学目的地，吸引海外顶尖人才来华留学，培养未来全球精英。要增强教育服务国家外交的能力，通过教育交流合作，继续办好全球孔子学院、孔子课堂，让全球几千万汉语学习者、几十万来华留学生成为中国的好朋友。要大力培养掌握党和国家方针政策、具有全球视野、通晓国际规则、熟练运用外语、精通中外谈判和沟通的国际化人才，有针对性地培养"一带一路"等对外急需的懂外语的各类专业技术和管理人才，有计划地培养选拔优秀人才到国际组织任职。要加快建设中国特色海外国际学校，解决各类驻外机构、海外中资机构工作人员以及赴海外经商、务工人员随居子女在国外接受汉语教育问题，同时为海外华侨华人子女学习中文、学习中国历史文化提供便利。

维护政治安全、
社会安定、人民安宁*

（2019 年 1 月 15 日）

要坚持以新时代中国特色社会主义思想为指导，坚持党对政法工作的绝对领导，坚持以人民为中心的发展思想，加快推进社会治理现代化，加快推进政法领域全面深化改革，加快推进政法队伍革命化、正规化、专业化、职业化建设，忠诚履职尽责，勇于担当作为，锐意改革创新，履行好维护国家政治安全、确保社会大局稳定、促进社会公平正义、保障人民安居乐业的职责任务，不断谱写政法事业发展新篇章。

党的十八大以来，党中央把政法工作摆到更加重要的位置来抓，作出一系列重大决策，实施一系列重大举措，维护了政治安全、社会安定、人民安宁，促进了经济社会持续健康发展。这是党中央坚强领导的结果，是全党全国各族人民共同奋斗的结果，凝聚着全国政法战线和广大政法干警的智慧和汗水。

要贯彻好党的群众路线，坚持社会治理为了人民，善于把党的优良传统和新技术新手段结合起来，创新组织群众、

---

* 这是习近平在中央政法工作会议上的讲话要点。

发动群众的机制，创新为民谋利、为民办事、为民解忧的机制，让群众的聪明才智成为社会治理创新的不竭源泉。要加大关系群众切身利益的重点领域执法司法力度，让天更蓝、水更清、空气更清新、食品更安全、交通更顺畅、社会更和谐有序。

要善于把党的领导和我国社会主义制度优势转化为社会治理效能，完善党委领导、政府负责、社会协同、公众参与、法治保障的社会治理体制，打造共建共治共享的社会治理格局。要创新完善平安建设工作协调机制，统筹好政法系统和相关部门的资源力量，形成问题联治、工作联动、平安联创的良好局面。各地区各部门主要负责同志要落实好平安建设领导责任制，履行好维护一方稳定、守护一方平安的政治责任。要深入推进社区治理创新，构建富有活力和效率的新型基层社会治理体系。

要大力弘扬社会主义核心价值观，加强思想教育、道德教化，改进见义勇为英雄模范评选表彰工作，让全社会充满正气、正义。要坚持依法办事，让遵法守纪者扬眉吐气，让违法失德者寸步难行。要完善基层群众自治机制，调动城乡群众、企事业单位、社会组织自主自治的积极性，打造人人有责、人人尽责的社会治理共同体。要健全社会心理服务体系和疏导机制、危机干预机制，塑造自尊自信、理性平和、亲善友爱的社会心态。要加快推进立体化、信息化社会治安防控体系建设。

黑恶势力是社会毒瘤，严重破坏经济社会秩序，侵蚀党的执政根基。要咬定三年为期目标不放松，分阶段、分领域地完善策略方法、调整主攻方向，保持强大攻势。要紧盯涉黑涉恶重大案件、黑恶势力经济基础、背后"关系网""保护伞"不放，在打防并举、标本兼治上下真功夫、细功夫，确保取得实效、长效。

政法系统要在更高起点上，推动改革取得新的突破性进展，加快构建优化协同高效的政法机构职能体系。要优化政法机关职权配置，构建各尽其职、配合有力、制约有效的工作体系。要推进政法机关内设机构改革，优化职能配置、机构设置、人员编制，让运行更加顺畅高效。要全面落实司法责任制，让司法人员集中精力尽好责、办好案，提高司法质量、效率、公信力。要聚焦人民群众反映强烈的突出问题，抓紧完善权力运行监督和制约机制，坚决防止执法不严、司法不公甚至执法犯法、司法腐败。要深化诉讼制度改革，推进案件繁简分流、轻重分离、快慢分道，推动大数据、人工智能等科技创新成果同司法工作深度融合。

政法机关承担着大量公共服务职能，要努力提供普惠均等、便捷高效、智能精准的公共服务。要持续开展"减证便民"行动，加快推进跨域立案诉讼服务改革，推动诉讼事项跨区域远程办理、跨层级联动办理，解决好异地诉讼难等问题。要深化公共法律服务体系建设，加快整合律师、公证、司法鉴定、仲裁、司法所、人民调解等法律服务资源，尽快建成覆盖全业务、全时空的法律服务网络。要加快构建海外安全保护体系，保障我国在海外的机构、人员合法权益。

要旗帜鲜明把政治建设放在首位，努力打造一支党中央放心、人民群众满意的高素质政法队伍。要抓好科学理论武装，教育引导广大干警学深悟透新时代中国特色社会主义思想，增强"四个意识"、坚定"四个自信"、做到"两个维护"，矢志不渝做中国特色社会主义事业的建设者、捍卫者。政法机关要敢于刀刃向内、刮骨疗毒，坚决清除害群之马。

政法系统要把专业化建设摆到更加重要的位置来抓。专业化建设要突出实战、实用、实效导向，全面提升政法干警的法律政策运用能力、防控风险能力、群众工作能力、科技应用能力、舆论引导能力。政法队伍是和平年代奉献最多、牺牲最大的队伍。对这支特殊的队伍，要给予特殊的关爱，做到政治上激励、工作上鼓劲、待遇上保障、人文上关怀，千方百计帮助解决各种实际困难，让干警安身、安心、安业。

要加强政法领导班子和干部队伍建设，加强政法机关基层党组织建设。各级党组织和领导干部要支持政法单位开展工作，支持司法机关依法独立公正行使职权。各级党委政法委要把工作着力点放在把握政治方向、协调各方职能、统筹政法工作、建设政法队伍、督促依法履职、创造公正司法环境上，健全完善政治督察、综治督导、执法监督、纪律作风督查巡查等制度机制。

十三、促进人与自然和谐共生

加强生态文明建设
必须坚持的原则*

（2018 年 5 月 18 日）

生态环境是关系党的使命宗旨的重大政治问题，也是关系民生的重大社会问题。我们党历来高度重视生态环境保护，把节约资源和保护环境确立为基本国策，把可持续发展确立为国家战略。随着经济社会发展和实践深入，我们对中国特色社会主义总体布局的认识不断深化，从当年的"两个文明"[1]到"三位一体"[2]、"四位一体"[3]，再到今天的"五位一体"，这是重大理论和实践创新，更带来了发展理念和发展方式的深刻转变。

现在，随着我国社会主要矛盾转化为人民日益增长的美好生活需要和不平衡不充分的发展之间的矛盾，人民群众对优美生态环境需要已经成为这一矛盾的重要方面，广大人民群众热切期盼加快提高生态环境质量。人民对美好生活的向往是我们党的奋斗目标，解决人民最关心最直接最现实的利益问题是执政党使命所在。人心是最大的政治。我们要积极

---

* 这是习近平在全国生态环境保护大会上讲话的一部分。

回应人民群众所想、所盼、所急，大力推进生态文明建设，提供更多优质生态产品，不断满足人民日益增长的优美生态环境需要。

人类是命运共同体，保护生态环境是全球面临的共同挑战和共同责任。生态文明建设做好了，对中国特色社会主义是加分项，反之就会成为别有用心的势力攻击我们的借口。人类进入工业文明时代以来，传统工业化迅猛发展，在创造巨大物质财富的同时也加速了对自然资源的攫取，打破了地球生态系统原有的循环和平衡，造成人与自然关系紧张。从上世纪 30 年代开始，一些西方国家相继发生多起环境公害事件，损失巨大，震惊世界，引发了人们对资本主义发展模式的深刻反思。在人类 200 多年的现代化进程中，实现工业化的国家不超过 30 个、人口不超过 10 亿。在我们这个 13 亿多人口的最大发展中国家推进生态文明建设，建成富强民主文明和谐美丽的社会主义现代化强国，其影响将是世界性的。

党的十八大以来，我们党深刻回答了为什么建设生态文明、建设什么样的生态文明、怎样建设生态文明的重大理论和实践问题，提出了一系列新理念新思想新战略。新时代推进生态文明建设，必须坚持好以下原则。

一是坚持人与自然和谐共生。人与自然是生命共同体。生态环境没有替代品，用之不觉，失之难存。"天地与我并生，而万物与我为一。"[4] "天不言而四时行，地不语而百物生。"[5] 当人类合理利用、友好保护自然时，自然的回报常常是慷慨的；当人类无序开发、粗暴掠夺自然时，自然的惩罚必然是无情的。人类对大自然的伤害最终会伤及人类自身，这是无法抗拒的规律。"万物各得其和以生，各得其养以成"[6]。这方面有很多鲜活生动的事例。始建于战国时期的都江堰，距今已有2000多年历史，就是根据岷江的洪涝规律和成都平原悬江的地势特点，因势利导建设的大型生态水利工程，不仅造福当时，而且泽被后世。

在整个发展过程中，我们都要坚持节约优先、保护优先、自然恢复为主的方针，不能只讲索取不讲投入，不能只讲发展不讲保护，不能只讲利用不讲修复，要像保护眼睛一样保护生态环境，像对待生命一样对待生态环境，多谋打基础、利长远的善事，多干保护自然、修复生态的实事，多做治山理水、显山露水的好事，让群众望得见山、看得见水、记得住乡愁，让自然生态美景永驻人间，还自然以宁静、和谐、美丽。

二是绿水青山就是金山银山。这是重要的发展理念，也是推进现代化建设的重大原则。绿水青山就是金山银山，阐述了经济发展和生态环境保护的关系，揭示了保护生态环境就是保护生产力、改善生态环境就是发展生产力的道理，指明了实现发展和保护协同共生的新路径。绿水青山既是自然财富、生态财富，又是社会财富、经济财富。保护生态环境就是保护自然价值和增值自然资本，就是保护经济社会发展潜力和后劲，使绿水青山持续发挥生态效益和经济社会效益。

生态环境问题归根结底是发展方式和生活方式问题，要从根本上解决生态环境问题，必须贯彻创新、协调、绿色、开放、共享的发展理念，加快形成节约资源和保护环境的空间格局、产业结构、生产方式、生活方式，把经济活动、人的行为限制在自然资源和生态环境能够承受的限度内，给自然生态留下休养生息的时间和空间。要加快划定并严守生态保护红线、环境质量底线、资源利用上线三条红线。对突破三条红线、仍然沿用粗放增长模式、吃祖宗饭砸子孙碗的事，绝对不能再干，绝对不允许再干。在生态保护红线方面，要建立严格的管控体系，实现一条红线管控重要生态空间，确保生态功能不降低、面积不减少、性质不改变。在环境质量底线方面，将生态环境质量只能更好、不能变坏作为底线，并在此基础上不断改善，对生态破坏严重、环境质量恶化的区域必须严肃问责。在资源利用上线方面，不仅要考虑人类和当代的需要，也要考虑大自然和后人的需要，把握好自然资源开发利用的度，不要突破自然资源承载能力。

三是良好生态环境是最普惠的民生福祉。民之所好好之，民之所恶恶之。环境就是民生，青山就是美丽，蓝天也是幸福。发展经济是为了民生，保护生态环境同样也是为了民生。既要创造更多的物质财富和精神财富以满足人民日益增长的美好生活需要，也要提供更多优质生态产品以满足人民日益增长的优美生态环境需要。要坚持生态惠民、生态利民、生态为民，重点解决损害群众健康的突出环境问题，加快改善生态环境质量，提供更多优质生态产品，努力实现社会公平正义，不断满足人民日益增长的优美生态环境需要。

生态文明是人民群众共同参与共同建设共同享有的事业，要把建设美丽中国转化为全体人民自觉行动。每个人都是生态环境的保护者、建设者、受益者，没有哪个人是旁观者、局外人、批评家，谁也不能只说不做、置身事外。要增强全民节约意识、环保意识、生态意识，培育生态道德和行为准则，开展全民绿色行动，动员全社会都以实际行动减少能源资源消耗和污染排放，为生态环境保护作出贡献。

四是山水林田湖草是生命共同体。生态是统一的自然系统，是相互依存、紧密联系的有机链条。人的命脉在田，田的命脉在水，水的命脉在山，山的命脉在土，土的命脉在林和草，这个生命共同体是人类生存发展的物质基础。一定要算大账、算长远账、算整体账、算综合账，如果因小失大、顾此失彼，最终必然对生态环境造成系统性、长期性破坏。

要从系统工程和全局角度寻求新的治理之道，不能再是头痛医头、脚痛医脚，各管一摊、相互掣肘，而必须统筹兼顾、整体施策、多措并举，全方位、全地域、全过程开展生态文明建设。比如，治理好水污染、保护好水环境，就需要全面统筹左右岸、上下游、陆上水上、地表地下、河流海洋、水生态水资源、污染防治与生态保护，达到系统治理的最佳效果。要深入实施山水林田湖草一体化生态保护和修复，开展大规模国土绿化行动，加快水土流失和荒漠化石漠化综合治理。推动长江经济带发展，要共抓大保护，不搞大开发，坚持生态优先、绿色发展，涉及长江的一切经济活动都要以不破坏生态环境为前提。

五是用最严格制度最严密法治保护生态环境。保护生态环境必须依靠制度、依靠法治。我国生态环境保护中存在的突出问题大多同体制不健全、制度不严格、法治不严密、执行不到位、惩处不得力有关。要加快制度创新，增加制度供给，完善制度配套，强化制度执行，让制度成为刚性的约束和不可触碰的高压线。要严格用制度管权治吏、护蓝增绿，有权必有责、有责必担当、失责必追究，保证党中央关于生态文明建设决策部署落地生根见效。

奉法者强则国强，奉法者弱则国弱。令在必信，法在必行。制度的生命力在于执行，关键在真抓，靠的是严管。我们已出台一系列改革举措和相关制度，要像抓中央环境保护督察一样抓好落实。制度的刚性和权威必须牢固树立起来，不得作选择、搞变通、打折扣。要落实领导干部生态文明建设责任制，严格考核问责。对那些不顾生态环境盲目决策、造成严重后果的人，必须追究其责任，而且应该终身追责。对破坏生态环境的行为不能手软，不能下不为例。要下大气力抓住破坏生态环境的反面典型，释放出严加惩处的强烈信号。对任何地方、任何时候、任何人，凡是需要追责的，必须一追到底，决不能让制度规定成为"没有牙齿的老虎"。

六是共谋全球生态文明建设。生态文明建设关乎人类未来，建设绿色家园是人类的共同梦想，保护生态环境、应对气候变化需要世界各国同舟共济、共同努力，任何一国都无法置身事外、独善其身。我国已成为全球生态文明建设的重要参与者、贡献者、引领者，主张加快构筑尊崇自然、绿色发展的生态体系，共建清洁美丽的世界。要深度参与全球环境治理，增强我国在全球环境治理体系中的话语权和影响力，积极引导国际秩序变革方向，形成世界环境保护和可持续发展的解决方案。要坚持环境友好，引导应对气候变化国际合作。要推进"一带一路"建设，让生态文明的理念和实践造福沿线各国人民。

注　释

〔1〕"两个文明"，指社会主义物质文明和精神文明。

〔2〕"三位一体"，指社会主义经济建设、政治建设、文化建设。

〔3〕"四位一体"，指社会主义经济建设、政治建设、文化建设、社会建设。

〔4〕见《庄子·齐物论》。

〔5〕见唐代李白《上安州裴长史书》。

〔6〕见《荀子·天论》。

坚决打好污染防治攻坚战[*]

（2018 年 5 月 18 日）

在党的十九大报告中，我强调要突出抓重点、补短板、强弱项，特别是要坚决打好防范化解重大风险、精准脱贫、污染防治的攻坚战，使全面建成小康社会得到人民认可、经得起历史检验。现在，我们就要集中优势兵力，采取更有效的政策举措，打好这场攻坚战。

第一，加快构建生态文明体系。加快解决历史交汇期的生态环境问题，必须加快建立健全以生态价值观念为准则的生态文化体系，以产业生态化和生态产业化为主体的生态经济体系，以改善生态环境质量为核心的目标责任体系，以治理体系和治理能力现代化为保障的生态文明制度体系，以生态系统良性循环和环境风险有效防控为重点的生态安全体系。

要通过加快构建生态文明体系，使我国经济发展质量和效益显著提升，确保到 2035 年节约资源和保护环境的空间格局、产业结构、生产方式、生活方式总体形成，生态环境质量实现根本好转，生态环境领域国家治理体系和治理能力现代化基本实现，美丽中国目标基本实现。到本世纪中叶，建

---

[*] 这是习近平在全国生态环境保护大会上讲话的一部分。

成富强民主文明和谐美丽的社会主义现代化强国，物质文明、政治文明、精神文明、社会文明、生态文明全面提升，绿色发展方式和生活方式全面形成，人与自然和谐共生，生态环境领域国家治理体系和治理能力现代化全面实现，建成美丽中国。

第二，全面推动绿色发展。绿色是生命的象征、大自然的底色，更是美好生活的基础、人民群众的期盼。绿色发展是新发展理念的重要组成部分，与创新发展、协调发展、开放发展、共享发展相辅相成、相互作用，是全方位变革，是构建高质量现代化经济体系的必然要求，目的是改变传统的"大量生产、大量消耗、大量排放"的生产模式和消费模式，使资源、生产、消费等要素相匹配相适应，实现经济社会发展和生态环境保护协调统一、人与自然和谐共处。

加快形成绿色发展方式，是解决污染问题的根本之策。只有从源头上使污染物排放大幅降下来，生态环境质量才能明显好上去。重点是调结构、优布局、强产业、全链条。调整经济结构和能源结构，既提升经济发展水平，又降低污染排放负荷。对重大经济政策和产业布局开展规划环评，优化国土空间开发布局，调整区域流域产业布局。培育壮大节能环保产业、清洁生产产业、清洁能源产业，发展高效农业、先进制造业、现代服务业。推进资源全面节约和循环利用，实现生产系统和生活系统循环链接。

绿色生活方式涉及老百姓的衣食住行。要倡导简约适度、绿色低碳的生活方式，反对奢侈浪费和不合理消费。广泛开展节约型机关、绿色家庭、绿色学校、绿色社区创建活动，推广绿色出行，通过生活方式绿色革命，倒逼生产方式绿色转型。

第三，把解决突出生态环境问题作为民生优先领域。有利于百姓的事再小也要做，危害百姓的事再小也要除。打好污染防治攻坚战，就要打几场标志性的重大战役，集中力量攻克老百姓身边的突出生态环境问题。当前，重污染天气、黑臭水体、垃圾围城、农村环境已成为民心之痛、民生之患，严重影响人民群众生产生活，老百姓意见大、怨言多，甚至成为诱发社会不稳定的重要因素，必须下大气力解决好这些问题。要集中优势兵力，动员各方力量，群策群力，群防群治，一个战役一个战役打，打一场污染防治攻坚的人民战争。

坚决打赢蓝天保卫战是重中之重。这既是国内民众的迫切期盼，也是我们就办好北京冬奥会向国际社会作出的承诺。要以京津冀及周边、长三角、汾渭平原等为主战场，以北京为重点，以空气质量明显改善为刚性要求，强化联防联控，基本消除重污染天气，还老百姓蓝天白云、繁星闪烁。要调整产业结构，减少过剩和落后产能，增加新的增长动能。要推进达标排放，降低重点行业污染物排放，实施火电、钢铁等重点行业超低排放改造。要在全国推开"散乱污"企业治理，坚决关停取缔一批，整改提升一批，搬迁入园一批。要调整能源结构，减少煤炭消费比重，加快清洁能源发展。要坚持因地制宜、多措并举，宜电则电、宜气则气，坚定不移推进北方地区冬季清洁取暖，加快天然气产供储销体系建设，优化天然气来源布局，加强管网互联互通，保障气源供应。要提供补贴政策和价格支持，确保"煤改气"、"煤改电"后老百姓用得上、用得起。要加大燃煤小锅炉淘汰力度，暂停一部分污染重的煤电机组，加快升级改造。要调整运输结构，减少公路运输量，增加铁路运输量。要抓紧治理柴油货车污染，推动货运经营整合升级、提质增效，加快规模化发展、连锁化经营。

要深入实施水污染防治行动计划，打好水源地保护、城市黑臭水体治理、渤海综合治理、长江保护修复攻坚战，保障饮用水安全，基本消灭城市黑臭水体，还给老百姓清水绿岸、鱼翔浅底的景象。在治水上有不少问题要解决，其中有一个问题非常迫切，就是要加快补齐城镇污水收集和处理设施短板。这方面欠账太多。根据中央环境保护督察提供的情况，甚至一些直辖市、沿海发达省份、经济特区都有大量污水直排。要定个硬目标，全力攻克，尽快实现污水管网全覆盖、全收集、全处理。否则，一边治，一边排，效果就会事倍功半。

要全面落实土壤污染防治行动计划，推动制定和实施土壤污染防治法。突出重点区域、行业和污染物，强化土壤污染管控和修复，有效防范风险，让老百姓吃得放心、住得安心。要全面禁止洋垃圾入境，大幅减少进口固体废物种类和数量，严厉打击危险废物破坏环境违法行为，坚决遏制住危险废物非法转移、倾倒、利用和处理处置。

农村环境直接影响米袋子、菜篮子、水缸子、城镇后花园。要调整农业投入结构，减少化肥农药使用量，增加有机肥使用比重，完善废旧地膜回收处理制度。要持续开展农村人居环境整治行动，实现全国行政村环境整治全覆盖，基本解决农村的垃圾、污水、厕所问题，打造美丽乡村，为老百姓留住鸟语花香田园风光。

生态保护和污染防治密不可分、相互作用。其中，污染防治好比是分子，生态保护好比是分母，要对分子做好减法降低污染物排放量，对分母做好加法扩大环境容量，协同发力。要严格管控生态保护红线，实现山水林田湖草系统监管和事前事中事后的全过程监管。要推进城镇留白增绿，使老百姓享有惬意生活休闲空间。

第四，有效防范生态环境风险。生态环境安全是国家安全的重要组成部分，是经济社会持续健康发展的重要保障。"图之于未萌，虑之于未有。"〔1〕要始终保持高度警觉，防止各类生态环境风险积聚扩散，做好应对任何形式生态环境风险挑战的准备。

要把生态环境风险纳入常态化管理，系统构建全过程、多层级生态环境风险防范体系，严密防控垃圾焚烧、对二甲苯（PX）等重点领域生态环境风险，推进"邻避"问题防范化解，破解涉环保项目"邻避"问题，着力提升突发环境事件应急处置能力。要加强核与辐射安全监管，健全监管体系，完善监管机制，提升监管能力，确保万无一失。

第五，加快推进生态文明体制改革落地见效。生态文明体制改革是全面深化改革的重要领域，要以解决生态环境领域突出问题为导向，抓好已出台改革举措的落地，及时制定新的改革方案。对涉及生态文明体制改革的一些重要举措要尽快到位、发挥作用。中央环境保护督察要强化权威，加强力量配备，向纵深发展。要探索政府主导、企业和社会各界参与、市场化运作、可持续的生态产品价值实现路径，开展试点，积累经验。要健全环保信用评价、信息强制性披露、严惩重罚等制度。

这次深化党和国家机构改革，党中央决定组建生态环境部。主要考虑有两点：一是在污染防治上改变九龙治水的状况，整合职能，为打好污染防治攻坚战提供支撑。二是在生态保护修复上强化统一监管，坚决守住生态保护红线。要打通地上和地下、岸上和水里、陆地和海洋、城市和农村、一氧化碳和二氧化碳，贯通污染防治和生态保护，加强生态环境保护统一监管。生态环境部门要履行好职责，统一政策规划标准制定，统一监测评估，统一监督执法，统一督察问责。要整合组建生态环境保护综合执法队伍，按照减少层次、整合队伍、提高效率的原则，优化职能配置，统一实行生态环境保护执法。要健全区域流域海域生态环境管理体制，推进跨地区环保机构试点，整合相关部门和地方政府大气环境管理职责；加快组建流域环境监管执法机构，增强流域环境监管和行政执法合力。要完善海域生态环境管理体制，按海域设置监管机构。

第六，提高环境治理水平。环境治理是系统工程，需要综合运用行政、市场、法治、科技等多种手段。要充分运用市场化手段，推进生态环境保护市场化进程，撬动更多社会资本进入生态环境保护领域。要完善资源环境价格机制，将生态环境成本纳入经济运行成本。要采取多种方式支持政府和社会资本合作项目。生态环境保护该花的钱必须花，该投的钱决不能省。要坚持资金投入同污染防治攻坚任务相匹配。

要加强大气重污染成因研究和治理、京津冀环境综合治理重大项目等科技攻关，对臭氧、挥发性有机物以及新的污染物治理开展专项研究和前瞻研究，对涉及经济社会发展的重大生态环境问题开展对策性研究，加快成果转化与应用，为科学决策、环境管理、精准治污、便民服务提供支撑。要实施积极应对气候变化国家战略，推动和引导建立公平合理、合作共赢的全球气候治理体系，彰显我国负责任大国形象，推动构建人类命运共同体。

注　释

〔1〕见后晋刘昫等《旧唐书·柳亨传附柳泽传》。

共谋绿色生活，共建美丽家园[*]

（2019 年 4 月 28 日）

尊敬的各位国家元首，政府首脑和夫人，

尊敬的国际展览局秘书长和国际园艺生产者协会主席，

尊敬的各国使节，各位国际组织代表，

女士们，先生们，朋友们：

"迟日江山丽，春风花草香。"[1]四月的北京，春回大地，万物复苏。很高兴同各位嘉宾相聚在雄伟的长城脚下、美丽的妫水河畔，共同拉开 2019 年中国北京世界园艺博览会大幕。

首先，我谨代表中国政府和中国人民，并以我个人的名义，对远道而来的各位嘉宾，表示热烈的欢迎！对支持和参与北京世界园艺博览会的各国朋友，表示衷心的感谢！

北京世界园艺博览会以"绿色生活，美丽家园"为主题，旨在倡导人们尊重自然、融入自然、追求美好生活。北京世界园艺博览会园区，同大自然的湖光山色交相辉映。我希望，这片园区所阐释的绿色发展理念能传导至世界各个角落。

<hr />

* 这是习近平在 2019 年中国北京世界园艺博览会开幕式上的讲话。

女士们、先生们、朋友们!

锦绣中华大地，是中华民族赖以生存和发展的家园，孕育了中华民族 5000 多年的灿烂文明，造就了中华民族天人合一的崇高追求。

现在，生态文明建设已经纳入中国国家发展总体布局，建设美丽中国已经成为中国人民心向往之的奋斗目标。中国生态文明建设进入了快车道，天更蓝、山更绿、水更清将不断展现在世人面前。

纵观人类文明发展史，生态兴则文明兴，生态衰则文明衰。工业化进程创造了前所未有的物质财富，也产生了难以弥补的生态创伤。杀鸡取卵、竭泽而渔的发展方式走到了尽头，顺应自然、保护生态的绿色发展昭示着未来。

女士们、先生们、朋友们!

仰望夜空，繁星闪烁。地球是全人类赖以生存的唯一家园。我们要像保护自己的眼睛一样保护生态环境，像对待生命一样对待生态环境，同筑生态文明之基，同走绿色发展之路!

——我们应该追求人与自然和谐。山峦层林尽染，平原蓝绿交融，城乡鸟语花香。这样的自然美景，既带给人们美的享受，也是人类走向未来的依托。无序开发、粗暴掠夺，人类定会遭到大自然的无情报复；合理利用、友好保护，人类必将获得大自然的慷慨回报。我们要维持地球生态整体平衡，让子孙后代既能享有丰富的物质财富，又能遥望星空、看见青山、闻到花香。

——我们应该追求绿色发展繁荣。绿色是大自然的底色。

我一直讲，绿水青山就是金山银山，改善生态环境就是发展生产力。良好生态本身蕴含着无穷的经济价值，能够源源不断创造综合效益，实现经济社会可持续发展。

——我们应该追求热爱自然情怀。"取之有度，用之有节"[2]，是生态文明的真谛。我们要倡导简约适度、绿色低碳的生活方式，拒绝奢华和浪费，形成文明健康的生活风尚。要倡导环保意识、生态意识，构建全社会共同参与的环境治理体系，让生态环保思想成为社会生活中的主流文化。要倡导尊重自然、爱护自然的绿色价值观念，让天蓝地绿水清深入人心，形成深刻的人文情怀。

——我们应该追求科学治理精神。生态治理必须遵循规律，科学规划，因地制宜，统筹兼顾，打造多元共生的生态系统。只有赋之以人类智慧，地球家园才会充满生机活力。生态治理，道阻且长，行则将至。我们既要有只争朝夕的精神，更要有持之以恒的坚守。

——我们应该追求携手合作应对。建设美丽家园是人类的共同梦想。面对生态环境挑战，人类是一荣俱荣、一损俱损的命运共同体，没有哪个国家能独善其身。唯有携手合作，我们才能有效应对气候变化、海洋污染、生物保护等全球性环境问题，实现联合国2030年可持续发展目标。只有并肩同行，才能让绿色发展理念深入人心、全球生态文明之路行稳致远。

女士们、先生们、朋友们！

昨天，第二届"一带一路"国际合作高峰论坛成功闭幕，在座许多嘉宾出席了论坛。共建"一带一路"就是要建设一条开放发展之路，同时也必须是一条绿色发展之路。这是与会各方达成的重要共识。中国愿同各国一道，共同建设美丽地球家园，共同构建人类命运共同体。

女士们、先生们、朋友们！

一代人有一代人的使命。建设生态文明，功在当代，利在千秋。让我们从自己、从现在做起，把接力棒一棒一棒传下去。

我宣布，2019 年中国北京世界园艺博览会开幕！

注　　释

〔1〕见唐代杜甫《绝句二首》。

〔2〕见唐代陆贽《均节赋税恤百姓六条》。

黄河流域生态保护和高质量发展的主要目标任务[*]

（2019 年 9 月 18 日）

　　我曾经提出，治理黄河，重在保护，要在治理。要坚持山水林田湖草综合治理、系统治理、源头治理，统筹推进各项工作，加强协同配合，推动黄河流域高质量发展。要坚持绿水青山就是金山银山的理念，坚持生态优先、绿色发展，以水而定、量水而行，因地制宜、分类施策，上下游、干支流、左右岸统筹谋划，共同抓好大保护，协同推进大治理，着力加强生态保护治理、保障黄河长治久安、促进全流域高质量发展、改善人民群众生活、保护传承弘扬黄河文化，让黄河成为造福人民的幸福河。

　　第一，加强生态环境保护。黄河生态系统是一个有机整体，要充分考虑上中下游的差异。上游要以三江源、祁连山、甘南黄河上游水源涵养区等为重点，推进实施一批重大生态保护修复和建设工程，提升水源涵养能力。中游要突出抓好水土保持和污染治理。水土保持不是简单挖几个坑种几棵树，

---

　　* 这是习近平在黄河流域生态保护和高质量发展座谈会上讲话的一部分。

黄土高原降雨量少，能不能种树，种什么树合适，要搞清楚再干。有条件的地方要大力建设旱作梯田、淤地坝等，有的地方则要以自然恢复为主，减少人为干扰，逐步改善局部小气候。对汾河等污染严重的支流，则要下大气力推进治理。下游的黄河三角洲是我国暖温带最完整的湿地生态系统，要做好保护工作，促进河流生态系统健康，提高生物多样性。

第二，保障黄河长治久安。黄河水少沙多、水沙关系不协调，是黄河复杂难治的症结所在。尽管黄河多年没出大的问题，但黄河水害隐患还像一把利剑悬在头上，丝毫不能放松警惕。要保障黄河长久安澜，必须紧紧抓住水沙关系调节这个"牛鼻子"。要完善水沙调控机制，解决九龙治水、分头管理问题，实施河道和滩区综合提升治理工程，减缓黄河下游淤积，确保黄河沿岸安全。

第三，推进水资源节约集约利用。黄河水资源量就这么多，搞生态建设要用水，发展经济、吃饭过日子也离不开水，不能把水当作无限供给的资源。"有多少汤泡多少馍"。要坚持以水定城、以水定地、以水定人、以水定产，把水资源作为最大的刚性约束，合理规划人口、城市和产业发展，坚决抑制不合理用水需求，大力发展节水产业和技术，大力推进农业节水，实施全社会节水行动，推动用水方式由粗放向节约集约转变。

第四，推动黄河流域高质量发展。8月26日，我在中央财经委第五次会议上强调，要支持各地区发挥比较优势，构建高质量发展的动力系统。沿黄河各地区要从实际出发，宜水则水、宜山则山，宜粮则粮、宜农则农，宜工则工、宜商则商，积极探索富有地域特色的高质量发展新路子。三江源、祁连山等生态功能重要的地区，就不宜发展产业经济，主要是保护生态，涵养水源，创造更多生态产品。河套灌区、汾渭平原等粮食主产区要发展现代农业，把农产品质量提上去，为保障国家粮食安全作出贡献。区域中心城市等经济发展条件好的地区要集约发展，提高经济和人口承载能力。贫困地区要提高基础设施和公共服务水平，全力保障和改善民生。要积极参与共建"一带一路"，提高对外开放水平，以开放促改革、促发展。

第五，保护、传承、弘扬黄河文化。黄河文化是中华文明的重要组成部分，是中华民族的根和魂。要推进黄河文化遗产的系统保护，守好老祖宗留给我们的宝贵遗产。要深入挖掘黄河文化蕴含的时代价值，讲好"黄河故事"，延续历史文脉，坚定文化自信，为实现中华民族伟大复兴的中国梦凝聚精神力量。

十四、把人民军队
全面建成世界一流军队

全面加强新时代人民军队
党的领导和党的建设工作[*]

（2018 年 8 月 17 日）

全面加强新时代我军党的领导和党的建设工作，是推进党的建设新的伟大工程的必然要求，是推进强国强军的必然要求。全军要全面贯彻新时代中国特色社会主义思想和党的十九大精神，深入贯彻新时代党的强军思想，落实新时代党的建设总要求，落实新时代党的组织路线，坚持党对军队绝对领导，坚持全面从严治党，坚持聚焦备战打仗，全面提高我军加强党的领导和党的建设工作质量，为实现党在新时代的强军目标、完成好新时代军队使命任务提供坚强政治保证。

党的十八大之后，党中央和中央军委坚持从政治上建设和掌握军队，特别是召开古田全军政治工作会议，狠抓全面从严治党、全面从严治军，坚持党对军队绝对领导，坚持以整风精神推进政治整训，坚持以理论武装凝心聚魂，坚持把党组织搞坚强，坚持贯彻军队好干部标准，坚持正风肃纪、反腐惩恶，带领全军寻根溯源、革弊鼎新，推动管党治党从

* 这是习近平在中央军委党的建设会议上的讲话要点。

宽松软走向严紧硬。我军党的领导和党的建设发生全面深刻变化，为强军事业取得历史性成就、发生历史性变革提供了坚强政治保证。要认真总结经验，把取得的成果巩固好、发展好。

党的领导和党的建设是我军建设发展的关键，关系强军事业兴衰成败，关系党和国家长治久安。实现党在新时代的强军目标、把人民军队全面建成世界一流军队，完成好党和人民赋予的新时代使命任务，必须持之以恒、久久为功，下大气力解决我军党的领导和党的建设方面存在的矛盾问题和短板弱项，把我军党的领导和党的建设工作抓得更紧更实，把我军各级党组织建设得更加坚强有力。

坚持党对军队绝对领导是我军加强党的领导和党的建设工作的首要任务。要加强党的政治建设，引导全军坚决维护党中央权威和集中统一领导，坚决听从党中央和中央军委指挥。要坚持用新时代中国特色社会主义思想和新时代党的强军思想武装官兵，铸牢部队对党绝对忠诚的思想根基。要落实党委统一的集体领导下的首长分工负责制，做到一切工作都置于党委统一领导之下，一切重要问题都由党委研究决定。要健全党领导军队的制度体系，全面规范我军党的工作和政治工作。

党的力量来自组织，组织强则军队强。要坚持组织路线服务政治路线，聚焦备战打仗主责主业，加强我军党的组织体系建设，增强各级党组织的领导力、组织力、执行力，把党的政治优势和组织优势转化为制胜优势。要适应改革后的新体制新职能，坚持军委管总、战区主战、军种主建总原则，找准各级各类党组织职能定位，优化组织设置，健全制度机制，改进领导方式，把组织功能充分发挥出来。

军级以上高层党委在我军党的组织体系中地位重要、责任重大。要旗帜鲜明讲政治，站稳政治立场，把准政治方向，坚定政治信念，提升政治能力，确保政治过硬。高层党委要抓备战打仗，提高战略谋划能力、真打实备能力、改革创新能力、科学管理能力、狠抓落实能力。

强军之道，要在得人。要把培养干部、培养人才摆在更加突出的位置，着力锻造忠诚干净担当的高素质干部队伍，着力集聚矢志强军打赢的各方面优秀人才。要坚持德才兼备、以德为先、任人唯贤，突出政治标准和打仗能力，深入解决选人用人突出问题，把强军事业需要的人用起来，把合适的人放到合适岗位上。要贯彻党中央战略部署，制定和落实好优秀年轻干部培养规划，对看得准的要重点培养，放在备战打仗一线、吃劲要紧岗位和急难险重任务中摔打磨练。

人才资源是强军兴军的宝贵战略资源。要加紧构建"三位一体"[1]新型军事人才培养体系，加大联合作战指挥人才、新型作战力量人才、高层次科技创新人才、高水平战略管理人才培养力度。要完善相关配套政策，加强文职人员队伍建设。要坚持严管和厚爱结合、激励和约束并重，鼓励实干，鼓励创新，帮助解决现实问题，把大家积极性、主动性、创造性充分调动起来。

要以永远在路上的执着和韧劲，坚持严字当头、全面从严、一严到底，深入推进我军党风廉政建设和反腐败斗争。对享乐主义、奢靡之风要穷追猛打，对形式主义、官僚主义要坚决破除。要加快转变治军方式，按法定职责权限履职用权，依据条令条例和规章制度开展工作。要深入开展纪律教育，严格纪律执行，用铁的纪律推动全面从严治党、全面从严治军。

反腐败斗争必须坚定不移抓下去，不会变风转向。要坚持无禁区、全覆盖、零容忍，坚持重遏制、强高压、长震慑，坚持受贿行贿一起查，健全完善权力运行制约和监督体系，扎紧制度笼子，不给权力脱轨、越轨留空子。要坚持标本兼治，加强党内政治文化建设，注重在固本培元上下功夫，引导大家正心修身、律己持家、清廉为官，自觉抵御歪风邪气的侵蚀。

注　　释

〔1〕"三位一体"，这里指军队院校教育、部队训练实践、军事职业教育。

建立健全中国特色社会主义
军事政策制度体系*

（2018 年 11 月 13 日）

军事政策制度调节军事关系、规范军事实践、保障军事发展，军事政策制度改革对实现党在新时代的强军目标、把人民军队全面建成世界一流军队，对实现"两个一百年"奋斗目标、实现中华民族伟大复兴的中国梦具有重大意义。要认清军事政策制度改革的重要性和紧迫性，统一思想、坚定信心、步调一致、狠抓落实，把军事政策制度改革任务完成好。

在革命、建设、改革各个历史时期，我们党根据形势发展变化、党的历史使命、人民军队担负的职责任务，根据建军治军特点规律和实践要求，不断调整和完善军事政策制度，为人民军队永葆性质和宗旨、提高打赢能力、不断从胜利走向胜利提供了重要保障。

中国特色社会主义进入了新时代，国防和军队建设也进入了新时代，解决军事政策制度深层次矛盾和问题，全面释放深化国防和军队改革效能，开创强军事业新局面，掌握军

---

* 这是习近平在中央军委政策制度改革工作会议上的讲话要点。

事竞争和战争主动权，迫切需要适应形势任务发展要求，对军事政策制度进行系统、深入改革。

军事政策制度改革的指导思想是，以新时代中国特色社会主义思想和党的十九大精神为指导，深入贯彻新时代党的强军思想，以确保党对军队绝对领导为指向，以战斗力为唯一的根本的标准，以调动军事人员积极性、主动性、创造性为着力点，系统谋划、前瞻设计，创新发展、整体重塑，建立健全中国特色社会主义军事政策制度体系，为实现党在新时代的强军目标、把人民军队全面建成世界一流军队提供有力政策制度保障。

要深化我军党的建设制度改革，贯彻新时代党的建设总要求，以党章为根本遵循，完善军队党的政治建设、思想建设、组织建设、作风建设、纪律建设制度，形成维护党中央权威和集中统一领导，确保党对军队绝对领导的我军党的建设制度。

要创新军事力量运用政策制度，适应国家安全战略需求，聚焦能打仗、打胜仗，创新军事战略指导制度，构建联合作战法规体系，调整完善战备制度，形成基于联合、平战一体的军事力量运用政策制度，全面履行新时代我军使命任务。

要重塑军事力量建设政策制度，加强军事人力资源制度体系设计，建立军官职业化制度，优化军人待遇保障制度，构建完善军人荣誉体系，统筹推进军事训练、装备发展、后勤建设、军事科研、国防动员、军民融合等方面政策制度改革，形成聚焦打仗、激励创新、军民融合的军事力量建设政策制度，更好解放和发展战斗力。

要推进军事管理政策制度改革，创新战略管理制度，构建军费管理制度，加强军事资源统筹安排，推进法规制度建设集成化、军事法规法典化，推进军事司法制度改革，形成精准高效、全面规范、刚性约束的军事管理政策制度，提升军事系统运行效能，推动我军高质量发展。

全军要把落实党中央和中央军委关于军事政策制度改革决策部署作为重大政治责任，强化使命担当，周密组织实施，有力有序推进。要抓好统一思想工作，引导全军深刻认识和把握军事政策制度改革的重大意义，自觉站在政治和大局高度认识改革、支持改革、服从改革。各级特别是高级干部要强化"四个意识"，带头讲政治、顾大局、守纪律、促改革、尽责任。要抓好责任落实工作，按照职能和任务分工抓好政策制度拟制和落实工作，加强改革举措协调对接，加强改革进程总体调控，加强改革落实情况督查，确保改革按照既定部署向前推进。要抓好统筹协调工作，突出改革急需、备战急用、官兵急盼，抓紧出台一批政策制度。

推进军事政策制度改革是军地双方的共同任务，中央和国家机关、地方各级党委和政府要关心支持军队改革，落实好担负的改革任务，形成军地合力的良好局面。

在新的起点上
做好军事斗争准备工作[*]

（2019 年 1 月 4 日）

全军要坚持以新时代中国特色社会主义思想为指导，深入贯彻党的十九大和十九届二中、三中全会精神，深入贯彻新时代党的强军思想，深入贯彻新时代军事战略方针，在新的起点上做好军事斗争准备工作，开创强军事业新局面。

党的十八大以来，面对错综复杂的国内外形势和艰巨繁重的军事任务，党中央和中央军委审时度势、统揽全局，带领全军锐意进取、攻坚克难，军事工作在斗争中加强、在创新中发展，取得许多标志性、开创性、历史性重大成就。全军以坚定意志品质、灵活战略策略、有力军事行动，坚决维护国家主权、安全、发展利益，经受住了复杂形势和严峻斗争考验。

当今世界正面临百年未有之大变局，我国发展仍处于重要战略机遇期，同时各种可以预料和难以预料的风险挑战增多。全军要正确认识和把握我国安全和发展大势，强化忧患

＊ 这是习近平在中央军委军事工作会议上的讲话要点。

意识、危机意识、打仗意识，扎扎实实做好军事斗争准备各项工作，坚决完成党和人民赋予的使命任务。

要把新时代军事战略思想立起来，把新时代军事战略方针立起来，把备战打仗指挥棒立起来，把抓备战打仗的责任担当立起来。要强化战斗队思想，坚持战斗力这个唯一的根本的标准，各项工作和建设、各方面力量和资源都要聚焦军事斗争准备、服务军事斗争准备，推动军事斗争准备工作有一个很大加强。

要深化战争和作战筹划，确保一旦有事能快速有效应对。要加快推进联合作战指挥体系建设，提升联合作战指挥能力。要加强新型作战力量建设，增加新质战斗力比重。要大抓实战化军事训练，提高练兵备战质量和水平。要坚持问题导向，对突出短板弱项要扭住不放、持续用力，一个问题一个问题解决，确保取得成效。

中央和国家机关各部门、地方各级党委和政府要支持国防和军队建设，共同把我们这支英雄的人民军队建设得更加强大、更有战斗力。

十五、维护香港、澳门长期繁荣稳定，推进祖国和平统一

在融入国家发展大局中实现
香港、澳门更好发展*

（2018 年 11 月 12 日）

1978 年 12 月，在邓小平同志倡导下，以中共十一届三中全会为标志，我们国家开启了改革开放伟大历程。国家改革开放从一开始就注入了香港、澳门活力元素。40 年来，港澳同胞在改革开放中发挥的作用是开创性的、持续性的，也是深层次的、多领域的。

对这方面的情况，我是很了解的，我在福建、浙江、上海工作期间都亲自谋划和推动了大量内地同香港、澳门的合作项目。2007 年到中央工作后，我分管港澳工作，全面了解这方面的情况。在这个过程中，我结识了很多港澳朋友。

我总结了一下，港澳同胞和社会各界人士主要发挥了以下作用。

一是投资兴业的龙头作用。国家改革开放之初，港澳同胞率先响应，踊跃北上投资兴业，创造了许多"全国第一"，如内地第一家合资企业、第一条合资高速公路、第一家外资

---

* 这是习近平在会见香港、澳门各界庆祝国家改革开放 40 周年访问团时讲话的一部分。

银行分行、第一家五星级合资饭店等。霍英东先生、何鸿燊先生 1979 年建的中山温泉宾馆开业后，我去参观过，无论是硬件设备还是软件服务，都是当时内地招待所无法相比的。港澳同胞不仅为内地经济发展注入了资金，而且起到了带动作用，吸引国际资本纷至沓来。长期以来，香港、澳门一直是内地最大的投资来源地，到去年年底，内地累计使用香港、澳门资金 1.02 万亿美元，占引进境外资本总额的 54%。

二是市场经济的示范作用。内地刚开始搞改革开放时，很多人观念还没有完全转过来，条条框框很多。许多香港、澳门有识之士率先向内地介绍国际规则和有益经验。香港许多了解国际市场、熟悉国际规则的专业人士扮演了"带徒弟"的"师傅"角色，为内地企业改革、土地制度改革等提供了咨询意见。梁振英先生 1978 年就到深圳、上海等地免费举办西方土地经济管理制度的讲座，1987 年参与编写了深圳第一份也是全国第一份土地拍卖中英文标书。梁定邦先生、史美伦女士帮助创建证券市场有关监管制度，只拿"一元人民币"的象征性年薪。港澳同胞为内地市场经济发展作出了重要贡献。

三是体制改革的助推作用。创办经济特区这一重大决策充分考虑了香港、澳门因素。1979 年广东省委向党中央建议，发挥广东邻近香港、澳门的优势，在对外开放上做点文章，让广东先走一步，在深圳、珠海和重要侨乡汕头划出一些地方搞贸易合作区。在经济特区创办过程中，从规划到有关法律法规制定，再到各项事业兴办，都有港澳同胞参与和努力。

四是双向开放的桥梁作用。国家改革开放初期，香港、澳门利用拥有欧美市场配额等优势，为内地带来了大量出口订单。到上世纪 90 年代中期，香港 80% 以上的制造业转移到珠三角等地，促进内地出口导向型制造业迅速发展，助推内地产业融入全球产业链。香港、澳门也是内地企业境外融资和对外投资的窗口平台。很多内地企业通过香港逐渐熟悉和适应国际市场，学会了在国际市场大海中游泳。目前，在香港上市的内地企业已经占香港上市公司总数的近 50%，市值更是接近 70%。

五是先行先试的试点作用。国家实行开放政策中，有不少是对香港、澳门先行先试，积累经验之后再逐步推广。这既促进了国家对外开放，又有效控制了风险，也为香港、澳门发展提供了先机。比如，内地服务业市场开放，就是先在 CEPA 框架内基本实现广东与香港、澳门服务贸易自由化，为全面实行准入前国民待遇加负面清单管理模式积累了经验。香港、澳门在国家金融领域开放中的试点作用更为突出。近年来推出的"沪港通"、"深港通"、"债券通"都是内地资本市场开放的重要举措。人民币国际化也是从香港开始的。目前，香港拥有全球最丰富的离岸人民币产品，是全球最大的人民币离岸业务中心。

六是城市管理的借鉴作用。香港、澳门在城市建设和管理、公共服务等方面积累了比较丰富的经验，是内地学习借鉴的近水楼台。比如，上海虹桥机场引进香港国际机场管理理念，短期内实现了管理水平跃升，被评为"世界最快进步机场奖"第一名；北京、广州、深圳等多个城市的地铁建设和管理借鉴了香港地铁的先进经验；内地第一支救助飞行队是在香港飞行服务队手把手帮助下组建起来的。内地通过学习借鉴香港、澳门的先进做法和有益经验，有力提升了内地城市建设和管理水平。

古人说："恩德相结者，谓之知己；腹心相照者，谓之知心。"[1] 特别值得肯定的是，广大港澳同胞到内地投资兴业，不只是因为看到了商机，而且是希望看到内地摆脱贫困、国家日益富强。大家无偿捐助内地的教科文卫体和扶贫济困等公益事业，不只是为了行善积德，而且是基于与内地人民的同胞之情。比如，邵逸夫先生对内地公益捐款超过 100 亿港元，田家炳先生为了捐助内地教育慈善事业甚至卖掉自己的别墅，晚年租着公寓住。2010 年青海玉树发生大地震，香港"爱心义工"黄福荣先生冒着余震救人，不幸遇难。每一次内地遇到重大自然灾害时，港澳同胞都是感同身受，最先伸出援手，表现出守望相助、血浓于水的同胞之情。

总之，40 年改革开放，港澳同胞是见证者也是参与者，是受益者也是贡献者。港澳同胞同内地人民一样，都是国家改革开放伟大奇迹的创造者。国家改革开放的历程就是香港、澳门同内地优势互补、一起发展的历程，是港澳同胞和祖国人民同心协力、一起打拼的历程，也是香港、澳门日益融入国家发展大局、共享祖国繁荣富强伟大荣光的历程。

"任重而道远者，不择地而息。"[2] 中共十八大以来，我们高举改革开放的旗帜，以前所未有的力度推进全面深化改革，作出顶层设计，在经济、政治、文化、社会、生态文明建设等领域一共推出 1600 多项改革方案，其中许多是事关全局、前所未有的重大改革，如市场体制改革、宏观调控体制改革、财税体制改革、金融体制改革、国有企业改革、司法体制改革、教育体制改革、生态文明建设体制改革、党和国家机构改革、监察体制改革、国防和军队改革等。每逢重要场合，我都要谈改革、谈开放，强调要敢于啃硬骨头、敢于涉险滩，拿出壮士断腕的勇气，把改革进行到底。今年，我在博鳌亚洲论坛年会开幕式、首届中国国际进口博览会开幕式等场合都宣示了改革永不停步的决心。前不久，我去广东考察，目的就是释放新时代改革开放再出发的强烈信号，强调改革只有进行时，没有完成时。我在广东特别讲到，中国改革不停顿、开放不止步，中国一定会有让世界刮目相看的新的更大奇迹！越是环境复杂，我们越是要坚持改革开放不动摇，绝不会回到关起门来搞建设的老路上去。中华民族要实现伟大复兴，必须与时俱进、不断前进，也就是我们古人说的苟日新、日日新、又日新！

中国特色社会主义进入了新时代，意味着国家改革开放和"一国两制"事业也进入了新时代。新时代的显著特征之一就是坚持改革开放。在新时代国家改革开放进程中，香港、澳门仍然具有特殊地位和独特优势，仍然可以发挥不可替代的作用。希望港澳同胞继续以真挚的爱国热忱、敢为人先的精神投身国家改革开放事业，顺时而为，乘势而上，在融入国家发展大局中实现香港、澳门更好发展，共同谱写中华民族伟大复兴的时代篇章。

对香港、澳门来说，"一国两制"是最大的优势，国家改革开放是最大的舞台，共建"一带一路"、粤港澳大湾区建设等国家战略实施是新的重大机遇。我们要充分认识和准确把握香港、澳门在新时代国家改革开放中的定位，支持香港、澳门抓住机遇，培育新优势，发挥新作用，实现新发展，作出新贡献。为此，我对大家提几点希望。

第一，更加积极主动助力国家全面开放。在国家扩大对外开放的过程中，香港、澳门的地位和作用只会加强，不会减弱。希望香港、澳门继续带头并带动资本、技术、人才等参与国家经济高质量发展和新一轮高水平开放。特别是要把香港、澳门国际联系广泛、专业服务发达等优势同内地市场广阔、产业体系完整、科技实力较强等优势结合起来，提升香港国际金融、航运、贸易中心地位，加快建设香港国际创新科技中心，加强澳门世界旅游休闲中心、中葡商贸合作服务平台建设，努力把香港、澳门打造成国家双向开放的重要桥头堡。

第二，更加积极主动融入国家发展大局。香港、澳门融入国家发展大局，是"一国两制"的应有之义，是改革开放的时代要求，也是香港、澳门探索发展新路向、开拓发展新空间、增添发展新动力的客观要求。实施粤港澳大湾区建设，是我们立足全局和长远作出的重大谋划，也是保持香港、澳门长期繁荣稳定的重大决策。建设好大湾区，关键在创新。要在"一国两制"方针和基本法框架内，发挥粤港澳综合优势，创新体制机制，促进要素流通。大湾区是在一个国家、两种制度、三个关税区、三种货币的条件下建设的，国际上没有先例。要大胆闯、大胆试，开出一条新路来。香港、澳门也要注意练好内功，着力培育经济增长新动力。

第三，更加积极主动参与国家治理实践。香港、澳门回归祖国后，已纳入国家治理体系。港澳同胞要按照同"一国两制"相适应的要求，完善特别行政区同宪法和基本法实施相关的制度和机制，提高管治能力和水平。同时，大家要关心国家发展全局，维护国家政治体制，积极参与国家经济、政治、文化、社会、生态文明建设，自觉维护国家安全。港澳人士还有许多在国际社会发挥作用的优势，可以用多种方式支持国家参与全球治理。

第四，更加积极主动促进国际人文交流。香港、澳门多元文化共存，是中西文化交流的重要纽带。要保持香港、澳门国际性城市的特色，利用香港、澳门对外联系广泛的有利条件，传播中华优秀文化，宣介国家方针政策，讲好当代中国故事，讲好"一国两制"成功实践的香港故事、澳门故事，发挥香港、澳门在促进东西方文化交流、文明互鉴、民心相通等方面的特殊作用。

今天在座有不少港澳青年创业者，看到你们我很高兴。青年兴则国家兴，青年强则国家强。广大港澳青年不仅是香港、澳门的希望和未来，也是建设国家的新鲜血液。港澳青年发展得好，香港、澳门就会发展得好，国家就会发展得好。要为港澳青年发展多搭台、多搭梯，帮助青年解决在学业、就业、创业等方面遇到的实际困难和问题，创造有利于青年成就人生梦想的社会环境。

现在，我们前所未有地接近实现中华民族伟大复兴的目标。实现中华民族伟大复兴，港澳同胞大有可为，也必将带来香港、澳门发展新的辉煌。行百里者半九十。全体中华儿女要同心协力、坚忍不拔，风雨无阻、勇往直前，矢志实现我们的目标。希望广大港澳同胞和社会各界人士同内地人民一道，不断开创"一国两制"事业新局面，为创造港澳同胞更加美好的生活、为实现中华民族伟大复兴的中国梦而团结奋斗！

注　释

〔1〕见明代冯梦龙《警世通言·俞伯牙摔琴谢知音》。

〔2〕见西汉韩婴《韩诗外传》卷一。

为实现民族伟大复兴、
推进祖国和平统一而共同奋斗*

（2019 年 1 月 2 日）

同志们，同胞们，朋友们：

今天，我们在这里隆重集会，纪念全国人民代表大会常务委员会《告台湾同胞书》发表 40 周年。值此新年之际，我代表祖国大陆人民，向广大台湾同胞致以诚挚的问候和衷心的祝福！

海峡两岸分隔已届 70 年。台湾问题的产生和演变同近代以来中华民族命运休戚相关。1840 年鸦片战争之后，西方列强入侵，中国陷入内忧外患、山河破碎的悲惨境地，台湾更是被外族侵占长达半个世纪。为战胜外来侵略、争取民族解放、实现国家统一，中华儿女前仆后继，进行了可歌可泣的斗争。台湾同胞在这场斗争中作出了重要贡献。1945 年，中国人民同世界各国人民一道，取得了中国人民抗日战争暨世界反法西斯战争的伟大胜利，台湾随之光复，重回祖国怀抱。其后不久，由于中国内战延续和外部势力干涉，海峡两岸陷入长期政治对立的特殊状态。

---

* 这是习近平在《告台湾同胞书》发表 40 周年纪念会上的讲话。

1949年以来，中国共产党、中国政府、中国人民始终把解决台湾问题、实现祖国完全统一作为矢志不渝的历史任务。我们团结台湾同胞，推动台海形势从紧张对峙走向缓和改善、进而走上和平发展道路，两岸关系不断取得突破性进展。

——70年来，我们顺应两岸同胞共同愿望，推动打破两岸隔绝状态，实现全面直接双向"三通"〔1〕，开启两岸同胞大交流大交往大合作局面，两岸交流合作日益广泛，相互往来日益密切，彼此心灵日益契合。台湾同胞为祖国大陆改革开放作出重大贡献，也分享了大陆发展机遇。

——70年来，我们秉持求同存异精神，推动两岸双方在一个中国原则基础上达成"海峡两岸同属一个中国，共同努力谋求国家统一"的"九二共识"，开启两岸协商谈判，推进两岸政党党际交流，开辟两岸关系和平发展道路，实现两岸领导人历史性会晤，使两岸政治互动达到新高度。

——70年来，我们把握两岸关系发展时代变化，提出和平解决台湾问题的政策主张和"一国两制"科学构想，确立了"和平统一、一国两制"基本方针，进而形成了坚持"一国两制"和推进祖国统一基本方略，回答了新时代推动两岸关系和平发展、团结台湾同胞共同致力于实现民族伟大复兴和祖国和平统一的时代命题。

——70年来，我们高举和平、发展、合作、共赢的旗帜，在和平共处五项原则基础上发展同各国的友好合作，巩固国际社会坚持一个中国原则的格局，越来越多国家和人民理解和支持中国统一事业。

——70年来，我们始终着眼于中华民族整体利益和长远利益，坚定维护国家主权和领土完整，团结全体中华儿女，坚决挫败各种制造"两个中国"、"一中一台"、"台湾独立"的图谋，取得一系列反"台独"、反分裂斗争的重大胜利。

两岸关系发展历程证明：台湾是中国一部分、两岸同属一个中国的历史和法理事实，是任何人任何势力都无法改变的！两岸同胞都是中国人，血浓于水、守望相助的天然情感和民族认同，是任何人任何势力都无法改变的！台海形势走向和平稳定、两岸关系向前发展的时代潮流，是任何人任何势力都无法阻挡的！国家强大、民族复兴、两岸统一的历史大势，更是任何人任何势力都无法阻挡的！

同志们、同胞们、朋友们！

回顾历史，是为了启迪今天、昭示明天。祖国必须统一，也必然统一。这是70载两岸关系发展历程的历史定论，也是新时代中华民族伟大复兴的必然要求。两岸中国人、海内外中华儿女理应共担民族大义、顺应历史大势，共同推动两岸关系和平发展、推进祖国和平统一进程。

第一，携手推动民族复兴，实现和平统一目标。民族复兴、国家统一是大势所趋、大义所在、民心所向。一水之隔、咫尺天涯，两岸迄今尚未完全统一是历史遗留给中华民族的创伤。两岸中国人应该共同努力谋求国家统一，抚平历史创伤。广大台湾同胞都是中华民族一分子，要做堂堂正正的中国人，认真思考台湾在民族复兴中的地位和作用，把促进国家完全统一、共谋民族伟大复兴作为无上光荣的事业。

台湾前途在于国家统一，台湾同胞福祉系于民族复兴。两岸关系和平发展是维护两岸和平、促进两岸共同发展、造福两岸同胞的正确道路。两岸关系和平发展要两岸同胞共同推动，靠两岸同胞共同维护，由两岸同胞共同分享。中国梦是两岸同胞共同的梦，民族复兴、国家强盛，两岸中国人才能过上富足美好的生活。在中华民族走向伟大复兴的进程中，台湾同胞定然不会缺席。两岸同胞要携手同心，共圆中国梦，共担民族复兴的责任，共享民族复兴的荣耀。台湾问题因民族弱乱而产生，必将随着民族复兴而终结！

第二，探索"两制"台湾方案，丰富和平统一实践。"和平统一、一国两制"是实现国家统一的最佳方式，体现了海纳百川、有容乃大的中华智慧，既充分考虑台湾现实情况，又有利于统一后台湾长治久安。

制度不同，不是统一的障碍，更不是分裂的借口。"一国两制"的提出，本来就是为了照顾台湾现实情况，维护台湾同胞利益福祉。"一国两制"在台湾的具体实现形式会充分考虑台湾现实情况，会充分吸收两岸各界意见和建议，会充分照顾到台湾同胞利益和感情。在确保国家主权、安全、发展利益的前提下，和平统一后，台湾同胞的社会制度和生活方式等将得到充分尊重，台湾同胞的私人财产、宗教信仰、合法权益将得到充分保障。

两岸同胞是一家人，两岸的事是两岸同胞的家里事，当然也应该由家里人商量着办。和平统一，是平等协商、共议统一。两岸长期存在的政治分歧问题是影响两岸关系行稳致远的总根子，总不能一代一代传下去。两岸双方应该本着对民族、对后世负责的态度，凝聚智慧，发挥创意，聚同化异，争取早日解决政治对立，实现台海持久和平，达成国家统一愿景，让我们的子孙后代在祥和、安宁、繁荣、尊严的共同家园中生活成长。

在一个中国原则基础上，台湾任何政党、团体同我们的交往都不存在障碍。以对话取代对抗、以合作取代争斗、以双赢取代零和，两岸关系才能行稳致远。我们愿意同台湾各党派、团体和人士就两岸政治问题和推进祖国和平统一进程的有关问题开展对话沟通，广泛交换意见，寻求社会共识，推进政治谈判。

我们郑重倡议，在坚持"九二共识"、反对"台独"的共同政治基础上，两岸各政党、各界别推举代表性人士，就两岸关系和民族未来开展广泛深入的民主协商，就推动两岸关系和平发展达成制度性安排。

第三，坚持一个中国原则，维护和平统一前景。尽管海峡两岸尚未完全统一，但中国主权和领土从未分割，大陆和台湾同属一个中国的事实从未改变。一个中国原则是两岸关系的政治基础。坚持一个中国原则，两岸关系就能改善和发展，台湾同胞就能受益。背离一个中国原则，就会导致两岸关系紧张动荡，损害台湾同胞切身利益。

统一是历史大势，是正道。"台独"是历史逆流，是绝路。广大台湾同胞具有光荣的爱国主义传统，是我们的骨肉天亲。我们坚持寄希望于台湾人民的方针，一如既往尊重台湾同胞、关爱台湾同胞、团结台湾同胞、依靠台湾同胞，全心全意为台湾同胞办实事、做好事、解难事。广大台湾同胞不分党派、不分宗教、不分阶层、不分军民、不分地域，都要认清"台独"只会给台湾带来深重祸害，坚决反对"台独"

分裂，共同追求和平统一的光明前景。我们愿意为和平统一创造广阔空间，但绝不为各种形式的"台独"分裂活动留下任何空间。

中国人不打中国人。我们愿意以最大诚意、尽最大努力争取和平统一的前景，因为以和平方式实现统一，对两岸同胞和全民族最有利。我们不承诺放弃使用武力，保留采取一切必要措施的选项，针对的是外部势力干涉和极少数"台独"分裂分子及其分裂活动，绝非针对台湾同胞。两岸同胞要共谋和平、共护和平、共享和平。

第四，深化两岸融合发展，夯实和平统一基础。两岸同胞血脉相连。亲望亲好，中国人要帮中国人。我们对台湾同胞一视同仁，将继续率先同台湾同胞分享大陆发展机遇，为台湾同胞台湾企业提供同等待遇，让大家有更多获得感。和平统一之后，台湾将永保太平，民众将安居乐业。有强大祖国做依靠，台湾同胞的民生福祉会更好，发展空间会更大，在国际上腰杆会更硬、底气会更足，更加安全、更有尊严。

我们要积极推进两岸经济合作制度化，打造两岸共同市场，为发展增动力，为合作添活力，壮大中华民族经济。两岸要应通尽通，提升经贸合作畅通、基础设施联通、能源资源互通、行业标准共通，可以率先实现金门、马祖同福建沿海地区通水、通电、通气、通桥。要推动两岸文化教育、医疗卫生合作，社会保障和公共资源共享，支持两岸邻近或条件相当地区基本公共服务均等化、普惠化、便捷化。

第五，实现同胞心灵契合，增进和平统一认同。国家之魂，文以化之，文以铸之。两岸同胞同根同源、同文同种，中华文化是两岸同胞心灵的根脉和归属。人之相交，贵在知心。不管遭遇多少干扰阻碍，两岸同胞交流合作不能停、不能断、不能少。

两岸同胞要共同传承中华优秀传统文化，推动其实现创造性转化、创新性发展。两岸同胞要交流互鉴、对话包容，推己及人、将心比心，加深相互理解，增进互信认同。要秉持同胞情、同理心，以正确的历史观、民族观、国家观化育后人，弘扬伟大民族精神。亲人之间，没有解不开的心结。久久为功，必定能达到两岸同胞心灵契合。

支持和追求国家统一是民族大义，应该得到全民族肯定。伟大祖国永远是所有爱国统一力量的坚强后盾！我们真诚希望所有台湾同胞，像珍视自己的眼睛一样珍视和平，像追求人生的幸福一样追求统一，积极参与到推进祖国和平统一的正义事业中来。

国家的希望、民族的未来在青年。两岸青年要勇担重任、团结友爱、携手打拼。我们热忱欢迎台湾青年来祖国大陆追梦、筑梦、圆梦。两岸中国人要精诚团结，携手同心，为同胞谋福祉，为民族创未来！

同志们、同胞们、朋友们！

长期以来，香港同胞、澳门同胞和海外侨胞关心支持祖国统一大业，作出了积极贡献。希望香港同胞、澳门同胞和海外侨胞一如既往，为推动两岸关系和平发展、实现祖国和平统一再立新功。

同志们、同胞们、朋友们！

世界上只有一个中国，坚持一个中国原则是公认的国际关系准则，是国际社会普遍共识。国际社会广泛理解和支持中国人民反对"台独"分裂活动、争取完成国家统一的正义事业。中国政府对此表示赞赏和感谢。中国人的事要由中国人来决定。台湾问题是中国的内政，事关中国核心利益和中国人民民族感情，不容任何外来干涉。

中国的统一，不会损害任何国家的正当利益包括其在台湾的经济利益，只会给各国带来更多发展机遇，只会给亚太地区和世界繁荣稳定注入更多正能量，只会为构建人类命运共同体、为世界和平发展和人类进步事业作出更大贡献。

同志们、同胞们、朋友们！

历史不能选择，现在可以把握，未来可以开创！新时代是中华民族大发展大作为的时代，也是两岸同胞大发展大作为的时代。前进道路不可能一帆风顺，但只要我们和衷共济、共同奋斗，就一定能够共创中华民族伟大复兴美好未来，就一定能够完成祖国统一大业！

注　释

〔1〕"三通"，指台湾海峡两岸之间通航、通邮、通商。

在庆祝澳门回归祖国二十周年大会暨澳门特别行政区第五届政府就职典礼上的讲话

（2019 年 12 月 20 日）

同胞们，朋友们：

前不久，我们隆重庆祝了中华人民共和国成立 70 周年，今天又满怀喜悦庆祝澳门回归祖国 20 周年。首先，我谨代表中央政府和全国各族人民，向全体澳门居民表示诚挚的问候！向新就任的澳门特别行政区第五任行政长官贺一诚先生和第五届政府主要官员、行政会委员，表示热烈的祝贺！向所有关心、支持澳门发展的海内外同胞和国际友人，表示衷心的感谢！

20 年前的今天，饱经沧桑的澳门回到祖国怀抱，中华人民共和国澳门特别行政区宣告成立，开启了澳门历史新纪元。20 年来，在中央政府和祖国内地大力支持下，在何厚铧、崔世安两位行政长官带领下，澳门特别行政区政府和社会各界人士同心协力，开创了澳门历史上最好的发展局面，谱写了具有澳门特色的"一国两制"成功实践的华彩篇章。

——澳门回归祖国 20 年来，以宪法和澳门基本法为基础的宪制秩序牢固确立，治理体系日益完善。澳门特别行政区坚决维护中央全面管治权，正确行使高度自治权。顺利完成基本法第二十三条和国歌法等本地立法，成立特别行政区维护国家安全委员会，维护国家主权、安全、发展利益的宪制责任有效落实。行政、立法、司法机关严格依法履行职责，正确处理相互关系，自觉维护行政长官权威，确保以行政长官为核心的行政主导体制顺畅运行。特别行政区民主政制有序发展，澳门居民依法享有的广泛权利和自由得到充分保障。

——澳门回归祖国 20 年来，经济实现跨越发展，居民生活持续改善。"一中心、一平台、一基地"[1] 建设扎实推进，人均地区生产总值大幅增长，跃居世界第二。经济适度多元发展成效初显，会展、中医药、特色金融等新兴产业方兴未艾。参与共建"一带一路"和粤港澳大湾区建设取得积极进展。民生福利水平显著提升，免费教育、免费医疗、双层式社会保障等一系列政策惠及全社会，澳门居民获得感、幸福感越来越强。

——澳门回归祖国 20 年来，社会保持稳定和谐，多元文化交相辉映。回归前治安不靖的状况得到迅速扭转，澳门成为世界最安全的城市之一。政府和市民、不同界别、不同族群保持密切沟通，社会各界理性表达各种诉求，形成良好协调机制。中华文化传承光大，多元文化异彩纷呈。

同胞们、朋友们！

澳门回归祖国 20 年来取得的成就举世瞩目。澳门地方虽小，但在"一国两制"实践中作用独特。总结澳门"一国两制"成功实践，可以获得以下 4 点重要经验。

第一，始终坚定"一国两制"制度自信。广大澳门同胞发自内心拥护"一国两制"，认同"一国两制"是澳门保持长期繁荣稳定的最佳制度。在践行"一国两制"过程中，特别行政区政府和社会各界坚持把维护国家主权、安全、发展利益和维护澳门长期繁荣稳定统一起来，意志坚定，从不为一时之曲折而动摇，从不为外部之干扰而迷惘，善于把握国家重大发展战略和一系列政策支持带来的机遇，乘势而上，在融入国家发展大局中实现自身更好发展。

澳门的成功实践告诉我们，只要对"一国两制"坚信而笃行，"一国两制"的生命力和优越性就会充分显现出来。

第二，始终准确把握"一国两制"正确方向。广大澳门同胞深刻认同"一国"是"两制"的前提和基础，旗帜鲜明维护宪法和基本法确定的宪制秩序，尊重国家主体实行的社会主义制度，正确处理涉及中央和特别行政区关系的有关问题。特别行政区行政、立法、司法机关坚持把维护中央对特别行政区全面管治权和保障特别行政区高度自治权有机结合起来，坚守"一国"原则底线，自觉维护中央权力和基本法权威。

澳门的成功实践告诉我们，确保"一国两制"实践不变形、不走样，才能推动"一国两制"事业行得稳、走得远。

第三，始终强化"一国两制"使命担当。广大澳门同胞以主人翁意识，自觉站在国家整体利益和澳门根本利益的立场上考虑问题，把成功实行"一国两制"、"澳人治澳"、高度自治作为共同使命，并把这一担当同实现中华民族伟大复兴的中国梦紧密联系在一起。特别行政区政府团结带领社会各界人士，积极探索适合澳门实际的治理方式和发展路径，相继提出"固本培元、稳健发展"、"全面提升澳门社会综合生活素质"、"传承创新、共建和谐"、"同心致远、共享繁荣"等施政方针，集中精力发展经济，切实有效改善民生，坚定不移守护法治，循序渐进推进民主，包容共济促进和谐，让澳门焕发出蓬勃向上的生机活力。

澳门的成功实践告诉我们，当家作主的澳门同胞完全能够担负起时代重任，把特别行政区管理好、建设好、发展好。

第四，始终筑牢"一国两制"社会政治基础。广大澳门同胞素有爱国传统，有强烈的国家认同感、归属感和民族自豪感，这是"一国两制"在澳门成功实践的最重要原因。特别行政区政府和社会各界高度重视弘扬爱国传统，坚决落实以爱国者为主体的"澳人治澳"，特别行政区政权机关均以爱国者为主组成，爱国爱澳力量日益发展壮大，爱国爱澳核心价值在澳门社会居于主导地位。在行政长官亲自领导、政府部门切实履职、社会各界共同参与下，澳门各类学校的爱国主义教育有声有色，国家意识和爱国精神在青少年心田中深深扎根。

澳门的成功实践告诉我们，不断巩固和发展同"一国两制"实践相适应的社会政治基础，在爱国爱澳旗帜下实现最广泛的团结，是"一国两制"始终沿着正确轨道前进的根本保障。

同胞们、朋友们！

"一国两制"事业任重道远。面对世界百年未有之大变局，面对澳门内外环境新变化，澳门特别行政区新一届政府和社会各界要站高望远、居安思危，守正创新、务实有为，在已有成就的基础上推动澳门特别行政区各项建设事业跃上新台阶。我在这里提4点希望。

一是坚持与时俱进，进一步提升特别行政区治理水平。古人说："善为政者，弊则补之，决则塞之。"[2]要适应现代社会治理发展变化及其新要求，推进公共行政等制度改革，提高政府管治效能，促进治理体系和治理能力现代化。要把依法办事作为特别行政区治理的基本准则，不断健全完善依法治澳的制度体系。要善用科技，加快建设智慧城市，以大数据等信息化技术推进政府管理和社会治理模式创新，不断促进政府决策科学化、社会治理精准化、公共服务高效化。

二是坚持开拓创新，进一步推动经济持续健康发展。要着眼长远、加强谋划，围绕"一中心、一平台、一基地"的目标定位，坚持规划先行，注重统筹协调，有序推进各项部署。要结合澳门实际，在科学论证基础上，选准经济适度多元发展的主攻方向和相关重大项目，从政策、人力、财力等方面多管齐下，聚力攻坚。要积极对接国家战略，把握共建"一带一路"和粤港澳大湾区建设的机遇，更好发挥自身所长，增强竞争优势。当前，特别要做好珠澳合作开发横琴这篇文章，为澳门长远发展开辟广阔空间、注入新动力。

三是坚持以人为本，进一步保障和改善民生。要坚持发展的目的是为广大市民创造更加美好的生活，采取更加公正、合理、普惠的制度安排，确保广大市民分享发展成果。要结合发展需要和市民需求，加强交通、能源、环保、信息、城市安全等公共基础设施建设，改善市民生活环境，提升市民生活质量。要积极回应市民关切，着力解决住房、医疗、养老等方面的突出问题，更加关注对弱势群体的帮助和扶持。要不断提高教育水平，打造高标准教育体系，为青少年成长成才创造更好条件。

四是坚持包容共济，进一步促进社会和谐稳定。要坚持和弘扬爱国爱澳核心价值，广泛凝聚共建澳门的社会共识。要加强社团建设，充分发挥众多爱国爱澳社团在政府和市民之间的沟通桥梁作用。要保持澳门社会讲团结、重协商的传统，有事多商量，做事多协调，妥善处理社会矛盾，共同维护社会祥和。要发挥澳门中西文化荟萃的优势，助力国际人文交流，促进世界文明互鉴。

同胞们、朋友们！

我要在此强调的是，香港、澳门回归祖国后，处理这两个特别行政区的事务完全是中国内政，用不着任何外部势力指手画脚。中国政府和中国人民维护国家主权、安全、发展利益的意志坚如磐石，我们绝不允许任何外部势力干预香港、澳门事务！

同胞们、朋友们！

上个世纪80年代初，邓小平同志等老一辈领导人提出"一国两制"伟大构想时，就坚信这个方针是对头的，是行得通、办得到、得人心的。30多年来，"一国两制"实践取得的成功举世公认。当然，"一国两制"的制度体系也要在实践中不断加以完善。我们坚信，包括港澳同胞在内的中国人民完全有智慧、有能力把"一国两制"实践发展得更好，把

"一国两制"制度体系完善得更好，把特别行政区治理得更好。中华民族伟大复兴的前进步伐势不可挡，香港、澳门与祖国内地同发展、共繁荣的道路必将越走越宽广！

　　谢谢大家。

注　　释

　　〔1〕"一中心、一平台、一基地"，指世界旅游休闲中心，中国与葡语国家商贸合作服务平台，以中华文化为主流、多元文化共存的交流合作基地。
　　〔2〕见西汉桓宽《盐铁论·申韩》。

2017 年 11 月 14 日，习近平在万象下榻饭店会见老挝奔舍那家族友人。

2018 年 6 月 8 日，习近平同俄罗斯总统普京在天津共同观看中俄青少年冰球友谊赛。这是习近平和普京分别接受小球员们赠送的俄、中两队球衣。

2018 年 6 月 10 日，习近平在青岛国际会议中心主持上海合作组织成员国元首理事会第十八次会议并发表讲话。这是习近平同与会各方合影。

2018 年 7 月 10 日，习近平在北京人民大会堂出席中阿合作论坛第八届
部长级会议开幕式并发表讲话。

2018 年 7 月 24 日，习近平和南非总统拉马福萨在比勒陀利亚一道出席中南科学家高级别对话会开幕式。这是习近平和拉马福萨在开幕式前共同参观中南科技创新合作成果图片展。

2018 年 7 月 25 日，习近平在南非约翰内斯堡出席金砖国家领导人第十次
会晤期间，应邀出席金砖国家工商论坛开幕式并发表讲话。

2018 年 9 月 3 日，习近平在人民大会堂出席中非合作论坛北京峰会开幕式并发表主旨讲话。这是习近平同出席论坛峰会的外方领导人走向会场。

2018 年 11 月 5 日，习近平在上海同出席首届中国国际进口博览会的
外国领导人共同巡馆。

2018 年 11 月 30 日，二十国集团领导人第十三次峰会在阿根廷布宜诺斯艾利斯举行。这是习近平和夫人彭丽媛同出席峰会的各代表团团长夫妇集体合影。

2018 年 12 月 1 日，习近平在阿根廷布宜诺斯艾利斯出席二十国集团
领导人第十三次峰会期间，应邀同美国总统特朗普共进晚餐并举行会晤。

2018 年 12 月 3 日，习近平和夫人彭丽媛在巴拿马城同巴拿马总统
巴雷拉夫妇共同参观巴拿马运河新船闸。

2019 年 3 月 24 日，习近平在法国尼斯会见法国总统马克龙。会见前，
马克龙向习近平赠送 1688 年法国出版的首部《论语导读》法文版原著。

2019 年 3 月 26 日，习近平在巴黎同出席中法全球治理论坛闭幕式的法国总统马克龙、德国总理默克尔和欧盟委员会主席谷克举行会晤。

2019 年 4 月 26 日，习近平和夫人彭丽媛在北京人民大会堂举行宴会，欢迎出席第二届"一带一路"国际合作高峰论坛的外方领导人夫妇及嘉宾。

2019 年 4 月 28 日，习近平和夫人彭丽媛在北京延庆同出席 2019 年中国北京世界园艺博览会开幕式的外方领导人夫妇共同参观园艺展。

2019 年 5 月 15 日，习近平在北京国家会议中心出席亚洲文明对话大会开幕式并发表主旨演讲。这是习近平同出席开幕式的外方领导人、嘉宾代表合影。

十六、深入推进
中国特色大国外交

做好新时代外交工作[*]

（2017 年 12 月 28 日）

党的十八大以来，在党中央领导下，在全国各族人民支持下，外交工作攻坚克难、砥砺奋进，坚定维护国家主权、安全、发展利益，积极拓展全方位外交布局，主动参与全球治理，推动共建"一带一路"，取得了前所未有的重大成就，为实现"两个一百年"奋斗目标、实现中华民族伟大复兴的中国梦营造了良好外部环境，为推动人类社会发展进步作出了重大贡献。5 年来外交工作取得的成就赢得了全党全国各族人民普遍赞誉。

中国特色社会主义进入了新时代。做好新时代外交工作，首先要深刻领会党的十九大精神，正确认识当今时代潮流和国际大势。放眼世界，我们面对的是百年未有之大变局。新世纪以来一大批新兴市场国家和发展中国家快速发展，世界多极化加速发展，国际格局日趋均衡，国际潮流大势不可逆转。中国共产党团结带领中国人民顽强奋斗、发愤图强，中华民族迎来了从站起来、富起来到强起来的伟大飞跃，中华民族伟大复兴展现出前所未有的光明前景。只要我们咬定青

---

　　* 这是习近平在接见 2017 年度驻外使节工作会议与会使节时的讲话要点。

山不放松，沿着中国特色社会主义道路奋勇前进，我们的国家必将日益繁荣昌盛，必将日益走近世界舞台中央，必将日益为人类作出新的更大贡献。在中国共产党坚强领导下，我国各族人民坚定信心、坚定信念，坚定不移走中国特色社会主义道路，坚定不移改革开放，不走老路，不走邪路，勇开新路，使中国特色社会主义取得了举世瞩目的发展成就，展现出日益光明的发展前景。

当前我国发展既面临前所未有的机遇，也面临前所未有的挑战。外交战线全体同志要认真学习贯彻党的十九大精神、新时代中国特色社会主义思想，不忘初心，牢记使命，锐意进取，开拓创新，深入推进中国特色大国外交，继续为党和国家事业发展贡献力量。

第一，永葆对党忠诚、为国奉献的赤子心。坚定理想信念，对党、国家、人民绝对忠诚，是外交人员的根和魂。要牢固树立"四个意识"，坚定"四个自信"，自觉在思想上政治上行动上同党中央保持高度一致，坚决维护党中央权威和集中统一领导，坚决贯彻执行党中央外交方针政策，坚决维护国家利益和民族尊严，坚持外交为民，全心全意为人民服务。

第二，永葆开拓奋进、担当有为的事业心。中国共产党既为中国人民谋幸福，也把为全人类作贡献作为重要使命。要统筹国内国际两个大局，树立更宽广的世界眼光、更宏大的战略抱负，胸怀祖国，兼济天下，推动构建新型国际关系，推动构建人类命运共同体。要深化全方位外交布局，拓展全球伙伴关系网，不断扩大我国的"朋友圈"。要推动共建"一带一路"，深化同各国的广泛合作，促进共同发展。要积极参与全球治理和多边事务，维护中国人民利益和全人类共同利益。要讲好中国共产党的故事，讲好中国的故事，讲好中国人民的故事，促进中外理解和友谊。

第三，永葆主动学习、自我革新的进取心。我国外交工作内涵和外延不断扩展，形势和任务不断变化，对外交队伍建设提出了更高要求。外交人员既要政治过硬，又要本领高强。要坚持不懈加强学习，认真学习党的理论和路线方针政策、国家法律法规，学习各方面知识，不断提高科学化、专业化水平。要加强能力建设，为做好对外工作提供有力支撑。

第四，永葆党要管党、从严治党的责任心。外交大权在党中央，党中央对外交工作实行集中统一领导。要落实好管党治党主体责任，坚持全面从严治党，抓好党的领导和党的建设，抓好思想政治工作。要严格遵守党的政治纪律和政治规矩，严格落实中央八项规定精神。要努力打造一支政治强、业务精、作风好、纪律严的外交队伍。

希望各位使节牢记党和人民重托，忠实履责，奋发有为，努力用自己的实际行动，为新时代中国外交工作谱写新的华彩乐章。

加强党中央对外事工作的
集中统一领导[*]

（2018 年 5 月 15 日）

党的十八大以来，在党中央坚强领导下，我们积极推进外交理论和实践创新，完善和深化全方位外交布局，倡导和推进"一带一路"建设，深入参与全球治理体系改革和建设，坚定捍卫国家主权、安全、发展利益，加强党对外事工作的集中统一领导，走出了一条中国特色大国外交新路，取得了历史性成就。

当今世界不确定不稳定因素增多，我国发展面临的机遇和挑战并存。我们要准确把握国际形势变化的规律，既认清中国和世界发展大势，又看到前进道路上面临的风险挑战，未雨绸缪、妥善应对，切实做好工作。当前和今后一个时期，要深化外交布局，落实重大外交活动规划，增强风险意识，坚定维护国家主权、安全、发展利益。

"一带一路"建设是我们推动构建人类命运共同体的重要实践平台。几年来，"一带一路"建设从理念到行动，发展成

---

* 这是习近平在中央外事工作委员会第一次会议上的讲话要点。

为实实在在的国际合作，取得了令人瞩目的成就。要抓好首届"一带一路"国际合作高峰论坛成果的落实，凝聚各方共识，规划合作愿景，扩大对外开放，加强同各国的沟通、协商、合作，推动"一带一路"建设走深走实、行稳致远，更好造福各国人民。

地方外事工作是党和国家对外工作的重要组成部分，对推动对外交往合作、促进地方改革发展具有重要意义。要在中央外事工作委员会集中统一领导下，统筹做好地方外事工作，从全局高度集中调度、合理配置各地资源，有目标、有步骤推进相关工作。

做好新形势下外事工作，中央外事工作委员会要发挥决策议事协调作用，推动外交理论和实践创新，为外事工作不断开创新局面提供有力指导。要强化顶层设计和统筹协调，提高把方向、谋大局、定政策能力，推进对外工作体制机制改革，加强外事工作队伍建设，抓好重点工作的推进、检查、督办，确保党中央对外决策部署落到实处。

努力开创中国特色
大国外交新局面*

（2018 年 6 月 22 日）

我国对外工作要坚持以新时代中国特色社会主义外交思想为指导，统筹国内国际两个大局，牢牢把握服务民族复兴、促进人类进步这条主线，推动构建人类命运共同体，坚定维护国家主权、安全、发展利益，积极参与引领全球治理体系改革，打造更加完善的全球伙伴关系网络，努力开创中国特色大国外交新局面，为全面建成小康社会、进而全面建设社会主义现代化强国创造有利条件、作出应有贡献。

党的十八大以来，在党中央坚强领导下，面对国际形势风云变幻，我国对外工作攻坚克难、砥砺前行、波澜壮阔，开创性推进中国特色大国外交，经历了许多风险考验，打赢了不少大仗硬仗，办成了不少大事难事，取得了历史性成就。在实践中，我们积累了有益经验和深刻体会，对外工作要坚持统筹国内国际两个大局，坚持战略自信和保持战略定力，坚持推进外交理论和实践创新，坚持战略谋划和全球布局，

---

* 这是习近平在中央外事工作会议上的讲话要点。

坚持捍卫国家核心和重大利益，坚持合作共赢和义利相兼，坚持底线思维和风险意识。

党的十八大以来，我们深刻把握新时代中国和世界发展大势，在对外工作上进行一系列重大理论和实践创新，形成了新时代中国特色社会主义外交思想，概括起来主要有以下10个方面：坚持以维护党中央权威为统领加强党对对外工作的集中统一领导，坚持以实现中华民族伟大复兴为使命推进中国特色大国外交，坚持以维护世界和平、促进共同发展为宗旨推动构建人类命运共同体，坚持以中国特色社会主义为根本增强战略自信，坚持以共商共建共享为原则推动"一带一路"建设，坚持以相互尊重、合作共赢为基础走和平发展道路，坚持以深化外交布局为依托打造全球伙伴关系，坚持以公平正义为理念引领全球治理体系改革，坚持以国家核心利益为底线维护国家主权、安全、发展利益，坚持以对外工作优良传统和时代特征相结合为方向塑造中国外交独特风范。我们要全面贯彻落实新时代中国特色社会主义外交思想，不断为实现中华民族伟大复兴的中国梦、推动构建人类命运共同体创造良好外部条件。

把握国际形势要树立正确的历史观、大局观、角色观。所谓正确历史观，就是不仅要看现在国际形势什么样，而且要端起历史望远镜回顾过去、总结历史规律，展望未来、把握历史前进大势。所谓正确大局观，就是不仅要看到现象和细节怎么样，而且要把握本质和全局，抓住主要矛盾和矛盾的主要方面，避免在林林总总、纷纭多变的国际乱象中迷失方向、舍本逐末。所谓正确角色观，就是不仅要冷静分析各种国际现象，而且要把自己摆进去，在我国同世界的关系中看问题，弄清楚在世界格局演变中我国的地位和作用，科学制定我国对外方针政策。当前，我国处于近代以来最好的发展时期，世界处于百年未有之大变局，两者同步交织、相互激荡。做好当前和今后一个时期对外工作具备很多国际有利条件。

从党的十九大到党的二十大，是实现"两个一百年"奋斗目标的历史交汇期，在中华民族伟大复兴历史进程中具有特殊重大意义。纵观人类历史，世界发展从来都是各种矛盾相互交织、相互作用的综合结果。我们要深入分析世界转型过渡期国际形势的演变规律，准确把握历史交汇期我国外部环境的基本特征，统筹谋划和推进对外工作。既要把握世界多极化加速推进的大势，又要重视大国关系深入调整的态势。既要把握经济全球化持续发展的大势，又要重视世界经济格局深刻演变的动向。既要把握国际环境总体稳定的大势，又要重视国际安全挑战错综复杂的局面。既要把握各种文明交流互鉴的大势，又要重视不同思想文化相互激荡的现实。

对外工作要根据党中央统一部署，加强谋篇布局，突出工作重点，抓好工作。要围绕党和国家工作重要节点，推动对外工作不断开创新局面。未来5年第一个百年奋斗目标要实现，第二个百年奋斗目标要开篇，其中有一系列重要时间节点和重大活动。对外工作要以此为坐标，通盘考虑，梯次推进，既整体布局又突出重点，既多点开花又精准发力，发挥综合积极效应。要高举构建人类命运共同体旗帜，推动全球治理体系朝着更加公正合理的方向发展。要坚持共商共建共享，推动"一带一路"建设走实走深、行稳致远，推动对外开放迈上新台阶。要运筹好大国关系，推动构建总体稳定、均衡发展的大国关系框架。要做好周边外交工作，推动周边环境更加友好、更加有利。要深化同发展中国家团结合作，推动形成携手共进、共同发展新局面。广大发展中国家是我国在国际事务中的天然同盟军，要坚持正确义利观，做好同发展中国家团结合作的大文章。要深入推动中国同世界深入交流、互学互鉴。

外交是国家意志的集中体现，必须坚持外交大权在党中央。要增强政治意识、大局意识、核心意识、看齐意识，坚决维护党中央权威和集中统一领导，自觉在思想上政治上行动上同党中央保持高度一致，确保令行禁止、步调统一。对外工作是一个系统工程，政党、政府、人大、政协、军队、地方、民间等要强化统筹协调，各有侧重，相互配合，形成党总揽全局、协调各方的对外工作大协同局面，确保党中央对外方针政策和战略部署落到实处。

十七、携手构建
人类命运共同体

把世界各国人民对
美好生活的向往变成现实*

（2017 年 12 月 1 日）

人类命运共同体，顾名思义，就是每个民族、每个国家的前途命运都紧紧联系在一起，应该风雨同舟，荣辱与共，努力把我们生于斯、长于斯的这个星球建成一个和睦的大家庭，把世界各国人民对美好生活的向往变成现实。

——我们要努力建设一个远离恐惧、普遍安全的世界。纵观人类文明发展进程，尽管千百年来人类一直期盼永久和平，但战争从未远离，人类始终面临着战火的威胁。人类生存在同一个地球上，一国安全不能建立在别国不安全之上，别国面临的威胁也可能成为本国的挑战。面对日益复杂化、综合化的安全威胁，单打独斗不行，迷信武力更不行。我们应该坚持共同、综合、合作、可持续的新安全观，营造公平正义、共建共享的安全格局，共同消除引发战争的根源，共同解救被枪炮驱赶的民众，共同保护被战火烧灼的妇女儿童，让和平的阳光普照大地，让人人享有安宁祥和。

---

* 这是习近平在中国共产党与世界政党高层对话会上主旨讲话的一部分。

　　——我们要努力建设一个远离贫困、共同繁荣的世界。今天的世界，物质技术水平已经发展到古人难以想象的地步，但发展不平衡不充分问题仍然普遍存在，南北发展差距依然巨大，贫困和饥饿依然严重，新的数字鸿沟正在形成，世界上还有很多国家的民众生活在困境之中。如果奉行你输我赢、赢者通吃的老一套逻辑，如果采取尔虞我诈、以邻为壑的老一套办法，结果必然是封上了别人的门，也堵上了自己的路，侵蚀的是自己发展的根基，损害的是全人类的未来。我们应该坚持你好我好大家好的理念，推进开放、包容、普惠、平衡、共赢的经济全球化，创造全人类共同发展的良好条件，共同推动世界各国发展繁荣，共同消除许多国家民众依然面临的贫穷落后，共同为全球的孩子们营造衣食无忧的生活，让发展成果惠及世界各国，让人人享有富足安康。

　　——我们要努力建设一个远离封闭、开放包容的世界。中国有句古话："万物并育而不相害，道并行而不相悖。"[1]文明的繁盛、人类的进步，离不开求同存异、开放包容，离不开文明交流、互学互鉴。历史呼唤着人类文明同放异彩，不同文明应该和谐共生、相得益彰，共同为人类发展提供精神力量。我们应该坚持世界是丰富多彩的、文明是多样的理念，让人类创造的各种文明交相辉映，编织出斑斓绚丽的图画，共同消除现实生活中的文化壁垒，共同抵制妨碍人类心灵互动的观念纰缪，共同打破阻碍人类交往的精神隔阂，让各种文明和谐共存，让人人享有文化滋养。

　　——我们要努力建设一个山清水秀、清洁美丽的世界。地球是人类的共同家园，也是人类到目前为止唯一的家园。

现在，有人正在外太空为人类寻找新的家园，但这还是一个遥远的梦想。在可预见的将来，人类都要生活在地球之上。这是一个不可改变的事实。我们应该共同呵护好地球家园，为了我们自己，也为了子孙后代。我们应该坚持人与自然共生共存的理念，像对待生命一样对待生态环境，对自然心存敬畏，尊重自然、顺应自然、保护自然，共同保护不可替代的地球家园，共同医治生态环境的累累伤痕，共同营造和谐宜居的人类家园，让自然生态休养生息，让人人都享有绿水青山。

当前，世界格局在变，发展格局在变，各个政党都要顺应时代发展潮流、把握人类进步大势、顺应人民共同期待，把自身发展同国家、民族、人类的发展紧密结合在一起。我们应该志存高远、敢于担当，着眼本国和世界，着眼全局和长远，自觉担负起时代使命。我们应该深入体察民情，把民众需求转化为政党的理念、宗旨、目标，制定符合实际的实施方案。构建人类命运共同体，需要世界各国人民普遍参与。我们应该凝聚不同民族、不同信仰、不同文化、不同地域人民的共识，共襄构建人类命运共同体的伟业。

实现伟大梦想需要各方面智慧和力量。我们应该全方位、多层次、多角度集思广益，从实践中总结经验、寻找思路、升华思想、获取动力。不同国家的政党应该增进互信、加强沟通、密切协作，探索在新型国际关系的基础上建立求同存异、相互尊重、互学互鉴的新型政党关系，搭建多种形式、多种层次的国际政党交流合作网络，汇聚构建人类命运共同体的强大力量。

事要去做才能成就事业，路要去走才能开辟通途。构建人类命运共同体是一个历史过程，不可能一蹴而就，也不可能一帆风顺，需要付出长期艰苦的努力。为了构建人类命运共同体，我们应该锲而不舍、驰而不息进行努力，不能因现实复杂而放弃梦想，也不能因理想遥远而放弃追求。

中国共产党是为中国人民谋幸福的党，也是为人类进步事业而奋斗的党。中国共产党是世界上最大的政党。我说过，大就要有大的样子。中国共产党所做的一切，就是为中国人民谋幸福、为中华民族谋复兴、为人类谋和平与发展。我们要把自己的事情做好，这本身就是对构建人类命运共同体的贡献。我们也要通过推动中国发展给世界创造更多机遇，通过深化自身实践探索人类社会发展规律并同世界各国分享。我们不"输入"外国模式，也不"输出"中国模式，不会要求别国"复制"中国的做法。中国共产党将始终做到以下几条。

第一，一如既往为世界和平安宁作贡献。将近100年前，中国共产党在中国社会的剧烈动荡中诞生，成立时的任务之一就是结束中国从19世纪中叶起陷入的战乱频仍、民不聊生的悲惨境地。从1921年到1949年，为实现中国和平稳定、中国人民安居乐业，中国共产党团结带领中国人民进行了长达28年的武装斗争，付出了巨大牺牲。所以，中国共产党人深知和平的可贵，也具有维护和平的坚定决心。中国将高举和平、发展、合作、共赢的旗帜，始终不渝走和平发展道路，积极推进全球伙伴关系建设，主动参与国际热点难点问题的政治解决进程。目前，中国累计派出3.6万余人次维和人员，成为联合国维和行动的主要出兵国和出资国。此时此刻，2500多名中国官兵正在8个维和任务区不畏艰苦和危险，维护着当地和平安宁。中国将积极参与全球治理体系改革和建设，推动国际政治经济秩序朝着更加公正合理的方向发展。中国无论发展到什么程度，都永远不称霸，永远不搞扩张。我们倡议世界各国政党同我们一道，做世界和平的建设者、全球发展的贡献者、国际秩序的维护者。

第二，一如既往为世界共同发展作贡献。中国共产党从人民中走来、依靠人民发展壮大，历来有着深厚的人民情怀，不仅对中国人民有着深厚情怀，而且对世界各国人民有着深厚情怀，不仅愿意为中国人民造福，也愿意为世界各国人民造福。长期以来，中国为广大发展中国家提供了大量无偿援助、优惠贷款，提供了大量技术支持、人员支持、智力支持，为广大发展中国家建成了大批经济社会发展和民生改善项目。今天，成千上万的中国科学家、工程师、企业家、技术人员、医务人员、教师、普通职工、志愿者等正奋斗在众多发展中国家广阔的土地上，同当地民众手拉手、肩并肩，帮助他们改变命运。根据中共十九大的安排，到2020年中国将全面建成小康社会，到2035年中国将基本实现社会主义现代化，到本世纪中叶中国将建成富强民主文明和谐美丽的社会主义现代化强国。这将造福中国人民，也将造福世界各国人民。我们倡议世界各国政党同我们一道，为世界创造更多合作机会，努力推动世界各国共同发展繁荣。

第三，一如既往为世界文明交流互鉴作贡献。他山之石，可以攻玉。中国共产党历来强调树立世界眼光，积极学习借鉴世界各国人民创造的文明成果，并结合中国实际加以运用。

马克思主义就是中国共产党人从国外学来的科学真理。我们结合中国实际，不断推进马克思主义中国化时代化大众化，使之成为指导中国共产党领导中国人民不断前进的科学理论。中国共产党将以开放的眼光、开阔的胸怀对待世界各国人民的文明创造，愿意同世界各国人民和各国政党开展对话和交流合作，支持各国人民加强人文往来和民间友好。未来 5 年，中国共产党将向世界各国政党提供 1.5 万名人员来华交流的机会。我们倡议将中国共产党与世界政党高层对话会机制化，使之成为具有广泛代表性和国际影响力的高端政治对话平台。

2000 多年前，中国古代思想家孔子就说，益者三友，友直、友谅、友多闻。中国共产党愿广交天下朋友。长期以来，中国共产党同世界上 160 多个国家和地区的 400 多个政党和政治组织保持着经常性联系，"朋友圈"不断扩大。面向未来，中国共产党愿同世界各国政党加强往来，分享治党治国经验，开展文明交流对话，增进彼此战略信任，同世界各国人民一道，推动构建人类命运共同体，携手建设更加美好的世界！

注　　释

〔1〕见《礼记·中庸》。

弘扬"上海精神"，
构建命运共同体*

（2018 年 6 月 10 日）

尊敬的各位同事：

六月的青岛，风景如画。在这美好的时节，欢迎大家来到这里，出席上海合作组织成员国元首理事会第十八次会议。早在 2500 多年前，中国古代伟大的思想家孔子就说："有朋自远方来，不亦乐乎？"〔1〕今天，孔子的故乡山东喜迎远道而来的各方贵宾，我们在这里共商上海合作组织发展大计，具有特殊意义。

再过 5 天，上海合作组织将迎来 17 岁生日。抚今追昔，本组织走过了不平凡的发展历程，取得了重大成就。

17 年来，我们以《上海合作组织宪章》、《上海合作组织成员国长期睦邻友好合作条约》为遵循，构建起不结盟、不对抗、不针对第三方的建设性伙伴关系。这是国际关系理论和实践的重大创新，开创了区域合作新模式，为地区和平与发展作出了新贡献。

＊ 这是习近平在上海合作组织成员国元首理事会第十八次会议上的讲话。

今天，上海合作组织是世界上幅员最广、人口最多的综合性区域合作组织，成员国的经济和人口总量分别约占全球的 20% 和 40%。上海合作组织拥有 4 个观察员国、6 个对话伙伴，并同联合国等国际和地区组织建立了广泛的合作关系，国际影响力不断提升，已经成为促进世界和平与发展、维护国际公平正义不可忽视的重要力量。

上海合作组织始终保持旺盛生命力、强劲合作动力，根本原因在于它创造性地提出并始终践行"上海精神"，主张互信、互利、平等、协商、尊重多样文明、谋求共同发展。这超越了文明冲突、冷战思维、零和博弈等陈旧观念，掀开了国际关系史崭新的一页，得到国际社会日益广泛的认同。

各位同事！

"孔子登东山而小鲁，登泰山而小天下"[2]。面对世界大发展大变革大调整的新形势，为更好推进人类文明进步事业，我们必须登高望远，正确认识和把握世界大势和时代潮流。

尽管当今世界霸权主义和强权政治依然存在，但推动国际秩序朝着更加公正合理方向发展的呼声不容忽视，国际关系民主化已成为不可阻挡的时代潮流。

尽管各种传统和非传统安全威胁不断涌现，但捍卫和平的力量终将战胜破坏和平的势力，安全稳定是人心所向。

尽管单边主义、贸易保护主义、逆全球化思潮不断有新的表现，但"地球村"的世界决定了各国日益利益交融、命运与共，合作共赢是大势所趋。

尽管文明冲突、文明优越等论调不时沉渣泛起，但文明多样性是人类进步的不竭动力，不同文明交流互鉴是各国人民共同愿望。

各位同事！

当前，世界发展既充满希望，也面临挑战，我们的未来无比光明，但前方的道路不会平坦。我们要进一步弘扬"上海精神"，破解时代难题，化解风险挑战。

——我们要提倡创新、协调、绿色、开放、共享的发展观，实现各国经济社会协同进步，解决发展不平衡带来的问题，缩小发展差距，促进共同繁荣。

——我们要践行共同、综合、合作、可持续的安全观，摒弃冷战思维、集团对抗，反对以牺牲别国安全换取自身绝对安全的做法，实现普遍安全。

——我们要秉持开放、融通、互利、共赢的合作观，拒绝自私自利、短视封闭的狭隘政策，维护世界贸易组织规则，支持多边贸易体制，构建开放型世界经济。

——我们要树立平等、互鉴、对话、包容的文明观，以文明交流超越文明隔阂，以文明互鉴超越文明冲突，以文明共存超越文明优越。

——我们要坚持共商共建共享的全球治理观，不断改革完善全球治理体系，推动各国携手建设人类命运共同体。

各位同事！

"上海精神"是我们共同的财富，上海合作组织是我们共同的家园。我们要继续在"上海精神"指引下，同舟共济，精诚合作，齐心协力构建上海合作组织命运共同体，推动建设新型国际关系，携手迈向持久和平、普遍安全、共同繁荣、开放包容、清洁美丽的世界。为此，我愿提出以下建议。

第一，凝聚团结互信的强大力量。我们要全面落实青岛宣言、长期睦邻友好合作条约实施纲要等文件，尊重各自选择的发展道路，兼顾彼此核心利益和重大关切，通过换位思考增进相互理解，通过求同存异促进和睦团结，不断增强组织的凝聚力和向心力。

第二，筑牢和平安全的共同基础。我们要积极落实打击"三股势力"[3]2019至2021年合作纲要，继续举行"和平使命"等联合反恐演习，强化防务安全、执法安全、信息安全合作。要发挥"上海合作组织—阿富汗联络组"作用，促进阿富汗和平重建进程。未来3年，中方愿利用中国—上海合作组织国际司法交流合作培训基地等平台，为各方培训2000名执法人员，强化执法能力建设。

第三，打造共同发展繁荣的强劲引擎。我们要促进发展战略对接，本着共商共建共享原则，推进"一带一路"建设，加快地区贸易便利化进程，加紧落实国际道路运输便利化协定等合作文件。中国欢迎各方积极参与今年11月将在上海举办的首届中国国际进口博览会。中国政府支持在青岛建设中国—上海合作组织地方经贸合作示范区，还将设立"中国—上海合作组织法律服务委员会"，为经贸合作提供法律支持。

我宣布，中方将在上海合作组织银行联合体框架内设立300亿元人民币等值专项贷款。

第四，拉紧人文交流合作的共同纽带。我们要积极落实成员国环保合作构想等文件，继续办好青年交流营等品牌项目，扎实推进教育、科技、文化、旅游、卫生、减灾、媒体等各领域合作。未来3年，中方将为各成员国提供3000个人力资源开发培训名额,增强民众对上海合作组织大家庭的了解和认同。中方愿利用风云二号气象卫星为各方提供气象服务。

第五,共同拓展国际合作的伙伴网络。我们要强化同观察员国、对话伙伴等地区国家交流合作,密切同联合国等国际和地区组织的伙伴关系,同国际货币基金组织、世界银行等国际金融机构开展对话,为推动化解热点问题、完善全球治理作出贡献。

各位同事!

一年来,在各成员国大力支持和帮助下,中方完成了主席国工作,并举办了本次峰会。在这里,我向大家表示诚挚的谢意。中方愿同各成员国一道,本着积极务实、友好合作的精神,全面落实本次会议的共识,支持下一任主席国吉尔吉斯斯坦的工作,携手创造本组织更加光明的美好未来!

谢谢各位。

注　释

〔1〕见《论语·学而》。
〔2〕见《孟子·尽心上》。
〔3〕"三股势力",指暴力恐怖势力、民族分裂势力、宗教极端势力。

金砖国家要为构建人类命运共同体发挥建设性作用[*]

（2018 年 7 月 25 日）

金砖机制的诞生和发展，是世界经济变迁和国际格局演变的产物。在第一个 10 年里，金砖合作乘势而起，亮点纷呈。五国秉持开放包容、合作共赢金砖精神，推动各领域务实合作不断深入，深化了团结互信，增进了五国人民福祉，拉紧了利益和情感纽带，为世界经济企稳复苏并重回增长之路作出了突出贡献。

当今世界正面临百年未有之大变局。对广大新兴市场国家和发展中国家而言，这个世界既充满机遇，也存在挑战。我们要在国际格局演变的历史进程中运筹金砖合作，在世界发展和金砖国家共同发展的历史进程中谋求自身发展，在"金色十年"里实现新的飞跃。

——未来 10 年，将是世界经济新旧动能转换的关键 10 年。人工智能、大数据、量子信息、生物技术等新一轮科技革命和产业变革正在积聚力量，催生大量新产业、新业态、

---

* 这是习近平在金砖国家工商论坛上讲话的一部分。

444

新模式，给全球发展和人类生产生活带来翻天覆地的变化。我们要抓住这个重大机遇，推动新兴市场国家和发展中国家实现跨越式发展。

——未来 10 年，将是国际格局和力量对比加速演变的 10 年。新兴市场国家和发展中国家对世界经济增长的贡献率已经达到 80%。按汇率法计算，这些国家的经济总量占世界的比重接近 40%。保持现在的发展速度，10 年后将接近世界总量一半。新兴市场国家和发展中国家群体性崛起势不可当，将使全球发展的版图更加全面均衡，使世界和平的基础更为坚实稳固。

——未来 10 年，将是全球治理体系深刻重塑的 10 年。世界多极化、经济全球化在曲折中前行，地缘政治热点此起彼伏，恐怖主义、武装冲突的阴霾挥之不去。单边主义、保护主义愈演愈烈，多边主义和多边贸易体制受到严重冲击。要合作还是要对立，要开放还是要封闭，要互利共赢还是要以邻为壑，国际社会再次来到何去何从的十字路口。全球治理体系的走向，关乎各国特别是新兴市场国家和发展中国家发展空间，关乎全世界繁荣稳定。

金砖国家要顺应历史大势，把握发展机遇，合力克服挑战，为构建新型国际关系、构建人类命运共同体发挥建设性作用。

第一，坚持合作共赢，建设开放经济。开放合作是科技进步和生产力发展的必然逻辑。贸易战不可取，因为不会有赢家。经济霸权主义更要不得，因为这将损害国际社会共同利益，最终也将搬起石头砸自己的脚。

在世界经济经历深刻调整变革之时，只有开放才能使不同国家相互受益、共同繁荣、持久发展，才是各国应当作出的明智选择。金砖国家要坚定建设开放型世界经济，旗帜鲜明反对单边主义和保护主义，促进贸易和投资自由化便利化，共同引导经济全球化朝着更加开放、包容、普惠、平衡、共赢方向发展。要让经济全球化的正面效应更多释放出来，帮助新兴市场国家和发展中国家，特别是非洲国家和最不发达国家有效参与国际产业分工，共享经济全球化的红利。

第二，坚持创新引领，把握发展机遇。科技是第一生产力，为人类文明进步提供了不竭动力。人类曾经历农业文明、工业文明的数次飞跃，带来了社会生产力大发展，同时也伴生着蜕变的阵痛。今天，世界再次来到这样一个重要历史节点。在新一轮科技革命和产业变革大潮中，除旧布新必然导致产业变革，这个过程是艰难痛苦的。成功跨越蜕变，各国将得到发展新生机、新活力，给人民带来更好生活、更多福祉。

在新科技带来的新机遇面前，每个国家都有平等发展权利。潮流来了，跟不上就会落后，就会被淘汰。我们能够做的和应该做的就是要抢抓机遇，加大创新投入，着力培育新的经济增长点，实现新旧动能转换。要全力推进结构性改革，消除一切不利于创新的体制机制障碍，充分激发创新潜能和市场活力。要树立全球视野，深化国际创新交流合作，发挥各自比较优势和资源禀赋，让科技进步惠及更多国家和人民。同时，我们要妥善化解信息化、自动化、智能化对传统产业的冲击，在培育新产业过程中创造新的就业机会。

第三，坚持包容普惠，造福各国人民。发展不平衡、不充分问题是各国面临的共同挑战。一方面，新兴市场国家和发展中国家同发达国家的南北差距仍很明显。另一方面，在各国内部，也都不同程度存在发展差距。

2030年可持续发展议程为国际社会提供了综合行动方案。金砖国家要立足自身国情，将2030年议程同本国发展战略深入对接，坚持以人民为中心，统筹经济、社会、环境发展，不断增强人民群众的获得感、幸福感。要坚持人与自然和谐共生，推动国际社会全面落实《巴黎协定》，加快构筑尊崇自然、绿色发展的生态体系。要积极推动国际发展合作，敦促发达国家履行官方发展援助承诺，增加对广大发展中国家的支持。

非洲是发展中国家最集中的大陆，也是全球最具发展潜力的地区。我们要加强对非合作，支持非洲发展，努力把金砖国家同非洲合作打造成南南合作的样板。具体合作中，应该结合自身实际，积极同非洲国家开展减贫、粮食安全、创新、基础设施建设、工业化等领域项目合作，帮助各国经济结构发展，为落实非盟《2063年议程》提供助力，让古老的非洲大地展现出旺盛生机活力。

第四，坚持多边主义，完善全球治理。良好稳定的外部环境，是所有国家发展的重要前提，对新兴市场国家和发展中国家来说更是如此。现行国际秩序并不完美，但只要它以规则为基础，以公平为导向，以共赢为目标，就不能随意被舍弃，更容不得推倒重来。

金砖国家要坚定奉行多边主义，敦促各方切实遵守共同制定的国际规则，坚持大小国家一律平等，大家的事商量着办，反对霸权主义和强权政治。要倡导共同、综合、合作、可持续的安全观，积极参与斡旋解决地缘政治热点问题。要坚定支持多边贸易体制，继续推进全球经济治理改革，提高新兴市场国家和发展中国家代表性和发言权。不管是创新、贸易投资、知识产权保护等问题，还是网络、外空、极地等新疆域，在制定新规则时都要充分听取新兴市场国家和发展中国家意见，反映他们的利益和诉求，确保他们的发展空间。

共筑更加紧密的中非命运共同体[*]

（2018 年 9 月 3 日）

　　"海不辞水，故能成其大。"^{〔1〕}中国是世界上最大的发展中国家，非洲是发展中国家最集中的大陆，中非早已结成休戚与共的命运共同体。我们愿同非洲人民心往一处想、劲往一处使，共筑更加紧密的中非命运共同体，为推动构建人类命运共同体树立典范。

　　第一，携手打造责任共担的中非命运共同体。我们要扩大各层级政治对话和政策沟通，加强在涉及彼此核心利益和重大关切问题上的相互理解和支持，密切在重大国际和地区问题上的协作配合，维护中非和广大发展中国家共同利益。

　　第二，携手打造合作共赢的中非命运共同体。我们要抓住中非发展战略对接的机遇，用好共建"一带一路"带来的重大机遇，把"一带一路"建设同落实非洲联盟《2063 年议程》、联合国 2030 年可持续发展议程以及非洲各国发展战略相互对接，开拓新的合作空间，发掘新的合作潜力，在传统优势领域深耕厚植，在新经济领域加快培育亮点。

　　第三，携手打造幸福共享的中非命运共同体。我们要把

---

　　* 这是习近平在 2018 年中非合作论坛北京峰会开幕式上主旨讲话的一部分。

增进民生福祉作为发展中非关系的出发点和落脚点。中非合作要给中非人民带来看得见、摸得着的成果和实惠。长期以来，中非一直互帮互助、同舟共济，中国将为非洲减贫发展、就业创收、安居乐业作出新的更大的努力。

第四，携手打造文化共兴的中非命运共同体。我们都为中非各自灿烂的文明而自豪，也愿为世界文明多样化作出更大贡献。我们要促进中非文明交流互鉴、交融共存，为彼此文明复兴、文化进步、文艺繁荣提供持久助力，为中非合作提供更深厚的精神滋养。我们要扩大文化艺术、教育体育、智库媒体、妇女青年等各界人员交往，拉紧中非人民的情感纽带。

第五，携手打造安全共筑的中非命运共同体。历经磨难，方知和平可贵。中国主张共同、综合、合作、可持续的新安全观，坚定支持非洲国家和非洲联盟等地区组织以非洲方式解决非洲问题，支持非洲落实"消弭枪声的非洲"倡议。中国愿为促进非洲和平稳定发挥建设性作用，支持非洲国家提升自主维稳维和能力。

第六，携手打造和谐共生的中非命运共同体。地球是人类唯一的家园。中国愿同非洲一道，倡导绿色、低碳、循环、可持续的发展方式，共同保护青山绿水和万物生灵。中国愿同非洲加强在应对气候变化、应用清洁能源、防控荒漠化和水土流失、保护野生动植物等生态环保领域交流合作，让中国和非洲都成为人与自然和睦相处的美好家园。

2015 年中非合作论坛约翰内斯堡峰会以来，中国全面落实约翰内斯堡峰会上确定的中非"十大合作计划"：一大批铁路、公路、机场、港口等基础设施以及经贸合作区陆续建成或在建设之中，中非和平安全、科教文卫、减贫惠民、民间交往等合作深入推进，中国承诺提供的 600 亿美元资金支持都已兑现或作出安排。"十大合作计划"给中非人民带来丰硕成果，展现了中非共同的创造力、凝聚力、行动力，将中非全面战略合作伙伴关系成功推向新的高度。

中国愿以打造新时代更加紧密的中非命运共同体为指引，在推进中非"十大合作计划"基础上，同非洲国家密切配合，未来 3 年和今后一段时间重点实施"八大行动"：

一是实施产业促进行动。中国决定在华设立中国—非洲经贸博览会；鼓励中国企业扩大对非投资，在非洲新建和升级一批经贸合作区；支持非洲在 2030 年前基本实现粮食安全，同非洲一道制定并实施中非农业现代化合作规划和行动计划，实施 50 个农业援助项目，向非洲受灾国家提供 10 亿元人民币紧急人道主义粮食援助，向非洲派遣 500 名高级农业专家，培养青年农业科研领军人才和农民致富带头人；支持成立中国在非企业社会责任联盟；继续加强和非洲国家本币结算合作，发挥中非发展基金、中非产能合作基金、非洲中小企业发展专项贷款作用。

二是实施设施联通行动。中国决定和非洲联盟启动编制《中非基础设施合作规划》；支持中国企业以投建营一体化等模式参与非洲基础设施建设，重点加强能源、交通、信息通信、跨境水资源等合作，同非方一道实施一批互联互通重点项目；支持非洲单一航空运输市场建设，开通更多中非直航航班；为非洲国家及其金融机构来华发行债券提供便利；在遵循多边规则和程序的前提下，支持非洲国家更好利用亚洲基础设施投资银行、新开发银行、丝路基金等资源。

三是实施贸易便利行动。中国决定扩大进口非洲商品特别是非资源类产品，支持非洲国家参加中国国际进口博览会，免除非洲最不发达国家参展费用；继续加强市场监管及海关方面交流合作，为非洲实施50个贸易畅通项目；定期举办中非品牌面对面活动；支持非洲大陆自由贸易区建设，继续同非洲有意愿的国家和地区开展自由贸易谈判；推动中非电子商务合作，建立电子商务合作机制。

四是实施绿色发展行动。中国决定为非洲实施50个绿色发展和生态环保援助项目，重点加强在应对气候变化、海洋合作、荒漠化防治、野生动物和植物保护等方面的交流合作；推进中非环境合作中心建设，加强环境政策交流对话和环境问题联合研究；开展中非绿色使者计划，在环保管理、污染防治、绿色经济等领域为非洲培养专业人才；建设中非竹子中心，帮助非洲开发竹藤产业；开展环境保护宣传教育合作。

五是实施能力建设行动。中国决定同非洲加强发展经验交流，支持开展经济社会发展规划方面合作；在非洲设立10个鲁班[2]工坊，向非洲青年提供职业技能培训；支持设立旨在推动青年创新创业合作的中非创新合作中心；实施头雁计划，为非洲培训1000名精英人才；为非洲提供5万个中国政府奖学金名额，为非洲提供5万个研修培训名额，邀请2000名非洲青年来华交流。

六是实施健康卫生行动。中国决定优化升级50个医疗卫生援非项目，重点援建非洲疾控中心总部、中非友好医院等旗舰项目；开展公共卫生交流和信息合作，实施中非新发再发传染病、血吸虫病、艾滋病、疟疾等疾控合作项目；为非洲培养更多专科医生，继续派遣并优化援非医疗队；开展"光明行"、"爱心行"、"微笑行"等医疗巡诊活动；实施面向弱势群体的妇幼心连心工程。

七是实施人文交流行动。中国决定设立中国非洲研究院，同非方深化文明互鉴；打造中非联合研究交流计划增强版；实施50个文体旅游项目，支持非洲国家加入丝绸之路国际剧院、博物馆、艺术节等联盟；打造中非媒体合作网络；继续推动中非互设文化中心；支持非洲符合条件的教育机构申办孔子学院；支持更多非洲国家成为中国公民组团出境旅游目的地。

八是实施和平安全行动。中国决定设立中非和平安全合作基金，支持中非开展和平安全和维和维稳合作，继续向非洲联盟提供无偿军事援助。支持萨赫勒、亚丁湾、几内亚湾等地区国家维护地区安全和反恐努力；设立中非和平安全论坛，为中非在和平安全领域加强交流提供平台；在共建"一带一路"、社会治安、联合国维和、打击海盗、反恐等领域推动实施50个安全援助项目。

为推动"八大行动"顺利实施，中国愿以政府援助、金融机构和企业投融资等方式，向非洲提供600亿美元支持，其中包括：提供150亿美元的无偿援助、无息贷款和优惠贷款；提供200亿美元的信贷资金额度；支持设立100亿美元的中非开发性金融专项资金和50亿美元的自非洲进口贸易融资专项资金；推动中国企业未来3年对非洲投资不少于100亿美元。同时，免除与中国有外交关系的非洲最不发达国家、重债穷国、内陆发展中国家、小岛屿发展中国家截至 2018 年底到期未偿还政府间无息贷款债务。

青年是中非关系的希望所在。我提出的中非"八大行动"倡议中，许多措施都着眼青年、培养青年、扶助青年，致力于为他们提供更多就业机会、更好发展空间。去年 10 月，我同南南合作与发展学院的留华学生互致书信，他们中绝大多数来自非洲。我在信中勉励他们坚持学以致用，行远升高，积厚成器，为推动中非合作和南南合作谱写新篇章。

"红日初升，其道大光。"〔3〕我相信，只要中非友好的接力棒能够在青年一代手中不断相传，中非命运共同体就一定会更具生机活力，中华民族伟大复兴的中国梦和非洲人民团结振兴的非洲梦就一定能够早日实现！

注　　释

〔1〕见《管子·形势解》。

〔2〕鲁班，姓公输名般，春秋时期鲁国人。中国古代建筑工程家，被建筑工匠尊为祖师。

〔3〕见梁启超《少年中国说》。

为国际社会找到
有效经济治理思路[*]

（2018 年 11 月 17 日）

当今世界的变局百年未有，变革会催生新的机遇，但变革过程往往充满着风险挑战，人类又一次站在了十字路口。合作还是对抗？开放还是封闭？互利共赢还是零和博弈？如何回答这些问题，关乎各国利益，关乎人类前途命运。

回顾近代以来的世界历史，我们可以清楚地看到，不同选择曾经给世界带来迥异的历史轨迹。

亚太地区有着亚太经合组织这样的成功故事。亚太经合组织的诞生和发展顺应了开放融合的历史潮流，顺应了亚太地区谋求发展的强烈愿望，顺应了各国人民携手应对挑战的共同需要。亚太的开放合作不仅激荡着太平洋，也活跃了世界经济的海洋。如今的亚太，是全球最具增长活力和发展潜力的经济板块，也是举世公认的世界经济增长的一个重要引擎。

然而，不是所有故事都这么美好，人类也有过惨痛教训。上世纪发生的第二次世界大战，让人类陷入了滔天浩劫。就

---

[*] 这是习近平在亚太经合组织工商领导人峰会上主旨演讲的一部分。

在离我们不远的地方，曾经爆发第二次世界大战期间惨烈的珊瑚海战役、瓜达尔卡纳尔战役。今天，这片海面已经波澜不惊，但我们不能忘却历史上的风风雨雨。

"明镜所以照形，古事所以知今。"[1]我们回顾历史，是要以史为鉴，不让历史悲剧重演。面对历史大潮，如何才能为世界经济发展把握正确方向？如何才能为国际社会找到有效治理思路？这里，我愿提出以下主张。

第一，坚持开放导向，拓展发展空间。经济全球化是人类社会发展必经之路，多边贸易体制为各国带来了共同机遇。在各国相互依存日益紧密的今天，全球供应链、产业链、价值链紧密联系，各国都是全球合作链条中的一环，日益形成利益共同体、命运共同体。

这是经济规律使然，不以人的意志为转移。我们应该把握时代大势，客观认识世界发展变化，以负责任、合规矩的方式应对新情况新挑战。如果人为设置壁垒，切断各国经济上的密切联系，不仅违背经济规律和历史潮流，也不符合各国人民普遍愿望，既是短视的，也是不会成功的。

一个时代有一个时代的问题。问题本身并不可怕，关键是采取正确的办法来解决问题。走保护主义、单边主义的老路，不仅解决不了问题，还会加剧世界经济的不确定性。历史已经证明，只有坚持开放合作才能获得更多发展机遇和更大发展空间，自我封闭只会失去世界，最终也会失去自己。

亚太经合组织是建设开放型世界经济的先驱。茂物目标将于 2020 年到期，我们应该着眼 2020 年后合作愿景，坚持推进亚太自由贸易区建设。我们应该旗帜鲜明反对保护主义、单边主义，维护以世界贸易组织为核心的多边贸易体制，引导经济全球化朝着更加开放、包容、普惠、平衡、共赢的方向发展，在开放中扩大共同利益，在合作中实现机遇共享。

第二，坚持发展导向，增进人民福祉。我们应该把人民福祉放在首位。世界上所有国家都享有平等的发展权利，任何人都无权也不能阻挡发展中国家人民对美好生活的追求。我们应该致力于加强发展合作，帮助发展中国家摆脱贫困，让所有国家的人民都过上好日子。这才是最大的公平，也是国际社会的道义责任。

我们应该把落实 2030 年可持续发展议程纳入本国发展战略，促进经济、社会、环境协调发展，根据自身国情推动普惠发展，积极构建平等均衡的全球发展伙伴关系。发达国家应该履行官方发展援助承诺，增加对广大发展中国家的支持。

我们应该加强发展在国际经济政策协调中的地位，在讨论制定贸易和投资、知识产权保护、数字经济等各领域政策和规则时应该有明确的发展视角，为各国营造共同的发展机遇和空间，为世界经济增长提供强劲动力和稳定环境。"特殊与差别待遇"是世界贸易组织的重要基石。这一原则不能否定，否则将动摇多边贸易体制的根基。

第三，坚持包容导向，促进交融互鉴。我们共同居住在同一个星球上，这个星球有 200 多个国家和地区、2500 多个民族、70 多亿人口，搞清一色是不可能的。这种差异不应该成为交流的障碍，更不能成为对抗的理由。不同文明、制度、道路的多样性及交流互鉴可以为人类社会进步提供强大动力。

我们应该少一点傲慢和偏见、多一些尊重和包容，拥抱世界的丰富多样，努力做到求同存异、取长补短，谋求和谐共处、合作共赢。

一个国家走什么样的道路，只有这个国家的人民最有发言权。一副药方不可能包治百病，一种模式也不可能解决所有国家的问题。生搬硬套或强加于人都会引起水土不服。

第四，坚持创新导向，开辟增长源泉。当前，信息技术、生命科学、智能制造、绿色能源等前沿领域不断突破，新材料、新产品、新业态迭代周期不断缩短。大数据、3D 打印、人工智能，这些曾经的科学幻想，如今已经融入人们的衣食住行用，未来已经来到我们身边。

百舸争流，奋楫者先。新科技革命和产业变革的时代浪潮奔腾而至，如果我们不应变、不求变，将错失发展机遇，甚至错过整个时代。我们应该以只争朝夕的精神，探寻新的增长动力和发展路径，消除一切不利于创新的体制机制障碍，充分激发创新潜能和市场活力，深化国际创新交流合作，更好应对各自和共同的发展挑战。

新科技革命和产业变革是一次全方位变革，将对人类生产模式、生活方式、价值理念产生深刻影响。公平和效率、资本和劳动、技术和就业的关系成为国际社会的共同课题，处理不当将导致南北贫富差距进一步拉大。我们应该审时度势、科学决策，引领新科技革命和产业变革朝着正确方向发展。

服务人民是科技创新的本质要求，各国都有权通过自身努力和国际合作从科技创新中受益。科技创新成果不应该被封锁起来，不应该成为只为少数人牟利的工具。设立知识产权制度的目的是保护和激励创新，而不是制造甚至扩大科技鸿沟。我们应该共同探讨建立面向新科技革命和产业变革的政策制度体系，营造国际合作环境，让科技创新成果为更多国家和人民所及、所享、所用。

第五，坚持规则导向，完善全球治理。两次世界大战的惨痛教训让各国人民痛定思痛，建立了以联合国为主体，包括国际货币基金组织、世界银行、世界贸易组织等机制的全球治理框架。虽然这个框架并不完美，却是人类社会迈出的重要一步，为过去几十年世界和平与发展发挥了重要作用。以规则为基础加强全球治理是实现稳定发展的必要前提。规则应该由国际社会共同制定，而不是谁的胳膊粗、气力大谁就说了算，更不能搞实用主义、双重标准，合则用、不合则弃。

全球经济治理体系要想公平有效，必须跟上时代。我们应该秉持共商共建共享理念，推动全球经济治理体系变革。变革过程应该体现平等、开放、透明、包容精神，提高发展中国家代表性和发言权，遇到分歧应该通过协商解决，不能搞小圈子，不能强加于人。历史告诉我们，如果走上对抗的道路，无论是冷战、热战还是贸易战，都不会有真正的赢家。国与国只要平等相待、互谅互让，就没有通过协商解决不了的问题。

注　释

〔1〕见西晋陈寿《三国志·吴书·孙奋传》。

共同努力把人类前途命运
掌握在自己手中*

（2019 年 3 月 26 日）

两年前，我在联合国日内瓦总部演讲时，发出"世界怎么了、我们怎么办"之问。当今世界正面临百年未有之大变局，和平与发展仍然是时代主题，同时不稳定性不确定性更加突出，人类面临许多共同挑战。

法国有句谚语说："人的命运掌握在自己的手里。"面对严峻的全球性挑战，面对人类发展在十字路口何去何从的抉择，各国应该有以天下为己任的担当精神，积极做行动派、不做观望者，共同努力把人类前途命运掌握在自己手中。

第一，坚持公正合理，破解治理赤字。全球热点问题此起彼伏、持续不断，气候变化、网络安全、难民危机等非传统安全威胁持续蔓延，保护主义、单边主义抬头，全球治理体系和多边机制受到冲击。我们要坚持共商共建共享的全球治理观，坚持全球事务由各国人民商量着办，积极推进全球治理规则民主化。我们要继续高举联合国这面多边主义旗帜，

---

* 这是习近平在中法全球治理论坛闭幕式上讲话的一部分。

充分发挥世界贸易组织、国际货币基金组织、世界银行、二十国集团、欧盟等全球和区域多边机制的建设性作用，共同推动构建人类命运共同体。

第二，坚持互商互谅，破解信任赤字。信任是国际关系中最好的黏合剂。当前，国际竞争摩擦呈上升之势，地缘博弈色彩明显加重，国际社会信任和合作受到侵蚀。我们要把互尊互信挺在前头，把对话协商利用起来，坚持求同存异、聚同化异，通过坦诚深入的对话沟通，增进战略互信，减少相互猜疑。要坚持正确义利观，以义为先、义利兼顾，构建命运与共的全球伙伴关系。要加强不同文明交流对话，加深相互理解和彼此认同，让各国人民相知相亲、互信互敬。当前中欧关系中合作是主流，即使有竞争，也应是良性竞争。我们要相互信任，并肩前行。

第三，坚持同舟共济，破解和平赤字。人类今天所处的安全环境仍然堪忧，地区冲突和局部战争持续不断，恐怖主义仍然猖獗，不少国家民众特别是儿童饱受战火摧残。我们要秉持共同、综合、合作、可持续的新安全观，摒弃冷战思维、零和博弈的旧思维，摒弃弱肉强食的丛林法则，以合作谋和平、以合作促安全，坚持以和平方式解决争端，反对动辄使用武力或以武力相威胁，反对为一己之私挑起事端、激化矛盾，反对以邻为壑、损人利己，各国一起走和平发展道路，实现世界长久和平。

第四，坚持互利共赢，破解发展赤字。经济全球化是推动世界经济增长的引擎。当前，逆全球化思潮正在发酵，保护主义的负面效应日益显现，收入分配不平等、发展空间不平衡已成为全球经济治理面临的最突出问题。我们要坚持创新驱动，打造富有活力的增长模式；坚持协同联动，打造开放共赢的合作模式；坚持公平包容，打造平衡普惠的发展模式，让世界各国人民共享经济全球化发展成果。中国支持对世界贸易组织进行必要的改革，更好建设开放型世界经济，维护多边贸易体制，引导经济全球化更加健康发展。"一带一路"倡议丰富了国际经济合作理念和多边主义内涵，为促进世界经济增长、实现共同发展提供了重要途径。我们欢迎包括法国在内的世界各国积极参与到共建"一带一路"中来。

推动构建海洋命运共同体*

（2019 年 4 月 23 日）

　　海洋对于人类社会生存和发展具有重要意义。海洋孕育了生命、联通了世界、促进了发展。我们人类居住的这个蓝色星球，不是被海洋分割成了各个孤岛，而是被海洋连结成了命运共同体，各国人民安危与共。海洋的和平安宁关乎世界各国安危和利益，需要共同维护，倍加珍惜。中国人民热爱和平、渴望和平，坚定不移走和平发展道路。中国坚定奉行防御性国防政策，倡导树立共同、综合、合作、可持续的新安全观。中国军队始终高举合作共赢旗帜，致力于营造平等互信、公平正义、共建共享的安全格局。海军作为国家海上力量主体，对维护海洋和平安宁和良好秩序负有重要责任。大家应该相互尊重、平等相待、增进互信，加强海上对话交流，深化海军务实合作，走互利共赢的海上安全之路，携手应对各类海上共同威胁和挑战，合力维护海洋和平安宁。

　　当前，以海洋为载体和纽带的市场、技术、信息、文化等合作日益紧密，中国提出共建21世纪海上丝绸之路倡议，

---

　　* 这是习近平在集体会见出席中国人民解放军海军成立 70 周年多国海军活动外方代表团团长时的讲话要点。

就是希望促进海上互联互通和各领域务实合作，推动蓝色经济发展，推动海洋文化交融，共同增进海洋福祉。中国军队愿同各国军队一道，为促进海洋发展繁荣作出积极贡献。

我们要像对待生命一样关爱海洋。中国全面参与联合国框架内海洋治理机制和相关规则制定与实施，落实海洋可持续发展目标。中国高度重视海洋生态文明建设，持续加强海洋环境污染防治，保护海洋生物多样性，实现海洋资源有序开发利用，为子孙后代留下一片碧海蓝天。中国海军将一如既往同各国海军加强交流合作，积极履行国际责任义务，保障国际航道安全，努力提供更多海上公共安全产品。

海纳百川、有容乃大。国家间要有事多商量、有事好商量，不能动辄就诉诸武力或以武力相威胁。各国应坚持平等协商，完善危机沟通机制，加强区域安全合作，推动涉海分歧妥善解决。这次多国海军活动，将召开以"构建海洋命运共同体"为主题的高层研讨会，希望大家集思广益、增进共识，努力为推动构建海洋命运共同体贡献智慧。

深化文明交流互鉴，
共建亚洲命运共同体*

（2019 年 5 月 15 日）

尊敬的各位国家元首、政府首脑、国际组织负责人，

尊敬的各位嘉宾，

女士们，先生们，朋友们：

在这个草木生长的美好季节，来自亚洲 47 个国家和五大洲的各方嘉宾，为深化文明交流互鉴共聚一堂，共襄盛举。首先，我谨代表中国政府和中国人民，并以我个人的名义，对亚洲文明对话大会的召开，表示诚挚的祝贺！对各位嘉宾的到来，表示热烈的欢迎！

当前，世界多极化、经济全球化、文化多样化、社会信息化深入发展，人类社会充满希望。同时，国际形势的不稳定性不确定性更加突出，人类面临的全球性挑战更加严峻，需要世界各国齐心协力、共同应对。

应对共同挑战、迈向美好未来，既需要经济科技力量，也需要文化文明力量。亚洲文明对话大会，为促进亚洲及世

---

* 这是习近平在亚洲文明对话大会开幕式上的主旨演讲。

界各国文明开展平等对话、交流互鉴、相互启迪提供了一个新的平台。

女士们、先生们、朋友们！

亚洲是人类最早的定居地之一，也是人类文明的重要发祥地。亚洲地大物博、山河秀美，在世界三分之一的陆地上居住着全球三分之二的人口，47个国家、1000多个民族星罗棋布。从公元前数千年起，生活在底格里斯河—幼发拉底河、印度河—恒河、黄河—长江等流域的人们，开始耕耘灌溉、铸器造皿、建设家园。一代又一代亚洲先民历经岁月洗礼，把生产生活实践镌刻成悠久历史、积淀成深厚文明。广袤富饶的平原，碧波荡漾的水乡，辽阔壮美的草原，浩瀚无垠的沙漠，奔腾不息的江海，巍峨挺拔的山脉，承载和滋润了多彩的亚洲文明。

在数千年发展历程中，亚洲人民创造了辉煌的文明成果。《诗经》[1]、《论语》、《塔木德》[2]、《一千零一夜》[3]、《梨俱吠陀》[4]、《源氏物语》[5]等名篇经典，楔形文字、地图、玻璃、阿拉伯数字、造纸术、印刷术等发明创造，长城、麦加大清真寺、泰姬陵、吴哥窟等恢宏建筑……都是人类文明的宝贵财富。各种文明在这片土地上交相辉映，谱写了亚洲文明发展史诗。

亚洲先人们早就开始了文明交流互鉴。丝绸之路、茶叶之路、香料之路等古老商路，助推丝绸、茶叶、陶瓷、香料、绘画雕塑等风靡亚洲各国，记录着亚洲先人们交往交流、互通有无的文明对话。现在，"一带一路"、"两廊一圈"、"欧亚经济联盟"等拓展了文明交流互鉴的途径，各国在科技、教育、文化、卫生、民间交往等领域的合作蓬勃开展，亚洲文明也在自身内部及同世界文明的交流互鉴中发展壮大。

璀璨的亚洲文明，为世界文明发展史书写了浓墨重彩的篇章，人类文明因亚洲而更加绚烂多姿。从宗教到哲学、从道德到法律、从文学到绘画、从戏剧到音乐、从城市到乡村，亚洲形成了覆盖广泛的世俗礼仪、写下了传承千年的不朽巨著、留下了精湛深邃的艺术瑰宝、形成了种类多样的制度成果，为世界提供了丰富的文明选择。

回顾历史、展望世界，我们应该增强文明自信，在先辈们铸就的光辉成就的基础上，坚持同世界其他文明交流互鉴，努力续写亚洲文明新辉煌。

女士们、先生们、朋友们！

亚洲各国山水相连、人文相亲，有着相似的历史境遇、相同的梦想追求。面向未来，我们应该把握大势、顺应潮流，努力把亚洲人民对美好生活的向往变成现实。

——亚洲人民期待一个和平安宁的亚洲。维护和平是每个国家都应该肩负起来的责任。没有和平，冲突不断甚至战火纷飞，经济增长、民生改善、社会稳定、人民往来等都会沦为空谈。亚洲各国人民希望远离恐惧，实现安居乐业、普遍安全，希望各国互尊互信、和睦相处，广泛开展跨国界、跨时空、跨文明的交往活动，共同维护比金子还珍贵的和平时光。

——亚洲人民期待一个共同繁荣的亚洲。经济发展是文明存续的有力支撑，繁荣富强是国家进步的重要基石。亚洲一些民众特别是妇女儿童正忍受着贫困、饥饿、疾病的折磨，这样的局面必须改变。亚洲各国人民希望远离贫困、富足安康，希望各国合力推进开放、包容、普惠、平衡、共赢的经济全球化，共同消除一些国家民众依然面临的贫穷落后，共同为孩子们创造衣食无忧的生活，让幸福和欢乐走进每一个家庭。

——亚洲人民期待一个开放融通的亚洲。亚洲近几十年快速发展，一条十分重要的经验就是敞开大门，主动融入世界经济发展潮流。如果各国重新回到一个个自我封闭的孤岛，人类文明就将因老死不相往来而丧失生机活力。亚洲各国人民希望远离封闭、融会通达，希望各国秉持开放精神，推进政策沟通、设施联通、贸易畅通、资金融通、民心相通，共同构建亚洲命运共同体、人类命运共同体。

女士们、先生们、朋友们！

文明因多样而交流，因交流而互鉴，因互鉴而发展。我们要加强世界上不同国家、不同民族、不同文化的交流互鉴，夯实共建亚洲命运共同体、人类命运共同体的人文基础。为此，我愿提出4点主张。

第一，坚持相互尊重、平等相待。每一种文明都扎根于自己的生存土壤，凝聚着一个国家、一个民族的非凡智慧和精神追求，都有自己存在的价值。人类只有肤色语言之别，文明只有姹紫嫣红之别，但绝无高低优劣之分。认为自己的人种和文明高人一等，执意改造甚至取代其他文明，在认识上是愚蠢的，在做法上是灾难性的！如果人类文明变得只有一个色调、一个模式了，那这个世界就太单调了，也太无趣了！我们应该秉持平等和尊重，摒弃傲慢和偏见，加深对自身文明和其他文明差异性的认知，推动不同文明交流对话、和谐共生。

我访问过世界上许多地方，最吸引我的就是韵味不同的文明，如中亚的古城撒马尔罕、埃及的卢克索神庙、新加坡的圣淘沙、泰国的曼谷玉佛寺、希腊的雅典卫城等。中国愿同各国开展亚洲文化遗产保护行动，为更好传承文明提供必要支撑。

第二，坚持美人之美、美美与共。每一种文明都是美的结晶，都彰显着创造之美。一切美好的事物都是相通的。人们对美好事物的向往，是任何力量都无法阻挡的！各种文明本没有冲突，只是要有欣赏所有文明之美的眼睛。我们既要让本国文明充满勃勃生机，又要为他国文明发展创造条件，让世界文明百花园群芳竞艳。

文明之美集中体现在哲学、社会科学等经典著作和文学、音乐、影视剧等文艺作品之中。现在，大量外国优秀文化产品进入中国，许多中国优秀文化产品走向世界。中国愿同有关国家一道，实施亚洲经典著作互译计划和亚洲影视交流合作计划，帮助人们加深对彼此文化的理解和欣赏，为展示和传播文明之美打造交流互鉴平台。

第三，坚持开放包容、互学互鉴。一切生命有机体都需要新陈代谢，否则生命就会停止。文明也是一样，如果长期自我封闭，必将走向衰落。交流互鉴是文明发展的本质要求。只有同其他文明交流互鉴、取长补短，才能保持旺盛生命活力。文明交流互鉴应该是对等的、平等的，应该是多元的、多向的，而不应该是强制的、强迫的，不应该是单一的、单向的。我们应该以海纳百川的宽广胸怀打破文化交往的壁垒，以兼收并蓄的态度汲取其他文明的养分，促进亚洲文明在交流互鉴中共同前进。

人是文明交流互鉴最好的载体。深化人文交流互鉴是消除隔阂和误解、促进民心相知相通的重要途径。这些年来，中国同各国一道，在教育、文化、体育、卫生等领域搭建了众多合作平台，开辟了广泛合作渠道。中国愿同各国加强青少年、民间团体、地方、媒体等各界交流，打造智库交流合作网络，创新合作模式，推动各种形式的合作走深走实，为推动文明交流互鉴创造条件。

第四，坚持与时俱进、创新发展。文明永续发展，既需要薪火相传、代代守护，更需要顺时应势、推陈出新。世界文明历史揭示了一个规律：任何一种文明都要与时偕行，不断吸纳时代精华。我们应该用创新增添文明发展动力、激活文明进步的源头活水，不断创造出跨越时空、富有永恒魅力的文明成果。

激发人们创新创造活力，最直接的方法莫过于走入不同文明，发现别人的优长，启发自己的思维。2018年，中国国内居民出境超过1.6亿人次，入境游客超过1.4亿人次，这是促进中外文明交流互鉴的重要力量。中国愿同各国实施亚洲旅游促进计划，为促进亚洲经济发展、增进亚洲人民友谊贡献更大力量。

女士们、先生们、朋友们！

中华文明是亚洲文明的重要组成部分。自古以来，中华文明在继承创新中不断发展，在应时处变中不断升华，积淀着中华民族最深沉的精神追求，是中华民族生生不息、发展壮大的丰厚滋养。中国的造纸术、火药、印刷术、指南针、天文历法、哲学思想、民本理念等在世界上影响深远，有力推动了人类文明发展进程。

中华文明是在同其他文明不断交流互鉴中形成的开放体系。从历史上的佛教东传、"伊儒会通"，到近代以来的"西学东渐"、新文化运动、马克思主义和社会主义思想传入中国，再到改革开放以来全方位对外开放，中华文明始终在兼收并蓄中历久弥新。亲仁善邻、协和万邦是中华文明一贯的处世之道，惠民利民、安民富民是中华文明鲜明的价值导向，革故鼎新、与时俱进是中华文明永恒的精神气质，道法自然、天人合一是中华文明内在的生存理念。

今日之中国，不仅是中国之中国，而且是亚洲之中国、世界之中国。未来之中国，必将以更加开放的姿态拥抱世界、以更有活力的文明成就贡献世界。

女士们、先生们、朋友们！

这次亚洲文明对话大会议题广泛、内容丰富，希望大家集思广益、畅所欲言，提出真知灼见，共同创造亚洲文明和世界文明的美好未来！

最后，预祝亚洲文明对话大会圆满成功！

谢谢大家。

注　释

〔1〕《诗经》，中国第一部诗歌总集。收录了西周初期至春秋中叶约500年间的诗歌305篇，分为《国风》、《雅》、《颂》三部分。

〔2〕《塔木德》，犹太教口传律法的汇编。

〔3〕《一千零一夜》，阿拉伯民间故事集。

〔4〕《梨俱吠陀》，印度最古老的诗歌总集。

〔5〕《源氏物语》，日本女作家紫式部创作的长篇小说，约于11世纪初成书。

合力打造高质量世界经济[*]

（2019 年 6 月 28 日）

国际金融危机发生 10 年后，世界经济再次来到十字路口。保护主义、单边主义持续蔓延，贸易和投资争端加剧，全球产业格局和金融稳定受到冲击，世界经济运行风险和不确定性显著上升，国际投资者信心明显不足。

二十国集团是国际经济合作主要论坛。作为世界主要经济体领导人，我们有责任在关键时刻为世界经济和全球治理把准航向，为市场增强信心，给人民带来希望。

——我们要尊重客观规律。经济运行有其自身规律。只有充分尊重经济规律，发挥市场作用，扫除人为障碍，才能适应生产力发展要求，实现贸易畅通、百业兴旺。

——我们要把握发展大势。古往今来，人类从闭塞走向开放、从隔绝走向融合是不可阻挡的时代潮流。我们要以更大的开放拥抱发展机遇，以更好的合作谋求互利共赢，引导经济全球化朝正确方向发展。

——我们要胸怀共同未来。放眼世界，各国早已休戚相关、命运相连。我们要立足共同利益，着眼长远发展，致力

＊ 这是习近平在二十国集团领导人峰会上关于世界经济形势和贸易问题发言的一部分。

于实现世界持久和平繁荣、各国人民安居乐业，避免因一时短视犯下不可挽回的历史性错误。

我愿提出以下几点建议。

第一，坚持改革创新，挖掘增长动力。世界经济已经进入新旧动能转换期。我们要找准切入点，大力推进结构性改革，通过发展数字经济、促进互联互通、完善社会保障措施等，建设适应未来发展趋势的产业结构、政策框架、管理体系，提升经济运行效率和韧性，努力实现高质量发展。我们要抓住新技术、新产业、新业态不断涌现的历史机遇，营造有利市场环境，尊重、保护、鼓励创新。我们要提倡国际创新合作，超越疆域局限和人为藩篱，集全球之智，克共性难题，让创新成果得以广泛应用，惠及更多国家和人民。

第二，坚持与时俱进，完善全球治理。当前，经济全球化遇到一些曲折，向我们提出了如何完善全球治理的时代命题。二十国集团应该继续发挥引领作用，确保世界经济开放、包容、平衡、普惠发展。我们要加强多边贸易体制，对世界贸易组织进行必要改革。改革的目的是与时俱进，使得世界贸易组织能够更加有效地践行其开放市场、促进发展的宗旨。改革的结果应当有利于维护自由贸易和多边主义，收窄发展鸿沟。同时，面对未来全球系统性金融风险挑战，我们不但要确保金融安全网资源充足，也要让国际金融架构的代表性更加合理，更好反映世界经济现实格局。这不仅事关公平，也直接影响到应对挑战和危机的针对性和有效性。我们还要落实应对气候变化《巴黎协定》，完善能源治理、环境治理、数字治理。

第三，坚持迎难而上，破解发展瓶颈。当今世界面临的各种难题，追根溯源都与发展鸿沟、发展赤字有关。全球范围看，发展领域仍面临巨大融资缺口，落实联合国 2030 年可持续发展议程任重道远。中国提出共建"一带一路"倡议，目的就是动员更多资源，拉紧互联互通纽带，释放增长动力，实现市场对接，让更多国家和地区融入经济全球化，共同走出一条互利共赢的康庄大道。第二届"一带一路"国际合作高峰论坛的成功表明，这一倡议是合民心、顺潮流的好事，得到国际社会普遍欢迎和支持。二十国集团应该继续将发展置于宏观经济政策协调的优先位置，增加发展投入，用实实在在的行动引领发展合作。这既是对广大发展中国家期待的回应，也将为世界经济增长增添持久动力。

第四，坚持伙伴精神，妥善处理分歧。二十国集团成员汇聚了主要发达经济体和新兴市场经济体，经济总量占世界近 90%。我们处在不同发展阶段，在一些问题上存在利益差异和观点分歧很正常。关键是要弘扬伙伴精神，本着相互尊重、相互信任态度，平等协商、求同存异、管控分歧、扩大共识。大国之间如果能做到这一点，不仅符合自身利益，也有利于世界和平与发展。

十八、推动共建
"一带一路"走深走实

打造一条跨越太平洋的合作之路*

（2018 年 1 月 22 日）

当今世界正处于大发展大变革大调整时期，各国相互联系和依存日益加深，人类面临许多共同挑战。中国同拉美和加勒比国家地理相距虽然遥远，但同属发展中国家，世界和平、发展繁荣和人民幸福是我们共同追求的梦想。中国人民愿同拉美和加勒比各国人民携手并进，为推动构建人类命运共同体作出更大贡献。

4 年前，我提出"一带一路"国际合作倡议，就是要同有关各方一道，建设互联互通国际合作新平台，增添共同发展新动力。倡议提出后，得到包括许多拉美和加勒比国家在内的国际社会积极热烈响应。历史上，我们的先辈劈波斩浪，远涉重洋，开辟了中拉"太平洋海上丝绸之路"。今天，我们要描绘共建"一带一路"新蓝图，打造一条跨越太平洋的合作之路，把中国和拉美两块富饶的土地更加紧密地联通起来，开启中拉关系崭新时代。

让我们一起扬帆起航，驶向中拉关系更加美好的明天，驶向人类更加美好的未来！

---

* 这是习近平致中国—拉美和加勒比国家共同体论坛第二届部长级会议贺信的一部分。

加强战略和行动对接，
携手推进"一带一路"建设*

（2018 年 7 月 10 日）

中阿友谊源远流长，历久弥新。中阿两大民族虽相隔遥远，却亲如一家。我们在古丝绸之路上"舟舶继路、商使交属"[1]，在争取民族独立和人民解放的斗争中并肩奋斗、患难与共，在各自国家建设事业中相互支持、互利合作，谱写了合作共赢的灿烂篇章。历史和实践证明，无论国际风云如何变幻，无论面临怎样的艰难险阻，中阿始终是互惠互利的好伙伴、同甘共苦的好兄弟。

为促进各国共同繁荣进步，中方倡议共建"一带一路"，秉持共商共建共享原则，推动政策沟通、设施联通、贸易畅通、资金融通、民心相通，得到包括阿拉伯世界在内的国际社会广泛支持和积极参与。作为历史上丝路文明的重要参与者和缔造者之一，阿拉伯国家身处"一带一路"交汇地带，是共建"一带一路"的天然合作伙伴。

中国发表了对阿拉伯国家政策白皮书，"一带一路"成

---

* 这是习近平在中阿合作论坛第八届部长级会议开幕式上讲话的一部分。

为中阿关系重要内容。阿拉伯国家联盟外长理事会通过决议，表达阿拉伯国家集体参与"一带一路"建设政治意愿。本届部长级会议上，中阿双方还将签署《中阿合作共建"一带一路"行动宣言》。

4年来，我们携手同行，把"一带一路"同地区实际结合起来，把集体行动同双边合作结合起来，把促进发展同维护和平结合起来，优势互补，合作共赢，造福地区人民和世界人民。"一带一路"建设落地之处呈现出多姿多彩、生机勃勃的面貌，结出累累硕果。

4年来，"一带一路"建设全面带动中阿关系发展，中阿全方位合作进入新阶段。在此，我宣布，经过中阿双方友好协商，我们一致同意建立全面合作、共同发展、面向未来的中阿战略伙伴关系。这是中阿友好合作新的历史起点。

中方愿同阿方加强战略和行动对接，携手推进"一带一路"建设，共同做中东和平稳定的维护者、公平正义的捍卫者、共同发展的推动者、互学互鉴的好朋友，努力打造中阿命运共同体，为推动构建人类命运共同体作出贡献。

第一，增进战略互信。"大道之行，天下为公。"[2] 当前，中东面临消除和平之殇、破解发展之困的紧迫任务，中国的中东政策顺应中东人民追求和平、期盼发展的强烈愿望，在国际上为阿拉伯国家合理诉求代言，愿为促进地区和平稳定发挥更大作用。

我们要坚持对话协商。中东很多事情盘根错节，大家要商量着办，不能一家说了算，一家说了也不可能算。我们要坚守主权原则，反对搞分裂割据。我们要倡导包容性和解，反对搞压制性妥协。我们要反对恐怖主义，加强综合施策，抓好民生建设。

中方愿围绕发展促和平、集体安全、人道主义救援、海上通道航行、无核武器区等广泛议题，同阿方开展更多对话协商。在此，我宣布，中方设立"以产业振兴带动经济重建专项计划"，提供200亿美元贷款额度，同有重建需求的国家加强合作，按照商业化原则推进就业面广、促稳效益好的项目。中国将再向叙利亚、也门、约旦、黎巴嫩人民提供6亿元人民币援助，用于当地人道主义和重建事业。中国还将同地区国家探讨实施总额为10亿元人民币的项目，支持有关国家维稳能力建设。

第二，实现复兴梦想。阿拉伯世界区位条件优越、能源禀赋突出。中阿双方优势互补、利益交汇，我们要把彼此发展战略对接起来，让两大民族复兴之梦紧密相连。

要牢牢抓住互联互通这个"龙头"。中方愿参与阿拉伯国家有关港口和未来阿拉伯铁路网建设，支持阿方构建连接中亚和东非、沟通印度洋和地中海的黄金枢纽物流网。我们要携手打造蓝色经济通道，共建海洋合作中心，促进海洋产业发展，提升海洋公共服务能力。要共建"一带一路"空间信息走廊，发展航天合作，推动中国北斗导航系统和气象遥感卫星技术服务阿拉伯国家建设。

要积极推动油气合作、低碳能源合作"双轮"转动。我们要继续推进"油气+"合作模式，深化石油、天然气勘探、开采、炼化、储运等全产业链合作，要顺应全球能源革命、绿色低碳产业蓬勃发展，加强和平利用核能、太阳能、风能、水电等领域合作，共同构建油气牵引、核能跟进、清洁能源提速的中阿能源合作格局，打造互惠互利、长期友好的中阿能源战略合作关系。

要努力实现金融合作、高新技术合作"两翼"齐飞。我们要研究如何发挥好高新技术的驱动作用和金融合作的服务支撑作用，为共建"一带一路"做好短期配合和长期配套，探索适合中东需求、体现中东特色的金融、科技合作模式。

中方支持建立产能合作金融平台，围绕工业园建设拓展多元化投融资渠道，推进园区服务、企业成长、金融支持三位一体发展。中方支持中国有关金融证券机构同阿拉伯国家主权财富基金和管理机构合作，建立立足海湾、辐射中东北非、吸收全球投资者的国际交易平台，争取实现要素自由流动、资源高效配置、市场深度融合，服务"一带一路"建设。为推动金融同业交流合作，中方将成立"中国—阿拉伯国家银行联合体"，配备30亿美元金融合作专项贷款。

中方愿结合阿拉伯国家中长期发展战略规划，加强双方数字经济、人工智能、新材料、生物制药、智慧城市等领域合作。我们要落实好中阿科技伙伴计划，在双方感兴趣的重点领域共建联合实验室。要加快网上丝绸之路建设，争取在网络基础设施、大数据、云计算、电子商务等领域达成更多合作共识和成果。

第三，实现互利共赢。中国将坚持全面深化改革，坚持对外开放基本国策，坚持打开国门搞建设。未来5年，中国将进口超过8万亿美元商品，对外投资总额将超过7500亿美元，这将给阿拉伯国家带来更多合作机会和实实在在的利好。

我们要继续用好支持中东工业化的专项贷款和优惠性质贷款，推动中国企业参与园区开发建设、招商运营，促进产业聚集。中国欢迎阿拉伯国家参加今年11月在上海举办的首届中国国际进口博览会，将在今后5年实现阿拉伯国家参加博览会及贸易和投资综合展全覆盖。中国愿务实推进同海湾阿拉伯国家合作委员会、巴勒斯坦自由贸易区谈判，也愿同更多阿拉伯国家探索商签全面自由贸易协定的可能性。

第四，促进包容互鉴。文明的活力在于交往交流交融。历史上，中华文明和阿拉伯文明交相辉映。今天，我们要更多向对方汲取智慧和营养。我倡议成立的中阿改革发展研究中心运作良好，已成为双方交流改革开放、治国理政经验的思想平台。今后，中心要做大做强，为双方提供更多智力支持。

我们要传播重和平、尚和谐、求真知的理念，办好中阿文明对话暨去极端化圆桌会议。我们要以对话消除误解，以包容化解分歧，营造正信正行的良好氛围。我们要深入挖掘不同宗教中增进和谐、健康向上的内容，结合时代进步要求做好教义阐释。我们要合作建设网络文明，共同反对网络上宣扬极端、散布仇恨的言论。

为推动中阿人民情感交流、心灵沟通，未来3年，中国将再从阿拉伯国家邀请100名青年创新领袖、200名青年科学家、300名科技人员来华研讨，再邀请100名宗教人士、600名政党领导人访华，再为阿拉伯国家提供1万个各类培训名额，再向阿拉伯国家派遣500名医疗队员。

我在此宣布，中阿新闻交流中心正式成立，中阿电子图书馆门户网站项目正式启动，中阿共同在华举办的第四届"阿拉伯艺术节"正式启动。

注　　释

〔1〕见南北朝时期沈约《宋书·夷蛮传》。
〔2〕见《礼记·礼运》。

共同绘制好
"一带一路"的"工笔画"*

（2018 年 8 月 27 日）

共建"一带一路"顺应了全球治理体系变革的内在要求，彰显了同舟共济、权责共担的命运共同体意识，为完善全球治理体系变革提供了新思路新方案。我们要坚持对话协商、共建共享、合作共赢、交流互鉴，同沿线国家谋求合作的最大公约数，推动各国加强政治互信、经济互融、人文互通，一步一个脚印推进实施，一点一滴抓出成果，推动共建"一带一路"走深走实，造福沿线国家人民，推动构建人类命运共同体。

2013 年秋天，我们提出共建"一带一路"倡议以来，引起越来越多国家热烈响应，共建"一带一路"正在成为我国参与全球开放合作、改善全球经济治理体系、促进全球共同发展繁荣、推动构建人类命运共同体的中国方案。5 年来，共建"一带一路"大幅提升了我国贸易投资自由化便利化水平，推动我国开放空间从沿海、沿江向内陆、沿边延伸，形成陆海内外联动、东西双向互济的开放新格局；我们同"一

_____

* 这是习近平在推进"一带一路"建设工作 5 周年座谈会上的讲话要点。

带一路"相关国家的货物贸易额累计超过5万亿美元,对外直接投资超过600亿美元,为当地创造20多万个就业岗位,我国对外投资成为拉动全球对外直接投资增长的重要引擎。

当今世界正处于大发展大变革大调整时期,我们要具备战略眼光,树立全球视野,既要有风险忧患意识,又要有历史机遇意识,努力在这场百年未有之大变局中把握航向。以共建"一带一路"为实践平台推动构建人类命运共同体,这是从我国改革开放和长远发展出发提出来的,也符合中华民族历来秉持的天下大同理念,符合中国人怀柔远人、和谐万邦的天下观,占据了国际道义制高点。共建"一带一路"不仅是经济合作,而且是完善全球发展模式和全球治理、推进经济全球化健康发展的重要途径。

广大发展中国家加快工业化城镇化、进而实现经济独立和民族振兴方兴未艾。共建"一带一路"之所以得到广泛支持,反映了各国特别是广大发展中国家对促和平、谋发展的愿望。共建"一带一路"是经济合作倡议,不是搞地缘政治联盟或军事同盟;是开放包容进程,不是要关起门来搞小圈子或者"中国俱乐部";是不以意识形态划界,不搞零和游戏,只要各国有意愿,我们都欢迎。

经过夯基垒台、立柱架梁的5年,共建"一带一路"正在向落地生根、持久发展的阶段迈进。我们要百尺竿头、更进一步,在保持健康良性发展势头的基础上,推动共建"一带一路"向高质量发展转变,这是下一阶段推进共建"一带一路"工作的基本要求。要坚持稳中求进工作总基调,贯彻新发展理念,集中力量、整合资源,以基础设施等重大项目建设和产能合作为重点，解决好重大项目、金融支撑、投资环境、风险管控、安全保障等关键问题，形成更多可视性成果，积土成山、积水成渊，推动这项工作不断走深走实。

过去几年共建"一带一路"完成了总体布局，绘就了一幅"大写意"，今后要聚焦重点、精雕细琢，共同绘制好精谨细腻的"工笔画"。要在项目建设上下功夫，建立工作机制，完善配套支持，全力推动项目取得积极进展，注意实施雪中送炭、急对方之所急、能够让当地老百姓受益的民生工程。要在开拓市场上下功夫，搭建更多贸易促进平台，引导有实力的企业到沿线国家开展投资合作，发展跨境电子商务等贸易新业态、新模式，注重贸易平衡。要在金融保障上下功夫，加快形成金融支持共建"一带一路"的政策体系，有序推动人民币国际化，引导社会资金共同投入沿线国家基础设施、资源开发等项目，为走出去企业提供外汇资金支持。要推动教育、科技、文化、体育、旅游、卫生、考古等领域交流蓬勃开展，围绕共建"一带一路"开展卓有成效的民生援助。要规范企业投资经营行为，合法合规经营，注意保护环境，履行社会责任，成为共建"一带一路"的形象大使。要高度重视境外风险防范，完善安全风险防范体系，全面提高境外安全保障和应对风险能力。

要加强党对共建"一带一路"工作的领导。各地区各部门要增强"四个意识"、坚定"四个自信"，主动站在党和国家大局上谋划推动共建"一带一路"工作。推进"一带一路"建设工作领导小组要根据党中央统一部署，发挥牵头抓总作用，协调各地区各部门，明确工作重点，细化工作方案，层层分解任务，加强督促检查，推动有关部署和举措逐项落到实处。各地区要加强共建"一带一路"同京津冀协同发展、长江经济带发展、粤港澳大湾区建设等国家战略对接，促进西部地区、东北地区在更大范围、更高层次上开放，助推内陆沿边地区成为开放前沿，带动形成陆海内外联动、东西双向互济的开放格局。

推动共建"一带一路"
高质量发展*

（2019 年 4 月 26 日）

共建"一带一路"倡议，目的是聚焦互联互通，深化务实合作，携手应对人类面临的各种风险挑战，实现互利共赢、共同发展。在各方共同努力下，"六廊六路多国多港"的互联互通架构基本形成，一大批合作项目落地生根，首届高峰论坛的各项成果顺利落实，150 多个国家和国际组织同中国签署共建"一带一路"合作协议。共建"一带一路"倡议同联合国、东盟、非盟、欧盟、欧亚经济联盟等国际和地区组织的发展和合作规划对接，同各国发展战略对接。从亚欧大陆到非洲、美洲、大洋洲，共建"一带一路"为世界经济增长开辟了新空间，为国际贸易和投资搭建了新平台，为完善全球经济治理拓展了新实践，为增进各国民生福祉作出了新贡献，成为共同的机遇之路、繁荣之路。事实证明，共建"一带一路"不仅为世界各国发展提供了新机遇，也为中国开放发展开辟了新天地。

---

* 这是习近平在第二届"一带一路"国际合作高峰论坛开幕式上主旨演讲的一部分。

中国古人说:"万物得其本者生,百事得其道者成。"[1] 共建"一带一路",顺应经济全球化的历史潮流,顺应全球治理体系变革的时代要求,顺应各国人民过上更好日子的强烈愿望。面向未来,我们要聚焦重点、深耕细作,共同绘制精谨细腻的"工笔画",推动共建"一带一路"沿着高质量发展方向不断前进。

——我们要秉持共商共建共享原则,倡导多边主义,大家的事大家商量着办,推动各方各施所长、各尽所能,通过双边合作、三方合作、多边合作等各种形式,把大家的优势和潜能充分发挥出来,聚沙成塔、积水成渊。

——我们要坚持开放、绿色、廉洁理念,不搞封闭排他的小圈子,把绿色作为底色,推动绿色基础设施建设、绿色投资、绿色金融,保护好我们赖以生存的共同家园,坚持一切合作都在阳光下运作,共同以零容忍态度打击腐败。我们发起了《廉洁丝绸之路北京倡议》,愿同各方共建风清气正的丝绸之路。

——我们要努力实现高标准、惠民生、可持续目标,引入各方普遍支持的规则标准,推动企业在项目建设、运营、采购、招投标等环节按照普遍接受的国际规则标准进行,同时要尊重各国法律法规。要坚持以人民为中心的发展思想,聚焦消除贫困、增加就业、改善民生,让共建"一带一路"成果更好惠及全体人民,为当地经济社会发展作出实实在在的贡献,同时确保商业和财政上的可持续性,做到善始善终、善作善成。

共建"一带一路",关键是互联互通。我们应该构建全球互联互通伙伴关系，实现共同发展繁荣。我相信，只要大家齐心协力、守望相助，即使相隔万水千山，也一定能够走出一条互利共赢的康庄大道。

基础设施是互联互通的基石，也是许多国家发展面临的瓶颈。建设高质量、可持续、抗风险、价格合理、包容可及的基础设施，有利于各国充分发挥资源禀赋，更好融入全球供应链、产业链、价值链，实现联动发展。中国将同各方继续努力，构建以新亚欧大陆桥等经济走廊为引领，以中欧班列、陆海新通道等大通道和信息高速路为骨架，以铁路、港口、管网等为依托的互联互通网络。我们将继续发挥共建"一带一路"专项贷款、丝路基金、各类专项投资基金的作用，发展丝路主题债券，支持多边开发融资合作中心有效运作。我们欢迎多边和各国金融机构参与共建"一带一路"投融资，鼓励开展第三方市场合作，通过多方参与实现共同受益的目标。

商品、资金、技术、人员流通，可以为经济增长提供强劲动力和广阔空间。"河海不择细流，故能就其深。"[2]如果人为阻断江河的流入，再大的海，迟早都有干涸的一天。我们要促进贸易和投资自由化便利化，旗帜鲜明反对保护主义，推动经济全球化朝着更加开放、包容、普惠、平衡、共赢的方向发展。我们将同更多国家商签高标准自由贸易协定，加强海关、税收、审计监管等领域合作，建立共建"一带一路"税收征管合作机制，加快推广"经认证的经营者"国际互认合作。我们还制定了《"一带一路"融资指导原则》，发布了《"一带一路"债务可持续性分析框架》，为共建"一带一路"

融资合作提供指南。中方今年将举办第二届中国国际进口博览会，为各方进入中国市场搭建更广阔平台。

创新就是生产力，企业赖之以强，国家赖之以盛。我们要顺应第四次工业革命发展趋势，共同把握数字化、网络化、智能化发展机遇，共同探索新技术、新业态、新模式，探寻新的增长动能和发展路径，建设数字丝绸之路、创新丝绸之路。中国将继续实施共建"一带一路"科技创新行动计划，同各方一道推进科技人文交流、共建联合实验室、科技园区合作、技术转移四大举措。我们将积极实施创新人才交流项目，未来5年支持5000人次中外方创新人才开展交流、培训、合作研究。我们还将支持各国企业合作推进信息通信基础设施建设，提升网络互联互通水平。

发展不平衡是当今世界最大的不平衡。在共建"一带一路"过程中，要始终从发展的视角看问题，将可持续发展理念融入项目选择、实施、管理的方方面面。我们要致力于加强国际发展合作，为发展中国家营造更多发展机遇和空间，帮助他们摆脱贫困，实现可持续发展。为此，我们同各方共建"一带一路"可持续城市联盟、绿色发展国际联盟，制定《"一带一路"绿色投资原则》，发起"关爱儿童、共享发展，促进可持续发展目标实现"合作倡议。我们启动共建"一带一路"生态环保大数据服务平台，将继续实施绿色丝路使者计划，并同有关国家一道，实施"一带一路"应对气候变化南南合作计划。我们还将深化农业、卫生、减灾、水资源等领域合作，同联合国在发展领域加强合作，努力缩小发展差距。

我们要积极架设不同文明互学互鉴的桥梁，深入开展教育、科学、文化、体育、旅游、卫生、考古等各领域人文合作，加强议会、政党、民间组织往来，密切妇女、青年、残疾人等群体交流，形成多元互动的人文交流格局。未来5年，中国将邀请共建"一带一路"国家的政党、智库、民间组织等1万名代表来华交流。我们将鼓励和支持沿线国家社会组织广泛开展民生合作，联合开展一系列环保、反腐败等领域培训项目，深化各领域人力资源开发合作。我们将持续实施"丝绸之路"中国政府奖学金项目，举办"一带一路"青年创意与遗产论坛、青年学生"汉语桥"夏令营等活动。我们还将设立共建"一带一路"国际智库合作委员会、新闻合作联盟等机制，汇聚各方智慧和力量。

注　释

〔1〕见本卷《坚持和完善中国特色社会主义制度、推进国家治理体系和治理能力现代化》注〔6〕。

〔2〕见西汉司马迁《史记·李斯列传》。

十九、不忘初心、牢记使命，把党的自我革命推向深入

走得再远都不能忘记来时的路[*]

（2017 年 10 月 31 日）

只有不忘初心、牢记使命、永远奋斗，才能让中国共产党永远年轻。只要全党全国各族人民团结一心、苦干实干，中华民族伟大复兴的巨轮就一定能够乘风破浪、胜利驶向光辉的彼岸。

毛泽东同志称这里是中国共产党的"产床"，这个比喻很形象，我看这里也是我们中国共产党人的精神家园。

建党时的每件文物都十分珍贵、每个情景都耐人寻味，我们要经常回忆、深入思索，从中解读我们党的初心。

我们党的全部历史都是从中共一大开启的，我们走得再远都不能忘记来时的路。

入党誓词字数不多，记住并不难，难的是终身坚守。每个党员要牢记入党誓词，经常加以对照，坚定不移，终生不渝。

小小红船承载千钧，播下了中国革命的火种，开启了中国共产党的跨世纪航程。

从纪念馆奠基那一刻起，我就一直想着落成后要来看一看，今天如愿以偿了，确实深受教育和鼓舞。在浙江工作期间，我曾经把"红船精神"概括为开天辟地、敢为人先的首创

---

* 这是习近平在瞻仰上海中共一大会址和浙江嘉兴南湖红船时的讲话要点。

精神，坚定理想、百折不挠的奋斗精神，立党为公、忠诚为民的奉献精神。我们要结合时代特点大力弘扬"红船精神"。

我们全体中央政治局常委同志这次集体出行，目的是回顾我们党的光辉历程特别是建党时的历史，进行革命传统教育，学习革命先辈的崇高精神，明确肩负的重大责任，增强为实现党的十九大提出的目标任务而奋斗的责任感和使命感。

上海党的一大会址、嘉兴南湖红船是我们党梦想起航的地方。我们党从这里诞生，从这里出征，从这里走向全国执政。这里是我们党的根脉。

"其作始也简，其将毕也必巨。"[1] 96 年来，我们党团结带领人民取得了举世瞩目的伟大成就，这值得我们骄傲和自豪。同时，事业发展永无止境，共产党人的初心永远不能改变。唯有不忘初心，方可告慰历史、告慰先辈，方可赢得民心、赢得时代，方可善作善成、一往无前。

党的十九大擘画了党和国家事业发展的目标和任务，全党同志必须坚持全心全意为人民服务的根本宗旨，不断带领人民创造更加幸福美好的生活；牢记共产主义远大理想，坚定中国特色社会主义共同理想，一步一个脚印向着美好未来和最高理想前进；始终保持谦虚谨慎、不骄不躁的作风，不畏艰难、不怕牺牲，为实现"两个一百年"奋斗目标、实现中华民族伟大复兴的中国梦而不懈奋斗。

注　释

〔1〕见《庄子·人间世》。

力戒形式主义、官僚主义*

（2017 年 12 月—2019 年 1 月 11 日）

一

文章反映的情况，看似新表现，实则老问题，再次表明"四风"问题具有顽固性反复性。纠正"四风"不能止步，作风建设永远在路上。各地区各部门都要摆摆表现，找找差距，抓住主要矛盾，特别要针对表态多调门高、行动少落实差等突出问题，拿出过硬措施，扎扎实实地改。各级领导干部要带头转变作风，身体力行，以上率下，形成"头雁效应"。在即将开展的"不忘初心、牢记使命"主题教育中，要力戒形式主义，以好的作风确保好的效果。

（2017 年 12 月就新华社文章《形式主义、官僚主义新表现值得警惕》作出的指示要点）

---

* 这是习近平 2017 年 12 月至 2019 年 1 月 11 日期间有关力戒形式主义、官僚主义论述的节录。

二

党的十九大描绘了未来发展的宏伟蓝图，要完成大会确定的各项目标任务，就必须在全党大兴调查研究之风。各级领导干部要带头调研、经常调研，扑下身子，沉到一线，全面了解情况，深入研究问题，把准事物的本质和规律，找到破解难题的办法和路径。要实事求是，有一是一、有二是二，既报喜又报忧，特别要力戒形式主义、官僚主义，坚决反对在调查研究中走马观花、浅尝辄止、一得自矜、以偏概全，草率地下结论、做判断。

（2017年12月15日在中央宣传部呈报的《弘扬脱贫攻坚精神，推动农村物质文明和精神文明协调发展——寻乌扶贫调研报告》上的批示）

三

"四风"问题具有顽固性反复性，纠正"四风"不能止步，作风建设永远在路上。形式主义、官僚主义同我们党的性质宗旨和优良作风格格不入，是我们党的大敌、人民的大敌。中央政治局的同志必须带头树立正确政绩观，始终做老实人、说老实话、干老实事，自觉反对形式主义、官僚主义。中央政治局的同志不仅要带头不搞形式主义、官僚主义，而且要同形式主义、官僚主义的种种表现进行坚决斗争，聚焦突出问题，充分认识形式主义、官僚主义的多样性和变异性，摸清形式主义、官僚主义在不同时期、不同地区、不同部门的不同表现，紧密联系具体实际，既解决老问题，也察觉新问题；既解决显性问题，也解决隐性问题；既解决表层次问题，也解决深层次问题，抓出习惯，抓出长效。

（2017年12月25日—26日在主持中共中央
政治局民主生活会时的讲话要点）

四

还要注意一个问题，就是要把干部从一些无谓的事务中解脱出来。现在，"痕迹管理"比较普遍，但重"痕"不重"绩"、留"迹"不留"心"；检查考核名目繁多、频率过高、多头重复；"文山会海"有所反弹。这些问题既占用干部大量时间、耗费大量精力，又助长了形式主义、官僚主义。过去常说"上面千条线、下面一根针"，现在基层干部说"上面千把锤、下面一根钉"，"上面千把刀、下面一颗头"。这种状况必须改变！党中央已经对纠正这些问题提出了要求，各地区各部门各方面要抓好落实。要加强信息资源共享，不能简单以留痕多少、上报材料多少来评判工作好坏。能利用现有数据材料的就不要基层反复提供，不要为了图自己方便，同样的材料反复要、次次要、年年要，不要每个部门都去要同样的材料，不要什么人都去要材料。这方面要有个章法，把基层从提供材料的忙乱中解放出来。要控制各级开展监督检查的总量和频次，同类事项可以合并的要合并进行，减轻基层负担，让基层把更多时间用在抓工作落实上来。

（2018 年 11 月 26 日在主持中共十九届中央
政治局第十次集体学习时的讲话）

五

　　形式主义、官僚主义是目前党内存在的突出矛盾和问题，是阻碍党的路线方针政策和党中央重大决策部署贯彻落实的大敌。现实生活中，有的落实党中央决策部署不用心、不务实、不尽力，口号喊得震天响、行动起来轻飘飘，把说的当做了，把做了当做成了。有的地方要求事事留痕，把"痕迹"当"政绩"，把精准扶贫搞成了精准填表，用纸面数字来展现所谓扶贫成效。有的工作拖沓敷衍，遇事推诿扯皮、回避矛盾和问题，一点点小事都要层层上报请示，看似讲规矩，实则不担当。有的拍脑袋决策，搞家长制、"一言堂"，把个人凌驾于组织之上，容不下他人，听不得不同意见。有的地方问责泛化滥用，动不动就签"责任状"、搞"一票否决"，甚至把问责作为推卸责任的"挡箭牌"。

　　这些问题必须从讲政治的高度来审视，从思想和利益根源上来破解。形式主义背后是功利主义、实用主义作祟，政绩观错位、责任心缺失，只想当官不想干事，只想出彩不想担责，满足于做表面文章，重显绩不重潜绩，重包装不重实效。官僚主义背后是官本位思想，价值观走偏、权力观扭曲，盲目依赖个人经验和主观判断，严重脱离实际、脱离群众。

这些思想和行为，都会使党的路线方针政策难以贯彻，使群众热切期待落空，使党的执政基础受到侵蚀。

（2019年1月11日在中共十九届中央纪委三次全会上的讲话）

六

要把力戒形式主义、官僚主义作为重要任务。反对形式主义要着重解决工作不实问题，督促领导干部树立正确政绩观，克服浮躁情绪，抛弃私心杂念。反对官僚主义要着重解决在人民群众利益上不维护、不作为问题，既注重维护最广大人民根本利益和长远利益，又切实解决群众最关心最直接最现实的利益问题。各地区各部门党委（党组）要履行主体责任，紧盯形式主义、官僚主义新动向新表现，拿出有效管用的整治措施。各级领导机关要把自己摆进去，带头查摆自身存在的形式主义、官僚主义问题。各级纪检监察机关要把整治形式主义、官僚主义摆在突出位置来抓，对典型案例一律通报曝光。

（2019年1月11日在中共十九届中央纪委三次全会上的讲话）

重整行装再出发，以永远在路上的
执着把全面从严治党引向深入*

（2018 年 1 月 11 日）

当前和今后一个时期，深入推进全面从严治党，要全面贯彻党的十九大精神，以新时代中国特色社会主义思想为指导，增强“四个意识”，坚定“四个自信”，紧紧围绕坚持和加强党的全面领导，紧紧围绕维护党中央权威和集中统一领导，全面推进党的政治建设、思想建设、组织建设、作风建设、纪律建设，把制度建设贯穿其中，深入推进反腐败斗争，在坚持中深化、在深化中发展，实现党内政治生态根本好转，不断增强党的创造力、凝聚力、战斗力，为决胜全面建成小康社会、全面建设社会主义现代化国家提供坚强保证。

（一）坚持以党的政治建设为统领，坚决维护党中央权威和集中统一领导。马克思主义执政党就要旗帜鲜明讲政治。大量事实表明，党内存在的各种问题，从根本上讲，都与政治建设软弱乏力、政治生活不严肃不健康有关。党的十九大把党的政治建设纳入党的建设总体布局并摆在首位，是从战略和全局高度作出的重大决策。

＊ 这是习近平在中共十九届中央纪委二次全会上讲话的一部分。

加强党的政治建设，必须把维护党中央权威和集中统一领导作为首要任务。党内所有的政治问题，归根到底就是对党是否忠诚。忠诚是共产党人必须具备的优秀品格。"忠诚印寸心，浩然充两间"[1]的坚毅，"砍头不要紧，只要主义真"[2]的无畏，腹中满是草根而宁死不屈的气节，十指钉入竹签而永不叛党的坚贞，无数先烈用鲜血诠释了对党的忠诚。对党忠诚必须是纯粹的、无条件的，是政治标准、更是实践标准，鲜明体现在坚决贯彻党中央决策部署上。中军帐运筹帷幄，一盘棋车马分明，党中央作出的决策部署，所有党组织都要不折不扣贯彻落实。任何时候任何情况下，党的领导干部在政治上都要站得稳、靠得住，对党忠诚老实、与党中央同心同德，严守政治纪律和政治规矩，不断增强政治定力、纪律定力、道德定力、抵腐定力，把"四个意识"转化成听党指挥、为党尽责的实际行动。

一个政党必须有自己的政治灵魂。中国共产党的理想信念，就是马克思主义真理信仰，共产主义远大理想，中国特色社会主义共同理想。领导干部要结合学习领会新时代中国特色社会主义思想，多读、精读一些马克思主义经典作家的著作，多读、精读一些马克思主义中国化的经典篇章，掌握贯穿其中的马克思主义立场观点方法，将其内化于心，真正做到对马克思主义虔诚而执着、至信而深厚，真正让理想信念成为自己心中的灯塔，凝聚精气神的灵魂。

理想信念不可能凭空产生，也不可能轻而易举坚守。我们要经受住"四大考验"[3]、抵御住"四种危险"[4]，必须立足当前、着眼长远，深刻认识共产主义远大理想和中国特色社会主义共同理想的辩证关系，既不能离开发展中国特色社会主义事业、实现民族复兴的现实工作而空谈远大理想，也不能因为实现共产主义是一个漫长的历史过程就讳言甚至丢掉远大理想。正所谓"生年不满百，常怀千岁忧"[5]。坚定"四个自信"，最终要坚信共产主义、坚信马克思主义。我们身处社会主义初级阶段、干着中国特色社会主义事业，心要想着远大目标。党的十八大以来，我们持续开展的理想信念教育是有效管用的，要继续坚持。

这些年来，党内政治生态中出现的种种不正常现象，无一不同背离党章要求有关；党员领导干部中发生的种种触犯党纪的行为，无一不是漠视党章规定。党的十九大把党的十八大以来管党治党的新鲜经验和理念创新成果写入党章。全党思想统一，首先是对党章认识的统一；全党行动一致，首先是在执行党章上的一致。尊崇党章是最根本、最重要的政治纪律。党的各级组织和全体党员要更加自觉地学习党章、遵守党章、贯彻党章、维护党章，坚持用党章规范自己的言行、按党章要求规规矩矩办事，始终在政治立场、政治方向、政治原则、政治道路上同党中央保持高度一致。

从党的十八届四中全会开始，我就反复强调警惕"七个有之"[6]。"七个有之"本质上是政治问题，概括起来是两个方面。一个是政治问题和经济问题交织形成利益集团，妄图攫取党和国家权力；一个是山头主义和宗派主义作祟，大搞非组织活动，破坏党的集中统一。对政治上的这种隐患不能采取鸵鸟政策，王顾左右而言他，必须采取断然措施予以防范和遏制，消除隐患后患。要时刻强调政治纪律和政治规矩，严肃查处违规逾矩行为，决不允许搞小山头、小团伙、小圈子，决不允许自行其是、各自为政。要弘扬忠诚老实、公道正派、实事求是、清正廉洁等价值观，使党员、干部在严肃认真的党内政治生活中加强党性锻炼，锤炼政治能力，提高思想境界和政治觉悟。古人说，"内无妄思，外无妄动"[7]。党的领导干部更要对组织和人民常怀感恩敬畏之心，对功名利禄要知足，对物质享受和个人待遇要知止。"惟江上之清风，与山间之明月，耳得之而为声，目遇之而成色，取之无禁，用之不竭。"[8]苏轼的这份情怀，正是今人所欠缺的，也是最为珍贵的。生不带来、死不带去。想通这个道理，就一定能够以身作则、以上率下，以清廉养浩然正气。

（二）锲而不舍落实中央八项规定精神，保持党同人民群众的血肉联系。中央八项规定不是只管 5 年、10 年，而是要长期坚持。要拿出恒心和韧劲，继续在常和长、严和实、深和细上下功夫，管出习惯、抓出成效、化风成俗。要紧盯时间节点，密切关注享乐主义、奢靡之风新动向新表现，找出可能反弹的风险点，坚决防止回潮复燃。纠正形式主义、官僚主义，一把手要负总责，对贯彻党中央精神"说起来重要、喊起来响亮、做起来挂空挡"的行为要严肃查处，决不允许"只听楼梯响，不见人下来"。要靠深入调查研究下功夫解难题，靠贴近实际和贴近群众的务实举措抓落实，靠一级压一级推动工作，确保党中央决策部署落地生根。各地区各部门要总结梳理中央八项规定精神执行 5 年来的成效，重新修订本地区本部门本单位的落实措施，向社会公开，接受群众监督。

加强作风建设必须紧扣保持党同人民群众血肉联系这个关键。"四风"问题只是表象，根上是背离了党性，丢掉了宗旨。现在基层的种种问题，很多是因为党员、干部心里没有群众，不去做、不想做、不会做群众工作，少数干部或无视群众期盼、或不敢应对诉求，在群众面前处于失语状态。领导干部要破除"官本位"思想，坚决反对特权思想、特权现象。就像毛泽东同志当年说的："群众是从实践中来选择他们的领导工具、他们的领导者。被选的人，如果自以为了不得，不是自觉地作工具，而以为'我是何等人物'！那就错了。"〔9〕这句掷地有声的话，今日听来依然振聋发聩。

2012年12月我在中央政治局会议审议八项规定时就讲过一个道理："我们不舒服一点、不自在一点，老百姓的舒适度就好一点、满意度就高一点，对我们的感觉就好一点。"职务越高越要强化群众观念、增强公仆意识，越要在思想上尊重群众、感情上贴近群众，保持对人民的赤子之心。要坚持工作重心下移，扑下身子深入群众，面对面、心贴心、实打实做好群众工作，着力解决群众反映强烈的突出问题。办事情都要把群众利益放在第一位，凡是群众反映强烈的问题都要严肃认真对待，凡是侵害群众利益的行为都要坚决纠正，永远赢得人民群众信任和拥护。

（三）全面加强纪律建设，用严明的纪律管全党治全党。"法令既行，纪律自正，则无不治之国，无不化之民。"〔10〕纪律严明是我们党不断从胜利走向胜利的重要保障。党的十九大把纪律建设摆在更加突出位置，纳入党的建设总体布局，表明了用严明的纪律管党治党的坚定决心。

正风反腐，人人有责，要当参与者，不当旁观者。每名党员干部都应坚决抛弃"看戏"心态，真正从别人身上汲取教训，把未病当作有病防，坚守底线、追求高标准，不断提高自身免疫力。要加强纪律教育，不搞不教而诛，用身边人身边事开展警示教育，用典型案例当头棒喝，使更多的干部红脸出汗、知错知止，"见不贤而内自省"〔11〕，使铁的纪律转化为党员、干部的日常习惯和自觉遵循。要更加重视防微杜渐，加强咬耳扯袖，做到"勿以恶小而为之"〔12〕。要完善纪律规章，实现制度与时俱进。权责是统一的，党章赋予了包括党组在内的各级组织纪律处分的权限，各级党委（党组）就要敢抓敢管、严格执纪，把全面从严治党政治责任担负起来。

古人讲，"禁微则易，救末者难"〔13〕。这些年，我们总结党的历史经验和从严治党新要求，提出并实践监督执纪"四种形态"，在高压震慑和政策感召下，一些犯错误甚至犯严重错误的干部，主动向组织讲清楚问题，得到宽大处理；一些游走在违纪边缘的干部受到警示，悬崖勒马、迷途知返；还有更多干部受到警醒，知敬畏、存戒惧、守底线，真正体现了党的政策和策略，体现对干部的最大关心和爱护。要在用好第一种形态上下更大功夫，干部有问题就要批评、教育、处理，多积尺寸之功，常咬耳朵、常扯袖子；对属于一般性问题、能如实说明的予以了结，向本人反馈澄清，帮助干部放下包袱轻装上阵；被谈话函询的党员、干部，要在民主生活会上把情况讲清楚、说明白，体现党内政治生活的严肃性。对违反纪律的，要认真开展约谈诫勉和必要的审查谈话，促其讲清问题，争取从轻处理；对存在严重违纪需要追究党纪责任的，要在纪律审查过程中做好思想政治工作，促其认错悔错改错；对于极少数严重违纪甚至涉嫌违法，执迷不悟、拒绝挽救，对抗欺瞒组织、负隅顽抗到底的，必须坚决依纪依法严肃处理，以儆效尤。

（四）深化标本兼治，夺取反腐败斗争压倒性胜利。党的十八大以来我们以霹雳手段惩治腐败，党的十九大后仍然要一刻不停歇深入推进反腐败斗争，激浊扬清、固本培元，不断深化标本兼治。

标本兼治，既要夯实治本的基础，又要敢于用治标的利器。没有惩的威慑，治也难见实效。要坚持无禁区、全覆盖、零容忍，坚持重遏制、强高压、长震慑，坚持受贿行贿一起查，坚决减存量、重点遏增量，重点查处政治问题和经济问题相互交织形成利益集团的腐败案件；不收敛、不收手，问题线索反映集中、群众反映强烈，现在重要岗位且可能还要提拔使用的领导干部；重要领域和关键环节的腐败问题。对有政治、组织、廉洁问题反映的必查必核。

"老虎"要露头就打，"苍蝇"乱飞也要拍。正风反腐，涓流莫轻。不管是"老虎"还是"苍蝇"，无论是大腐败还是"微腐败"，都在坚决纠治之列。要推动全面从严治党向基层延伸，严厉整治发生在群众身边的腐败问题，开展扶贫民生领域专项整治，对胆敢向扶贫民生、救济救灾款物伸手的决不手软，对在征地拆迁中违反有关政策和侵吞挪用补偿资金的决不客气，对基层站所、街道干部吃拿卡要、盘剥克扣、优亲厚友的坚决查处，切实把党的惠民好政策落实到群众心里。要把扫黑除恶同反腐败结合起来，同基层"拍蝇"结合起来，严厉打击"村霸"、宗族恶势力和黄赌毒背后的腐败行为，既抓涉黑组织，也抓后面的"保护伞"，不断增强人民群众的获得感、幸福感、安全感。

天网恢恢，疏而不漏。要深化反腐败国际合作，坚持追逃防逃两手抓，继续发布外逃人员红色通缉令，加强反腐败综合执法国际协作，强化对腐败犯罪分子的震慑。

标本兼治，关键在治，治是根本。我们党强调不敢腐、不能腐、不想腐，揭示了反腐防腐的基本规律。要强化不敢腐的震慑，扎牢不能腐的笼子，增强不想腐的自觉。要通过改革和制度创新切断利益输送链条，铲除领导干部被"围猎"这个腐败"污染源"，加强对权力运行的制约和监督，形成有效管用的体制机制。

（五）健全党和国家监督体系，增强自我净化能力。自我监督是世界性难题，是国家治埋的哥德巴赫猜想。我们要通过行动回答"窑洞之问"[14]，练就中国共产党人自我净化的"绝世武功"。党的十八大以来全面从严治党的实践证明，我们党自我净化的机制是有效的，我们完全有能力解决自身存在的问题。要构建党统一指挥、全面覆盖、权威高效的监督体系，把党内监督同国家机关监督、民主监督、司法监督、群众监督、舆论监督贯通起来。

巡视是党内监督的战略性制度安排。要深化政治巡视，在政治高度上突出党的全面领导，在政治要求上抓住党的建设，在政治定位上聚焦全面从严治党，重点加强对贯彻党章和党的十九大精神情况的监督检查，发挥巡视利剑作用。要在一届任期内实现巡视全覆盖的基础上，推进中央单位巡视和市县巡察工作，建立上下联动的监督网。要创新方式方法，深入开展"回头看"，推进"机动式"巡视，发挥"游动哨"的威慑力，当好"守更人"。要强化巡视成果综合运用，健全整改督查制度，对整改责任不落实、整改不力、敷衍整改的，抓住典型，严肃问责，强化震慑遏制治本作用。

国家监察体制改革是事关全局的重大政治体制改革，是强化党和国家自我监督的重大决策部署。要按照党中央确定的时间表和路线图，完成国家和省、市、县监察委员会组建工作，建立党统一领导的反腐败工作机构，构建集中统一、权威高效的监察体系。要结合制定监察法，修改完善相关法律，形成巡视、派驻、监察3个全覆盖的权力监督格局，把制度优势转化为治理效能。

（六）践行忠诚干净担当，建设让党放心、人民信赖的纪检监察干部队伍。党的十八大以来，中央纪委和各级纪检监察机关牢固树立"四个意识"，同党中央保持高度自觉的一致，坚决贯彻党中央决策部署，坚定维护党章，忠诚履职尽责，做到了无私无畏、敢于担当，向党和人民交上了优异答卷。

纪检机关就是党内的"纪律部队"，干的就是监督的活、得罪人的活，必须有对党绝对忠诚的高度自觉和责任担当。要做到政治强、站位高，谋大局、抓具体，坚守职责定位，强化监督、铁面执纪、严肃问责。要加强对党章和新形势下党内政治生活若干准则等党内法规执行情况的监督检查，把维护党中央权威和集中统一领导作为首要任务，落实到纪律建设、监督执纪、巡视巡察、责任追究各个环节，维护党章党规党纪的严肃性。要深化纪律检查体制改革，持续转职能、转方式、转作风，推进理念思路、体制机制、方式方法创新，强化高校、国有企业纪检机构监督作用，不断开创纪检工作新局面。

执纪者必先守纪，律人者必先律己。纪检监察队伍权力很大、责任很重，是一些别有用心的人"围猎"的重点对象。各级纪检监察机关要以更高的标准、更严的纪律要求自己，强化日常监管，提高自身免疫力。广大纪检监察干部要做到忠诚坚定、担当尽责、遵纪守法、清正廉洁，确保党和人民赋予的权力不被滥用、惩恶扬善的利剑永不蒙尘。

注　释

〔1〕见蔡和森《少年行——北上过洞庭有感》（《蔡和森文集（上）》，人民出版社 2013 年版，第 23 页）。

〔2〕见夏明翰《就义诗》（《夏明翰》，人民出版社 1984 年版，第 1 页）。

〔3〕"四大考验"，指执政考验、改革开放考验、市场经济考验、外部环境考验。

〔4〕"四种危险"，指精神懈怠危险、能力不足危险、脱离群众危险、消极腐败危险。

〔5〕见《古诗十九首》。

〔6〕2014 年 10 月，习近平在中共十八届四中全会第二次全体会议上提出：一些人无视党的政治纪律和政治规矩，为了自己的所谓仕途，为了自己的所谓影响力，搞任人唯亲、排斥异己的有之，搞团团伙伙、拉帮结派的有之，搞匿名诬告、制造谣言的有之，搞收买人心、拉动选票的有

之，搞封官许愿、弹冠相庆的有之，搞自行其是、阳奉阴违的有之，搞尾大不掉、妄议中央的也有之，如此等等。

〔7〕见《朱子语类·学六·持守》。

〔8〕见北宋苏轼《赤壁赋》。

〔9〕见毛泽东《第七届中央委员会的选举方针》（《毛泽东文集》第3卷，人民出版社1996年版，第373页）。

〔10〕见北宋包拯《上殿札子》。

〔11〕见《论语·里仁》。

〔12〕见西晋陈寿《三国志·蜀书·先主传》裴松之注引《诸葛亮集》。

〔13〕见南北朝时期范晔《后汉书·丁鸿传》。

〔14〕1945年7月，民主人士黄炎培在访问延安同毛泽东谈话时说到，希望将来中国共产党建立的政权能够跳出旧政权"其兴也浡焉"、"其亡也忽焉"的周期率。毛泽东说，我们已经找到新路，我们能跳出这周期率，这条新路就是民主；只有让人民来监督政府，政府才不敢松懈；只有人人起来负责，才不会人亡政息。

新时代党的建设和党的组织路线[*]

（2018 年 7 月 3 日）

我在党的十九大上强调，伟大斗争、伟大工程、伟大事业、伟大梦想，其中起决定性作用的是党的建设新的伟大工程。要把新时代坚持和发展中国特色社会主义这场伟大社会革命进行好，我们党必须勇于进行自我革命，把党建设得更加坚强有力。

党的十八大以来，我们推进全面从严治党取得了显著成效，但还远未到大功告成的时候。我们党面临的"四大考验"、"四种危险"是长期的、尖锐的，影响党的先进性、弱化党的纯洁性的因素也是复杂的，党内存在的思想不纯、政治不纯、组织不纯、作风不纯等突出问题尚未得到根本解决。一些老问题反弹回潮的因素依然存在，实践中还在出现一些新情况新问题。在党员、干部队伍中，有的不守政治纪律和政治规矩，妄议中央大政方针，当面一套、背后一套，当两面派、做两面人；有的理想信念"总开关"常年失修，对共产主义心存怀疑，不信马列信鬼神，世界观、人生观、价值观全面蜕变；有的干事创业精气神不够，不担当、不作为，

＊ 这是习近平在全国组织工作会议上讲话的一部分。

奉行"既不落后头，也不出风头"，怕决策失误，不敢拍板定事，干工作推诿拖延；有的热衷于搞"小圈子"、"拜码头"、"搭天线"；有的反对形式主义、官僚主义、享乐主义和奢靡之风不坚决、不彻底，耍花样，搞变通；有的不顾党中央三令五申，依然不收敛、不收手，以权谋私、腐败堕落；有的基层党组织政治功能不强，弱化、虚化、边缘化问题没有解决；有的地方人才队伍发展不平衡不充分、创新创造活力不强，有的引才不切实际，贪大、贪高、贪洋；有的地方和单位管党治党意识不强，履行管党治党政治责任不到位，甚至不愿不屑抓党建，等等。这些问题，严重破坏党的团结和集中统一，严重影响党和人民事业发展。

特别是要看到，在新时代，我们党领导人民进行伟大社会革命，涵盖领域的广泛性、触及利益格局调整的深刻性、涉及矛盾和问题的尖锐性、突破体制机制障碍的艰巨性、进行伟大斗争形势的复杂性，都是前所未有的。我们必须增强忧患意识、责任意识，把党的伟大自我革命进行到底。

邓小平同志曾经指出："正确的政治路线要靠正确的组织路线来保证。"[1]我们党一路走来，始终坚持组织路线服务政治路线。党的一大党纲就规定了党的组织建设的原则。党的六大明确提出"组织路线"的概念。1929年召开的古田会议要求"努力去改造党的组织，务使党的组织确实能担负党的政治任务"[2]。在1938年召开的党的六届六中全会上，毛泽东同志明确指出，"政治路线确定之后，干部就是决定的因素"[3]，并提出"才德兼备"的干部标准和"任人唯贤"的干部路线。新中国成立后，我们党着眼社会主义革命和建设的需要，强调各行各业干部要又红又专。党的十一届三中全会以后，邓小平同志明确指出，"中国的稳定，四个现代化的实现，要有正确的组织路线来保证"[4]，并提出了干部队伍革命化、年轻化、知识化、专业化的方针。

"秉纲而目自张，执本而末自从。"[5] 组织路线对坚持党的领导、加强党的建设、做好党的组织工作具有十分重要的意义。现在，需要明确提出新时代党的组织路线，这就是：全面贯彻新时代中国特色社会主义思想，以组织体系建设为重点，着力培养忠诚干净担当的高素质干部，着力集聚爱国奉献的各方面优秀人才，坚持德才兼备、以德为先、任人唯贤，为坚持和加强党的全面领导、坚持和发展中国特色社会主义提供坚强组织保证。新时代党的组织路线是理论的也是实践的，要在推进党的建设新的伟大工程、落实全面从严治党的实践中切实贯彻落实。

注　释

〔1〕见邓小平《在武昌、深圳、珠海、上海等地的谈话要点》（《邓小平文选》第 3 卷，人民出版社 1993 年版，第 380 页）。

〔2〕见毛泽东《中国共产党红军第四军第九次代表大会决议案》（《毛泽东文集》第 1 卷，人民出版社 1993 年版，第 88 页）。

〔3〕见毛泽东《中国共产党在民族战争中的地位》（《毛泽东选集》第 2 卷，人民出版社 1991 年版，第 526 页）。

〔4〕见邓小平《思想路线政治路线的实现要靠组织路线来保证》（《邓小平文选》第 2 卷，人民出版社 1994 年版，第 193 页）。

〔5〕见魏晋时期杨泉《物理论》。

广大干部特别是年轻干部要做到信念坚、政治强、本领高、作风硬*

（2019年3月1日）

　　培养选拔优秀年轻干部是一件大事，关乎党的命运、国家的命运、民族的命运、人民的福祉，是百年大计。广大干部特别是年轻干部要在常学常新中加强理论修养，在真学真信中坚定理想信念，在学思践悟中牢记初心使命，在细照笃行中不断修炼自我，在知行合一中主动担当作为，保持对党的忠诚心、对人民的感恩心、对事业的进取心、对法纪的敬畏心，做到信念坚、政治强、本领高、作风硬。

　　政治上的坚定、党性上的坚定都离不开理论上的坚定。干部要成长起来，必须加强马克思主义理论武装。我们党在中国这样一个有着近14亿人口的大国执政，面对十分复杂的国内外环境，肩负繁重的执政使命，如果缺乏理论思维，是难以战胜各种风险和困难的，也是难以不断前进的。这就要求

---

　　* 这是习近平在2019年春季学期中央党校（国家行政学院）中青年干部培训班开班式上的讲话要点。

我们加强理论学习，掌握和运用辩证唯物主义和历史唯物主义，掌握贯穿其中的马克思主义立场、观点、方法，深入认识共产党执政规律、社会主义建设规律、人类社会发展规律。

在学习理论上，干部要舍得花精力，全面系统学，及时跟进学，深入思考学，联系实际学。学习新时代中国特色社会主义思想，要深刻认识和领会其时代意义、理论意义、实践意义、世界意义，深刻理解其核心要义、精神实质、丰富内涵、实践要求。要紧密结合新时代新实践，紧密结合思想和工作实际，有针对性地重点学习，多思多想、学深悟透，知其然又知其所以然。学习理论最有效的办法是读原著、学原文、悟原理，强读强记，常学常新，往深里走、往实里走、往心里走，把自己摆进去、把职责摆进去、把工作摆进去，做到学、思、用贯通，知、信、行统一。

中国共产党人的理想信念建立在对马克思主义的深刻理解之上，建立在对历史规律的深刻把握之上。历史和实践反复证明，一个政党有了远大理想和崇高追求，就会坚强有力，无坚不摧，无往不胜，就能经受一次次挫折而又一次次奋起；一名干部有了坚定的理想信念，站位就高了，心胸就开阔了，就能坚持正确政治方向，做到"风雨不动安如山"[1]。信仰认定了就要信上一辈子，否则就会出大问题。

衡量干部是否有理想信念，关键看是否对党忠诚。领导干部要忠诚干净担当，忠诚始终是第一位的。对党忠诚，就要增强"四个意识"、坚定"四个自信"、做到"两个维护"，严守党的政治纪律和政治规矩，始终在政治立场、政治方向、政治原则、政治道路上同党中央保持高度一致。这种一致必须是发自内心、坚定不移的，任何时候任何情况下都要站得稳、靠得住。忠诚和信仰是具体的、实践的。要经常对照党章党规党纪，检视自己的理想信念和思想言行，不断掸去思想上的灰尘，永葆政治本色。

不忘初心，方得始终。新中国成立70周年，是进行"不忘初心、牢记使命"教育的最好时间节点。干部要把党的初心、党的使命铭刻于心，这样，人生奋斗才有更高的思想起点，才有不竭的精神动力。干部要把人民放在心中最高位置。同人民风雨同舟、血脉相通、生死与共，是我们党战胜一切困难和风险的根本保证。离开了人民，我们就会一事无成。要牢记群众是真正的英雄，任何时候都不能忘记为了谁、依靠谁、我是谁，真正同人民结合起来。

为什么人、靠什么人的问题，是检验一个政党、一个政权性质的试金石。干部要坚持立党为公、执政为民，虚心向群众学习，真心对群众负责，热心为群众服务，诚心接受群众监督。要拜人民为师、向人民学习，放下架子、扑下身子，接地气、通下情，深入开展调查研究，解剖麻雀，发现典型，真正把群众面临的问题发现出来，把群众的意见反映上来，把群众创造的经验总结出来。干部要怀着强烈的爱民、忧民、为民、惠民之心，心里要始终装着父老乡亲，想问题、作决策、办事情都要想一想是不是站在人民的立场上，是不是有助于解决群众的难题，是不是有利于增进人民福祉，不断增强人民群众获得感、幸福感、安全感。干部要胸怀强烈的政治责任感、历史使命感，积极投身伟大斗争、伟大工程、伟大事业、伟大梦想的火热实践，把人生理想融入国家富强、民族振兴、人民幸福的伟业之中。

为政之道，修身为本。干部的党性修养、道德水平，不会随着党龄工龄的增长而自然提高，也不会随着职务的升迁而自然提高，必须强化自我修炼、自我约束、自我改造。新时代中国特色社会主义思想，不仅包含着党治国理政的重要思想，也贯穿着中国共产党人的政治品格、价值追求、精神境界、作风操守的要求。要涵养政治定力，炼就政治慧眼，恪守政治规矩，自觉做政治上的明白人、老实人。

人格是一个人精神修养的集中体现。光明磊落、坦荡无私，是共产党人的光辉品格，也是干部应该锤炼的品质修养。要坚守精神追求，见贤思齐，见不贤而内自省，处理好公和私、义和利、是和非、正和邪、苦和乐关系。要立志做大事，不要立志做大官，保持平和心态，看淡个人进退得失，心无旁骛努力工作，为党和人民做事。

干部要想行得端、走得正，就必须涵养道德操守，明礼诚信，怀德自重，保持严肃的生活作风、培养健康的生活情趣，特别是要增强自制力，做到慎独慎微。一个人廉洁自律不过关，做人就没有骨气。要牢记清廉是福、贪欲是祸的道理，树立正确的权力观、地位观、利益观，任何时候都要稳得住心神、管得住行为、守得住清白。干部干事创业要树立正确政绩观，有功成不必在我的精神境界、功成必定有我的历史担当，发扬钉钉子精神，脚踏实地干。

武装头脑、指导实践、推动工作，落脚点在指导实践、推动工作；学懂弄通做实，落脚点在做实。要牢记空谈误国、实干兴邦的道理，坚持知行合一、真抓实干，做实干家。干部要面对大是大非敢于亮剑，面对矛盾敢于迎难而上，面对危机敢于挺身而出，面对失误敢于承担责任，面对歪风邪气敢于坚决斗争，做疾风劲草、当烈火真金。干部成长无捷径可走，经风雨、见世面才能壮筋骨、长才干。要做起而行之的行动者、不做坐而论道的清谈客，当攻坚克难的奋斗者、不当怕见风雨的泥菩萨，在摸爬滚打中增长才干，在层层历练中积累经验。

能否敢于负责、勇于担当，最能看出一个干部的党性和作风。统筹推进"五位一体"总体布局、协调推进"四个全面"战略布局，贯彻落实新发展理念，打好三大攻坚战〔2〕，做好稳增长、促改革、调结构、惠民生、防风险、保稳定工作，等等，都需要担当，都需要发扬斗争精神、提高斗争本领。要用知重负重、攻坚克难的实际行动，诠释对党的忠诚、对人民的赤诚。

注　　释

〔1〕见唐代杜甫《茅屋为秋风所破歌》。
〔2〕三大攻坚战，指防范化解重大风险、精准脱贫、污染防治攻坚战。

准确把握"不忘初心、牢记使命"
主题教育的目标要求[*]

（2019 年 5 月 31 日）

党中央对这次主题教育的总要求、目标任务、方法步骤作出了明确规定，要准确把握党中央精神，结合本地区本部门本单位实际，对准目标，积极推进，确保取得预期效果。

第一，认真贯彻总要求。"守初心、担使命，找差距、抓落实"的总要求，是根据新时代党的建设任务、针对党内存在的突出问题、结合这次主题教育的特点提出来的。

守初心，就是要牢记全心全意为人民服务的根本宗旨，以坚定的理想信念坚守初心，牢记人民对美好生活的向往就是我们的奋斗目标；以真挚的人民情怀滋养初心，时刻不忘我们党来自人民、根植人民，人民群众的支持和拥护是我们胜利前进的不竭力量源泉；以牢固的公仆意识践行初心，永远铭记人民是共产党人的衣食父母，共产党人是人民的勤务员，永远不能脱离群众、轻视群众、漠视群众疾苦。

担使命，就是要牢记我们党肩负的实现中华民族伟大复

＊ 这是习近平在"不忘初心、牢记使命"主题教育工作会议上讲话的一部分。

兴的历史使命，勇于担当负责，积极主动作为，用科学的理念、长远的眼光、务实的作风谋划事业；保持斗争精神，敢于直面风险挑战，知重负重、攻坚克难，以坚忍不拔的意志和无私无畏的勇气战胜前进道路上的一切艰难险阻；在实践历练中增长经验智慧，在经风雨、见世面中壮筋骨、长才干。

找差距，就是要对照新时代中国特色社会主义思想和党中央决策部署，对照党章党规，对照人民群众新期待，对照先进典型、身边榜样，坚持高标准、严要求，找一找在增强"四个意识"、坚定"四个自信"、做到"两个维护"方面存在哪些差距，找一找在知敬畏、存戒惧、守底线方面存在哪些差距，找一找在群众观点、群众立场、群众感情、服务群众方面存在哪些差距，找一找在思想觉悟、能力素质、道德修养、作风形象方面存在哪些差距，有的放矢进行整改。

抓落实，就是要把新时代中国特色社会主义思想转化为推进改革发展稳定和党的建设各项工作的实际行动，把初心使命变成党员干部锐意进取、开拓创新的精气神和埋头苦干、真抓实干的自觉行动，力戒形式主义、官僚主义，推动党的路线方针政策落地生根，推动解决人民群众反映强烈的突出问题，不断增强人民群众获得感、幸福感、安全感。

"守初心、担使命，找差距、抓落实"是一个相互联系的整体，要全面把握，贯穿主题教育全过程。

第二，牢牢把握目标任务。开展这次主题教育，根本任务是深入学习贯彻新时代中国特色社会主义思想，锤炼忠诚干净担当的政治品格，团结带领全国各族人民为实现伟大梦想共同奋斗。具体目标是理论学习有收获、思想政治受洗礼、干事创业敢担当、为民服务解难题、清正廉洁作表率。这一目标任务，体现了党对新时代党员干部思想、政治、作风、能力、廉政方面的基本要求。

理论学习有收获，重点是教育引导广大党员干部在原有学习的基础上取得新进步，加深对新时代中国特色社会主义思想和党中央大政方针的理解，学深悟透、融会贯通，增强贯彻落实的自觉性和坚定性，提高运用党的创新理论指导实践、推动工作的能力。

思想政治受洗礼，重点是教育引导广大党员干部坚定对马克思主义的信仰、对中国特色社会主义的信念，传承红色基因，增强"四个意识"、坚定"四个自信"、做到"两个维护"，自觉在思想上政治上行动上同党中央保持高度一致，始终忠诚于党、忠诚于人民、忠诚于马克思主义。

干事创业敢担当，重点是教育引导广大党员干部以强烈的政治责任感和历史使命感，保持只争朝夕、奋发有为的奋斗姿态和越是艰险越向前的斗争精神，以钉钉子精神抓工作落实，坚决摒弃一切明哲保身、得过且过、敷衍塞责、懒政怠政等消极行为，努力创造经得起实践、人民、历史检验的实绩。

为民服务解难题，重点是教育引导广大党员干部坚守人民立场，树立以人民为中心的发展理念，增进同人民群众的感情，自觉同人民想在一起、干在一起，着力解决群众的操心事、烦心事，以为民谋利、为民尽责的实际成效取信于民。

清正廉洁作表率，重点是教育引导广大党员干部保持为民务实清廉的政治本色，正确处理公私、义利、是非、情法、亲清、俭奢、苦乐、得失的关系，自觉同特权思想和特权现象作斗争，坚决预防和反对腐败，清清白白为官、干干净净做事、老老实实做人。

第三，落实重点措施。这次主题教育不划阶段、不分环节，不是降低标准，而是提出更高要求。各地区各部门各单位要结合实际，创造性开展工作，把学习教育、调查研究、检视问题、整改落实贯穿主题教育全过程，努力取得最好成效。

党内存在的一些突出问题，从根源上说都是思想上的问题。从延安整风运动〔1〕以来，我们党开展历次集中性教育活动，都是以思想教育打头。开展这次主题教育，要强化理论武装，聚焦解决思想根子问题，组织党员干部读原著、学原文、悟原理，自觉对表对标，及时校准偏差。要采取理论学习中心组学习、举办读书班等形式，分专题进行研讨交流。要采取多种形式，深入开展革命传统教育、形势政策教育、先进典型教育和警示教育，增强学习教育针对性、实效性、感染力。要宣传那些秉持理想信念、保持崇高境界、坚守初心使命、敢于担当作为的先进典型，形成学习先进、争当先进的良好风尚。

"一语不能践，万卷徒空虚。"〔2〕要教育引导广大党员干部了解民情、掌握实情，搞清楚问题是什么、症结在哪里，拿出破解难题的实招、硬招。调查研究要注重实效，使调研的过程成为加深对党的创新理论领悟的过程，成为保持同人民群众血肉联系的过程，成为推动事业发展的过程。要防止为调研而调研，防止搞"出发一车子、开会一屋子、发言念稿子"式的调研，防止扎堆调研、"作秀式"调研。

敢于直面问题、勇于修正错误是我们党的显著特点和优势。要教育党员干部以刀刃向内的自我革命精神，广泛听取意见，认真检视反思，把问题找实、把根源挖深，明确努力方向和改进措施。检视问题要防止大而化之、隔靴搔痒，避重就轻、避实就虚；防止以上级指出的问题代替自身查找的问题、以班子问题代替个人问题、以他人问题代替自身问题、以工作业务问题代替思想政治问题、以旧问题代替新问题。针对查摆出来的问题，要对症下药，切实把问题解决好。

"人患不知其过，既知之，不能改，是无勇也。"[3]要把"改"字贯穿始终，立查立改、即知即改，能够当下改的，明确时限和要求，按期整改到位；一时解决不了的，要盯住不放，通过不断深化认识、增强自觉，明确阶段目标，持续整改。整改落实要防止虎头蛇尾、久拖不决，防止搞纸上整改、虚假整改，防止以简单问责基层干部代替整改责任落实，防止以整改为名，层层填表报数，增加基层负担。要把开展主题教育同树立正确用人导向结合起来，对领导班子和领导干部政治、思想、作风、履职能力等情况进行评估，及时提拔使用好干部，坚决调整处理对党不忠、从政不廉、为官不为的干部，形成优者上、庸者下、劣者汰的良好政治生态。

近年来，我们回应群众关切，先后专项整治公款吃喝、超标配备公车、滥建楼堂馆所等，取得显著成效。专项整治切口小、发力准、效果好。这次主题教育，开展专项整治是一个重要抓手，全过程都要抓紧抓实。除了党中央统一部署之外，各地区各部门各单位要有针对性地列出需要整治的突出问题，进行集中治理。专项整治情况要以适当方式向党员干部群众进行通报，对专项整治中发现的违纪违法问题，要严肃查处。

主题教育结束前，县处级以上领导班子要召开专题民主生活会，认真开展批评和自我批评。自我批评要见人见事见思想，相互批评要真点问题，达到红脸出汗、排毒治病的效果。要有闻过则喜、知过不讳的胸襟，听得进不同意见，容得下尖锐批评。

注　　释

〔1〕延安整风运动，指中国共产党自 1942 年春至 1945 年春在全党范围内开展的一次马克思主义的思想教育运动。主要内容是：反对主观主义以整顿学风，反对宗派主义以整顿党风，反对党八股以整顿文风。经过这个运动，全党进一步掌握了马克思主义基本原理同中国革命具体实践的统一这样一个基本方向。因为当时中共中央所在地为延安，故称延安整风运动。

〔2〕见明代林鸿《饮酒》。

〔3〕见唐代韩愈《五箴（并序）》。

牢记初心使命，推进自我革命[*]

（2019 年 6 月 24 日）

在"不忘初心、牢记使命"主题教育深入开展之际，今天，中央政治局以"牢记初心使命，推进自我革命"为题进行第十五次集体学习，目的是总结党的历史经验，结合新时代新要求，推动全党围绕守初心、担使命、找差距、抓落实切实搞好主题教育。这也是中央政治局带头开展主题教育的一项重要安排。

我们党作为百年大党，如何永葆先进性和纯洁性、永葆青春活力，如何永远得到人民拥护和支持，如何实现长期执政，是我们必须回答好、解决好的一个根本性问题。我们党要求全党同志不忘初心、牢记使命，就是要提醒全党同志，党的初心和使命是党的性质宗旨、理想信念、奋斗目标的集中体现，越是长期执政，越不能丢掉马克思主义政党的本色，越不能忘记党的初心使命，越不能丧失自我革命精神。

我们党的初心和使命是建立在马克思主义科学理论基础之上的。马克思、恩格斯在《共产党宣言》中庄严宣告："过去的一切运动都是少数人的，或者为少数人谋利益的运动。

---

[*] 这是习近平在主持中共十九届中央政治局第十五次集体学习时的讲话。

无产阶级的运动是绝大多数人的，为绝大多数人谋利益的独立的运动。"我们党是用马克思主义武装起来的政党，始终把为中国人民谋幸福、为中华民族谋复兴作为自己的初心和使命，并一以贯之体现到党的全部奋斗之中。忘记这个初心和使命，党就会改变性质、改变颜色，就会失去人民、失去未来。只要我们党牢牢坚持立党为公、执政为民，牢牢坚持为中国人民谋幸福、为中华民族谋复兴，不断检视自己，不掩饰缺点，不文过饰非，坚决同一切弱化党的先进性和纯洁性、危害党的肌体健康的现象作斗争，就一定能够始终立于不败之地。

回顾党的历史，为什么我们党在那么弱小的情况下能够逐步发展壮大起来，在腥风血雨中能够一次次绝境重生，在攻坚克难中能够不断从胜利走向胜利，根本原因就在于不管是处于顺境还是逆境，我们党始终坚守为中国人民谋幸福、为中华民族谋复兴这个初心和使命，义无反顾向着这个目标前进，从而赢得了人民衷心拥护和坚定支持。革命战争时期，为实现民族独立、人民解放，我们党百折不挠、浴血奋战，团结带领人民夺取了新民主主义革命胜利，建立了新中国，实现了人民当家作主。新中国成立后，为改变我国一穷二白的落后面貌，我们党迎难而上、艰苦奋斗，团结带领人民确立了社会主义基本制度，取得社会主义建设重大成就。改革开放新时期，为推进改革开放和社会主义现代化建设，我们党解放思想、实事求是、与时俱进，团结带领人民开辟了中国特色社会主义道路，使中华民族大踏步赶上时代，以崭新姿态屹立于世界民族之林。

中国特色社会主义进入新时代，我们比历史上任何时期都更接近、更有信心和能力实现中华民族伟大复兴。我们取得的成就举世瞩目，这值得我们自豪，但决不能因此而自满。我讲过："功成名就时做到居安思危、保持创业初期那种励精图治的精神状态不容易，执掌政权后做到节俭内敛、敬终如始不容易，承平时期严以治吏、防腐戒奢不容易，重大变革关头顺乎潮流、顺应民心不容易。"我们千万不能在一片喝彩声、赞扬声中丧失革命精神和斗志，逐渐陷入安于现状、不思进取、贪图享乐的状态，而是要牢记船到中流浪更急、人到半山路更陡，把不忘初心、牢记使命作为加强党的建设的永恒课题，作为全体党员、干部的终身课题。

做到不忘初心、牢记使命，并不是一件容易的事情，必须有强烈的自我革命精神。在新的征程上，我们要把党建设成为始终走在时代前列、人民衷心拥护、勇于自我革命、经得起各种风浪考验、朝气蓬勃的马克思主义执政党，就必须牢记初心和使命，在新时代把党的自我革命推向深入。

今年是新中国成立 70 周年，我们党在全国执政也 70 年了。古人说："生于忧患，死于安乐。"[1]我们党作为世界第一大党，没有什么外力能够打倒我们，能够打倒我们的只有我们自己。古人说："惟以改过为能，不以无过为贵。"[2]应该看到，在长期执政条件下，各种弱化党的先进性、损害党的纯洁性的因素无时不有，各种违背初心和使命、动摇党的根基的危险无处不在，如果不严加防范、及时整治，久而久之，必将积重难返，小问题就会变成大问题、小管涌就会沦为大塌方，甚至可能酿成全局性、颠覆性的灾难。

党的十八大以来全面从严治党的成效是显著的，全国人民给予高度评价，但我们不能自满。要清醒认识到，党内存在的政治不纯、思想不纯、组织不纯、作风不纯等突出问题尚未得到根本解决，一些已经解决的问题还可能反弹，新问题不断出现，"四大考验"、"四种危险"依然复杂严峻，党的自我革命任重而道远，决不能有停一停、歇一歇的想法。严重的问题不是存在问题，而是不愿不敢直面问题、不想不去解决问题。不忘初心、牢记使命要靠全党共同努力来实现，每一个党员、干部特别是领导干部必须常怀忧党之心、为党之责、强党之志，积极主动投身到这次主题教育中来。

马克思主义是指导我们改造客观世界和主观世界的锐利思想武器。我们党在推进马克思主义中国化进程中，先后形成了毛泽东思想、邓小平理论、"三个代表"重要思想、科学发展观、新时代中国特色社会主义思想，为推进社会革命和自我革命提供了强大思想武器。我们党继承和发展马克思主义建党学说，形成了关于党的自我革命的丰富思想成果，如坚定理想信念，加强党性修养，从严管党治党，严肃党内政治生活，坚持经常性教育和集中性教育相结合，勇于开展批评和自我批评，加强党内监督，接受人民监督，不断纯洁党的思想、纯洁党的组织、纯洁党的作风、纯洁党的肌体，等等。这些都是推进党的自我革命的重要经验，在这次主题教育中要充分运用并不断发展。

不忘初心、牢记使命，说到底是要解决党内存在的违背初心和使命的各种问题，关键是要有正视问题的自觉和刀刃向内的勇气。无论什么时候，问题总是客观存在的，我们要以"君子检身，常若有过"[3]的态度来检视发现自身不足，做到知耻而后勇。要坚持问题导向，真刀真枪解决问题。讳疾忌医、有病不治，本来可以医好的病症就会拖成不治之症。从实际情况看，党内存在的各种突出问题表现多样，我们要全面查找、全面发力。在党的政治建设方面，要确保党的集中统一，促进全党增强"四个意识"、坚定"四个自信"、做到"两个维护"，净化政治生态，及时清除两面人等政治隐患，防范和化解政治风险。在党的思想建设方面，要坚持不懈加强理论武装，坚定理想信念，牢记党的性质宗旨，强化党性修养，切实解决一些党员、干部理想信念缺失、宗旨意识淡化等问题，不断增强全党同志党的意识、党员意识。在党的组织建设方面，要健全党的组织体系，整顿软弱涣散党组织，不断增强各级党组织的创造力、凝聚力、战斗力，坚决反对个人主义、分散主义、自由主义、本位主义、好人主义，匡正用人导向，净化用人风气，坚决整治选人用人上的不正之风。在党的作风建设和纪律建设方面，要坚持不懈整治"四风"，抓紧解决人民群众反映强烈的形式主义和官僚主义、干部不担当不作为、侵害群众利益等突出问题，持续保持反腐高压态势，铲除寄生在党的肌体上的毒瘤，永葆党的肌体健康。这次主题教育列出的8个方面突出问题，都是可能动摇党的根基、阻碍党的事业的问题，必须以彻底的自我革命精神加以解决。对党内的一些突出问题，人民群众往往看得很清楚。党员、干部初心变没变、使命记得牢不牢，要由群众来评价、由实践来检验。我们不能关起门来搞自我革命，而要多听听人民群众意见，自觉接受人民群众监督。

　　我在今年年初召开的中央纪委三次全会上，对党的自我净化、自我完善、自我革新、自我提高的内涵作过归纳。这"四个自我"，既有破又有立，既有施药动刀的治病之法又有固本培元的强身之举。要在自我净化上下功夫，通过过滤杂质、清除毒素、割除毒瘤，不断纯洁党的队伍，保证党的肌体健康。古人说："天下不能常治，有弊所当革也；犹人身不能常安，有疾所当治也。"〔4〕治病救人，哪能不吃药，对那些顽症须下点猛药才行，对有病毒扩散风险的肿瘤还得动刀子。要在自我完善上下功夫，坚持补短板、强弱项、固根本，防源头、治苗头、打露头，堵塞制度漏洞，健全监督机制，提升党的长期执政能力。就像人一样，身子弱了就要补，免疫力下降就要加强。如果不管不顾，身体就会每况愈下，到问题严重的时候就追悔莫及，正所谓"蚁穴不填，终将溃堤"。要在自我革新上求突破，深刻把握时代发展大势，坚决破除一切不合时宜的思想观念和体制机制弊端，勇于推进理论创新、实践创新、制度创新、文化创新以及各方面创新，通过革故鼎新不断开辟未来。要在自我提高上下功夫，自觉向书本学习、向实践学习、向人民群众学习，加强党性锻炼和政治历练，不断提升政治境界、思想境界、道德境界，全面增强执政本领，建设一支忠诚干净担当的高素质专业化干部队伍。

　　牢记初心和使命，推进党的自我革命，要注意处理好以下关系。一是要坚持加强党的集中统一领导和解决党内问题相统一，广大党员、干部特别是领导干部要敢于同一切弱化党的领导、动摇党的执政基础、违反党的政治纪律和政治规矩的行为作斗争，坚决克服党内存在的突出问题，拿出壮士断腕、刮骨疗毒的勇气，但不能因为党内存在问题就削弱甚至否认党的领导，走到自断股肱、自毁长城的歪路上去。二是要坚持守正和创新相统一，坚守党的性质宗旨、理想信念、初心使命不动摇，同时要以新的理念、思路、办法、手段解决好党内存在的各种矛盾和问题，不断提高自我革命实效。三是要坚持严管和厚爱相统一，完善监督管理机制，捆住一些人乱作为的手脚，放开广大党员、干部担当作为、干事创业的手脚，把广大党员、干部的积极性、主动性、创造性充分激发出来，形成建功新时代、争创新业绩的浓厚氛围和生动局面。四是要坚持组织推动和个人主动相统一，既要靠各级党组织严格要求、严格教育、严格管理、严格监督，又要靠广大党员、干部自觉行动，主动检视自我，打扫身上的政治灰尘，不断增强政治免疫力。

不忘初心、牢记使命，关键在党的各级领导干部特别是高级干部。领导干部要以上率下，带头深入学习新时代中国特色社会主义思想，带头增强"四个意识"、坚定"四个自信"、做到"两个维护"，带头不忘初心、牢记使命，带头运用批评和自我批评武器，带头坚持真理、修正错误。在这方面，没有局外人，任何人都不能当旁观者。中央政治局的同志尤其要作好示范，在不忘初心、牢记使命上为全党作表率。

最后，我想同大家重温毛主席讲的两段话。一段话是1945年4月24日毛主席在《论联合政府》中讲的："成千成万的先烈，为着人民的利益，在我们的前头英勇地牺牲了，让我们高举起他们的旗帜，踏着他们的血迹前进吧！"另一段话是1949年3月5日毛主席在中国共产党第七届中央委员会第二次全体会议上讲的："中国的革命是伟大的，但革命以后的路程更长，工作更伟大，更艰苦。这一点现在就必须向党内讲明白，务必使同志们继续地保持谦虚、谨慎、不骄、不躁的作风，务必使同志们继续地保持艰苦奋斗的作风。我们有批评和自我批评这个马克思列宁主义的武器。我们能够去掉不良作风，保持优良作风。我们能够学会我们原来不懂的东西。我们不但善于破坏一个旧世界，我们还将善于建设一个新世界。"

注　　释

〔1〕见《孟子·告子下》。

〔2〕见北宋司马光《资治通鉴·唐纪四十五》。

〔3〕见《亢仓子·训道篇》。

〔4〕见南宋何坦《西畴常言》。

持续推动全党
不忘初心、牢记使命*

（2020 年 1 月 8 日）

我们党是一个有着 9000 多万名党员、460 多万个基层党组织的党，是一个在 14 亿人口的大国长期执政的党，是中国特色社会主义事业的坚强领导核心，党的自身建设历来关系重大、决定全局。

当今世界正经历百年未有之大变局，我国正处于实现中华民族伟大复兴关键时期，我们党正带领人民进行具有许多新的历史特点的伟大斗争，形势环境变化之快、改革发展稳定任务之重、矛盾风险挑战之多、对我们党治国理政考验之大前所未有。我们党作为百年大党，要始终得到人民拥护和支持，书写中华民族千秋伟业，必须始终牢记初心和使命，坚决清除一切弱化党的先进性、损害党的纯洁性的因素，坚决割除一切滋生在党的肌体上的毒瘤，坚决防范一切违背初心和使命、动摇党的根基的危险。

凡是过往，皆为序章。全党要以这次主题教育为新的起

---

* 这是习近平在"不忘初心、牢记使命"主题教育总结大会上讲话的一部分。

点，不断深化党的自我革命，持续推动全党不忘初心、牢记使命。这里，我强调几点。

第一，不忘初心、牢记使命，必须作为加强党的建设的永恒课题和全体党员、干部的终身课题常抓不懈。一个人也好，一个政党也好，最难得的就是历经沧桑而初心不改、饱经风霜而本色依旧。党的初心和使命是党的性质宗旨、理想信念、奋斗目标的集中体现，激励着我们党永远坚守，砥砺着我们党坚毅前行。从石库门到天安门，从兴业路到复兴路，我们党近百年来所付出的一切努力、进行的一切斗争、作出的一切牺牲，都是为了人民幸福和民族复兴。正是由于始终坚守这个初心和使命，我们党才能在极端困境中发展壮大，才能在濒临绝境中突出重围，才能在困顿逆境中毅然奋起。忘记初心和使命，我们党就会改变性质、改变颜色，就会失去人民、失去未来。

一个忘记来路的民族必定是没有出路的民族，一个忘记初心的政党必定是没有未来的政党。应该看到，在党长期执政条件下，各种弱化党的先进性、损害党的纯洁性的因素无时不有，各种违背初心和使命、动摇党的根基的危险无处不在，党内存在的思想不纯、政治不纯、组织不纯、作风不纯等突出问题尚未得到根本解决。

马克思主义政党的先进性和纯洁性不是随着时间推移而自然保持下去的，共产党员的党性不是随着党龄增长和职务提升而自然提高的。初心不会自然保质保鲜，稍不注意就可能蒙尘褪色，久不滋养就会干涸枯萎，很容易走着走着就忘记了为什么要出发、要到哪里去，很容易走散了、走丢了。

我们查处的那些腐败分子，之所以跌入违纪违法的陷阱，从根本上讲就是把初心和使命抛到九霄云外去了。不忘初心、牢记使命不是一阵子的事，而是一辈子的事，每个党员都要在思想政治上不断进行检视、剖析、反思，不断去杂质、除病毒、防污染。

我经常讲，党员、干部要经常重温党章，重温自己的入党誓言，重温革命烈士的家书。党章要放在床头，经常对照检查，看看自己做到了没有？看看自己有没有违背初心的行为？房间要经常打扫，镜子要经常擦拭。要教育引导各级党组织和广大党员、干部经常进行思想政治体检，同党中央要求"对标"，拿党章党规"扫描"，用人民群众新期待"透视"，同先辈先烈、先进典型"对照"，不断叩问初心、守护初心，不断坚守使命、担当使命，始终做到初心如磐、使命在肩。要以党的创新理论滋养初心、引领使命，从党的非凡历史中找寻初心、激励使命，在严肃党内政治生活中锤炼初心、体悟使命，把初心和使命变成锐意进取、开拓创新的精气神和埋头苦干、真抓实干的原动力。

第二，不忘初心、牢记使命，必须用马克思主义中国化最新成果统一思想、统一意志、统一行动。马克思主义政党的先进性，首先体现为思想理论上的先进性。注重思想建党、理论强党，是我们党的鲜明特色和光荣传统。毛泽东同志曾说过："掌握思想教育，是团结全党进行伟大政治斗争的中心环节。"[1] 共产党人的初心，不仅来自于对人民的朴素感情、对真理的执着追求，更建立在马克思主义的科学理论之上。只有坚持思想建党、理论强党，不忘初心才能更加自觉，担当使命才能更加坚定。

学习的最大敌人是自我满足，要学有所成，就必须永不自满。现在，有的党员、干部对理论学习不重视，把自学变不学；有的想起来就学一学，三天打鱼、两天晒网；有的拿学习来装门面，浅尝辄止、不求甚解；有的学习碎片化、随意化，感兴趣的就学、不感兴趣的就不学；不少年轻干部理论功底还不扎实、理想信念还不够坚定。要做到真学真懂真信真用，还需要下更大气力。

我多次强调，中国共产党人依靠学习走到今天，也必然要依靠学习走向未来。全党同志要跟上时代步伐，不能身子进了新时代，思想还停留在过去，看问题、作决策、推工作还是老观念、老套路、老办法。这样的话，不仅会跟不上时代、做不好工作，而且会贻误时机、耽误工作。这个问题必须引起全党同志特别是各级领导干部高度重视。与时俱进不要当口号喊，要真正落实到思想和行动上，不能做"不知有汉，无论魏晋"〔2〕的桃花源中人！

理论创新每前进一步，理论武装就要跟进一步。党的历次集中教育活动，都以思想教育打头，着力解决学习不深入、思想不统一、行动跟不上的问题，既绵绵用力又集中发力，推动全党思想上统一、政治上团结、行动上一致。要把学习贯彻党的创新理论作为思想武装的重中之重，同学习马克思主义基本原理贯通起来，同学习党史、新中国史、改革开放史、社会主义发展史结合起来，同新时代我们进行伟大斗争、建设伟大工程、推进伟大事业、实现伟大梦想的丰富实践联系起来，在学懂弄通做实上下苦功夫，在解放思想中统一思想，在深化认识中提高认识，切实增强贯彻落实的思想自觉和行动自觉。

第三，不忘初心、牢记使命，必须以正视问题的勇气和刀刃向内的自觉不断推进党的自我革命。"君子之过也，如日月之食焉：过也，人皆见之；更也，人皆仰之。"[3]敢于直面问题、勇于修正错误，是我们党的显著特点和优势。列宁说过："公开承认错误，揭露犯错误的原因，分析产生错误的环境，仔细讨论改正错误的方法——这才是一个郑重的党的标志"[4]。强大的政党是在自我革命中锻造出来的。回顾党的历史，我们党总是在推动社会革命的同时，勇于推动自我革命，始终坚持真理、修正错误，敢于正视问题、克服缺点，勇于刮骨疗毒、去腐生肌。正因为我们党始终坚持这样做，才能够在危难之际绝处逢生、失误之后拨乱反正，成为永远打不倒、压不垮的马克思主义政党。

当前，少数党员、干部自我革命精神淡化，安于现状、得过且过；有的检视问题能力退化，患得患失、讳疾忌医；有的批评能力弱化，明哲保身、装聋作哑；有的骄奢腐化，目中无纪甚至顶风违纪，违反党的纪律和中央八项规定精神问题屡禁不止。古人说："天下之难持者莫如心，天下之易染者莫如欲。"[5]一旦有了"心中贼"，自我革命意志就会衰退，就会违背初心、忘记使命，就会突破纪律底线甚至违法犯罪。

初心易得，始终难守。全党同志必须始终保持崇高的革命理想和旺盛的革命斗志，用好批评和自我批评这个锐利武器，驰而不息抓好正风肃纪反腐，不断增强党自我净化、自我完善、自我革新、自我提高的能力，坚决同一切可能动摇党的根基、阻碍党的事业的现象作斗争，荡涤一切附着在党肌体上的肮脏东西，把我们党建设得更加坚强有力。

第四，不忘初心、牢记使命，必须发扬斗争精神，勇于担当作为。我们党诞生于国家内忧外患、民族危难之时，一出生就铭刻着斗争的烙印，一路走来就是在斗争中求得生存、获得发展、赢得胜利。越是接近民族复兴越不会一帆风顺，越充满风险挑战乃至惊涛骇浪。不忘初心、牢记使命，必须安不忘危、存不忘亡、乐不忘忧，时刻保持警醒，不断振奋精神，勇于进行具有许多新的历史特点的伟大斗争。

我们讲的斗争，不是为了斗争而斗争，也不是为了一己私利而斗争，而是为了实现人民对美好生活的向往、实现中华民族伟大复兴知重负重、苦干实干、攻坚克难。衡量党员、干部有没有斗争精神、是不是敢于担当，就要看面对大是大非敢不敢亮剑、面对矛盾敢不敢迎难而上、面对危机敢不敢挺身而出、面对失误敢不敢承担责任、面对歪风邪气敢不敢坚决斗争。

现在，在一些党员、干部中，不愿担当、不敢担当、不会担当的问题不同程度存在。有的做"老好人"、"太平官"、"墙头草"，顾虑"洗碗越多，摔碗越多"，信奉"多栽花少种刺，遇到困难不伸手"，"为了不出事，宁可不干事"，"只想争功不想揽过，只想出彩不想出力"；有的是"庙里的泥菩萨，经不起风雨"，遇到矛盾惊慌失措，遇见斗争直打摆子。这哪还有共产党人的样子？！不担当不作为，不仅成不了事，而且注定坏事、贻误大事。

温室里长不出参天大树，懈怠者干不成宏图伟业。广大党员、干部要在经风雨、见世面中长才干、壮筋骨，练就担当作为的硬脊梁、铁肩膀、真本事，敢字为先、干字当头，勇于担当、善于作为，在有效应对重大挑战、抵御重大风险、克服重大阻力、解决重大矛盾中冲锋在前、建功立业。

第五，不忘初心、牢记使命，必须完善和发展党内制度，形成长效机制。制度优势是一个政党、一个国家的最大优势。邓小平同志说过："制度好可以使坏人无法任意横行，制度不好可以使好人无法充分做好事，甚至会走向反面。"[6]我们党是吃过制度不健全的亏的。党的十八大以来，党中央坚持制度治党、依规治党，努力构建系统完备、科学规范、运行有效的制度体系，把全面从严治党提升到一个新的水平。

党的十九届四中全会提出建立不忘初心、牢记使命的制度。建章立制，要坚持系统思维、辩证思维、底线思维，体现指导性、针对性、操作性。既坚持解决问题又坚持简便易行，采取务实管用的措施切中问题要害；既坚持目标导向又坚持立足实际，力求把落实党中央要求、满足实践需要、符合基层期盼统一起来；既坚持创新发展又坚持有机衔接，同党内法规制度融会贯通，该坚持的坚持、该完善的完善、该建立的建立、该落实的落实。建立制度，不能大而全也不能小而碎，不能"牛栏关猫"也不能过于繁琐。

制度是用来遵守和执行的。全党必须强化制度意识，自觉尊崇制度，严格执行制度，坚决维护制度，健全权威高效的制度执行机制，加强对制度执行的监督，推动不忘初心、牢记使命的制度落实落地，坚决杜绝做选择、搞变通、打折扣的现象，防止硬约束变成"橡皮筋"、"长效"变成"无效"。

　　第六，不忘初心、牢记使命，必须坚持领导机关和领导干部带头。领导机关是国家治理体系中的重要机关，领导干部是党和国家事业发展的"关键少数"，对全党全社会都具有风向标作用。"君子之德风，小人之德草，草上之风必偃。"[7]在上面要求人、在后面推动人，都不如在前面带动人管用。不忘初心、牢记使命，领导机关和领导干部必须做表率、打头阵。

　　"人不率则不从，身不先则不信。"[8]领导机关和领导干部带头冲在前、干在先，是我们党走向成功的关键。革命战争年代，喊一声"跟我上"和吼一声"给我上"，一字之差、天壤之别。新中国成立以后，也是因为我们党有一大批像焦裕禄、谷文昌、杨善洲、张富清这样的英雄模范率先垂范，才团结带领人民群众不断开创各项事业发展新局面。领导机关和领导干部要深刻认识自身的责任，时刻保持警醒，经常对照检查、检视剖析、反躬自省。

　　今年是决胜全面建成小康社会、打赢精准脱贫攻坚战、实现"十三五"规划收官之年，外部环境不利因素增多，国内经济下行压力加大，改革发展稳定任务繁重。越是形势严峻复杂越需要领导机关和领导干部保持定力、一往无前，越是任务艰巨繁重越需要领导机关和领导干部奋勇当先、实干担当。各级领导机关和领导干部要带头增强"四个意识"、坚定"四个自信"、做到"两个维护"，团结带领各族人民勇于战胜前进道路上的各种艰难险阻，以"赶考"的心态向党和人民交出一份满意的答卷。

注　释

〔1〕见毛泽东《论联合政府》(《毛泽东选集》第3卷，人民出版社1991年版，第1094页)。

〔2〕见东晋陶渊明《桃花源记》。

〔3〕见《论语·子张》。

〔4〕见列宁《共产主义运动中的"左派"幼稚病》(《列宁全集》第39卷，人民出版社2017年版，第37页)。

〔5〕见北宋吕希哲《论养心》。

〔6〕见本卷《关于〈中共中央关于坚持和完善中国特色社会主义制度、推进国家治理体系和治理能力现代化若干重大问题的决定〉的说明》注〔1〕。

〔7〕见《论语·颜渊》。

〔8〕见元代脱脱等《宋史·宋庠传附宋祁传》。

一以贯之全面从严治党，
强化对权力运行的制约和监督*

（2020 年 1 月 13 日）

要以新时代中国特色社会主义思想为指导，全面贯彻党的十九大和十九届二中、三中、四中全会精神，一以贯之、坚定不移全面从严治党，坚持和完善党和国家监督体系，强化对权力运行的制约和监督，确保党的路线方针政策贯彻落实，为决胜全面建成小康社会、决战脱贫攻坚提供坚强保障。

党的十八大以来，我们以前所未有的勇气和定力推进全面从严治党，推动新时代全面从严治党取得了历史性、开创性成就，产生了全方位、深层次影响。我们坚持以伟大自我革命引领伟大社会革命，健全党的领导制度体系，深化党的建设制度改革，完善全面从严治党制度，坚决扭转一些领域党的领导弱化、党的建设缺失、管党治党不力状况，使党始终成为中国特色社会主义事业的坚强领导核心。我们坚持以科学理论引领全党理想信念，建立不忘初心、牢记使命的制度，持之以恒用新时代中国特色社会主义思想武装全党、教

---

* 这是习近平在中共十九届中央纪委四次全会上的讲话要点。

育人民、指导工作，推进学习教育制度化常态化，不断坚定同心共筑中国梦的理想信念。我们坚持以"两个维护"引领全党团结统一，完善坚定维护党中央权威和集中统一领导的各项制度，健全党中央对重大工作的领导体制，以统一的意志和行动维护党的团结统一，不断增强党的政治领导力、思想引领力、群众组织力、社会号召力。我们坚持以正风肃纪反腐凝聚党心军心民心，坚决惩治腐败、纠治不正之风，坚决清除影响党的先进性和纯洁性的消极因素，健全为人民执政、靠人民执政的各项制度，让人民始终成为中国共产党执政和中国特色社会主义事业发展的磅礴力量。

党的十八大以来，我们探索出一条长期执政条件下解决自身问题、跳出历史周期率的成功道路，构建起一套行之有效的权力监督制度和执纪执法体系，这条道路、这套制度必须长期坚持并不断巩固发展。党的十九届四中全会对坚持和完善中国特色社会主义制度、推进国家治理体系和治理能力现代化作出战略部署。纪检监察战线要抓好相关工作落实。

要强化政治监督保障制度执行，增强"两个维护"的政治自觉。要加强对党的十九届四中全会精神贯彻落实情况的监督检查，坚定不移坚持和巩固支撑中国特色社会主义制度的根本制度、基本制度、重要制度。要推动党中央重大决策部署落实见效，今年尤其要聚焦决胜全面建成小康社会、决战脱贫攻坚的任务加强监督，推动各级党组织尽锐出战、善作善成。要督促落实全面从严治党责任，切实解决基层党的领导和监督虚化、弱化问题，把负责、守责、尽责体现在每个党组织、每个岗位上。要保证权力在正确轨道上运行，坚持民主集中制，形成决策科学、执行坚决、监督有力的权力运行机制，督促公正用权、依法用权、廉洁用权。

要坚持以人民为中心的工作导向，以优良作风决胜全面建成小康社会、决战脱贫攻坚。要通过清晰的制度导向，把干部干事创业的手脚从形式主义、官僚主义的桎梏、"套路"中解脱出来，形成求真务实、清正廉洁的新风正气。要在重大工作、重大斗争第一线培养干部、锤炼干部，让好干部茁壮成长、脱颖而出。要集中解决好贫困地区群众反映强烈、损害群众利益的突出问题，精准施治脱贫攻坚中的形式主义、官僚主义等问题，加强对脱贫工作绩效特别是贫困县摘帽情况的监督。要深入整治民生领域的"微腐败"、放纵包庇黑恶势力的"保护伞"、妨碍惠民政策落实的"绊脚石"，促进基层党组织全面过硬。

要继续坚持"老虎"、"苍蝇"一起打，重点查处不收敛不收手的违纪违法问题。我们要清醒认识腐蚀和反腐蚀斗争的严峻性、复杂性，认识反腐败斗争的长期性、艰巨性，切实增强防范风险意识，提高治理腐败效能。对党的十八大以来不收敛不收手，严重阻碍党的理论和路线方针政策贯彻执行、严重损害党的执政根基的腐败问题，必须严肃查处、严加惩治。要坚决查处各种风险背后的腐败问题，深化金融领域反腐败工作，加大国有企业反腐力度，加强国家资源、国有资产管理，查处地方债务风险中隐藏的腐败问题。要坚决查处医疗机构内外勾结欺诈骗保行为，建立和强化长效监管机制。要完善境外国有资产监管制度。要坚决贯彻中央八项规定精神，保持定力、寸步不让，防止老问题复燃、新问题萌发、小问题坐大。要加强对各级"一把手"的监督检查，完善任职回避、定期轮岗、离任审计等制度，用好批评和自我批评武器。

要深刻把握党风廉政建设规律，一体推进不敢腐、不能腐、不想腐。一体推进不敢腐、不能腐、不想腐，不仅是反腐败斗争的基本方针，也是新时代全面从严治党的重要方略。不敢腐、不能腐、不想腐是相互依存、相互促进的有机整体，必须统筹联动，增强总体效果。要以严格的执纪执法增强制度刚性，推动形成不断完备的制度体系、严格有效的监督体系，加强理想信念教育，提高党性觉悟，夯实不忘初心、牢记使命的思想根基。既要把"严"的主基调长期坚持下去，又要善于做到"三个区分开来"〔1〕；既要合乎民心民意，又要激励干部担当作为，充分运用"四种形态"提供的政策策略，通过有效处置化解存量、强化监督遏制增量，实现政治效果、纪法效果、社会效果有机统一。

要完善党和国家监督体系，统筹推进纪检监察体制改革。要继续健全制度、完善体系，使监督体系契合党的领导体制，融入国家治理体系，推动制度优势更好转化为治理效能。要把党委（党组）全面监督、纪委监委专责监督、党的工作部门职能监督、党的基层组织日常监督、党员民主监督等结合起来、融为一体。要以党内监督为主导，推动人大监督、民主监督、行政监督、司法监督、审计监督、财会监督、统计监督、群众监督、舆论监督有机贯通、相互协调。纪委监委要发挥好在党和国家监督体系中的作用，一体推动、落实纪检监察体制改革各项任务。

要用严明的纪律维护制度，增强纪律约束力和制度执行力。要完善全覆盖的制度执行监督机制，强化日常督察和专项检查。要把制度执行情况纳入考核内容，推动干部严格按照制度履职尽责、善于运用制度谋事干事。要以有效问责强化制度执行，既追究乱用滥用权力的渎职行为也追究不用弃用权力的失职行为，既追究直接责任也追究相关领导责任。

维护制度权威、保障制度执行，是纪检监察机关的重要职责。纪检监察机关要带头加强党的政治建设，继承对党绝对忠诚的光荣传统，做忠诚干净担当、敢于善于斗争的战士。党中央制定监督执纪工作规则、批准监督执法工作规定，就是给纪检监察机关定制度、立规矩，必须不折不扣执行到位。各级党委要加强对纪委监委的领导和监督，确保执纪执法权受监督、有约束。纪检监察机关要在强化自我监督、自我约束上作表率，牢固树立法治意识、程序意识、证据意识，严格按照权限、规则、程序开展工作，下更大气力把队伍建强、让干部过硬。

注　　释

〔1〕2016年1月，习近平在省部级主要领导干部学习贯彻党的十八届五中全会精神专题研讨班上提出：要把干部在推进改革中因缺乏经验、先行先试出现的失误和错误，同明知故犯的违纪违法行为区分开来；把上级尚无明确限制的探索性试验中的失误和错误，同上级明令禁止后依然我行我素的违纪违法行为区分开来；把为推动发展的无意过失，同为谋取私利的违纪违法行为区分开来，保护那些作风正派又敢作敢为、锐意进取的干

部，最大限度调动广大干部的积极性、主动性、创造性，激励他们更好带领群众干事创业，确保如期全面建成小康社会，不断开创社会主义现代化建设新局面。

索 引

H

图书在版编目 (CIP) 数据

习近平谈治国理政. 第三卷 / 习近平著. – 北京：
外文出版社, 2020.6

ISBN 978-7-119-12410-0

I. ①习… II. ①习… III. ①习近平 – 讲话 – 学习参考资料
②中国特色社会主义 – 社会主义建设模式 – 学习参考资料
IV. ① D2-0 ② D616

中国版本图书馆 CIP 数据核字 (2020) 第 088275 号

习近平谈治国理政

第三卷

© 2020 外文出版社有限责任公司

出版发行：外文出版社有限责任公司

地　　址：中国北京百万庄大街 24 号　　　　邮政编码：100037

网　　址：http://www.flp.com.cn　　　　电子邮箱：flp@cipg.org.cn

电　　话：86-10-68998085
　　　　　86-10-68995852

印　　刷：鸿博昊天科技有限公司

开　　本：787mm × 1092mm　1/16

印　　张：39.75

装　　别：精装

版　　次：2020 年 6 月第 1 版
　　　　　2020 年 8 月第 1 版第 2 次印刷

书　　号：ISBN 978-7-119-12410-0

定　　价：120.00 元